Rudolf Stertenbrink

In Bildern und Beispielen

D1926667

AUSLANDSSEKRETARIAT · GEWIDMET VOM KATHOLISCHEN

Rudolf Stertenbrink

In Bildern und Beispielen

1 Exemplarische Texte zur Besinnung und Verkündigung

Herder Freiburg · Basel · Wien

Meinen Brüdern Georg und Otfried

Dritte Auflage

Alle Rechte vorbehalten – Printed in Germany
© Verlag Herder Freiburg im Breisgau 1976
Imprimatur. – Freiburg im Breisgau, den 20. April 1976
Der Generalvikar: Dr. Schlund
Herstellung: Freiburger Graphische Betriebe 1977
ISBN 3-451-17527-4

Vorwort

Wo Menschen miteinander sprechen, gebrauchen sie immer wieder Bilder und Beispiele. Dafür gibt es vielerlei Gründe, von denen hier nur wenige angedeutet werden sollen:

Oft sagt uns ein Bild mehr als tausend Worte. Das ist nicht nur den „Vielrednern" gesagt. Wer beispielsweise ein persönliches Erlebnis zu erzählen sucht, spürt sehr bald, daß dieses nicht in nüchterne Worte eingehen will. Unmittelbar greift man zu einem Bild, um an ihm das Erlebte aufleuchten zu lassen. So können uns Bilder und Beispiele helfen, schwierige Dinge anschaulich und verständlich zu machen. „Tausend Ströme fließen in das Meer, und doch ist das Meer nie voll; könnte der Mensch Steine zu Gold verwandeln, sein Herz wäre doch nie zufrieden." Dieses Bild aus der chinesischen Weisheit veranschaulicht den mit bloßen Worten nicht zu beschreibenden Hunger des Menschen nach Glück, der durch nichts in dieser Welt zu stillen ist. Vielleicht kann das Tiefste und Letzte immer nur „in Bildern und Beispielen" ausgesagt werden, weshalb auch von Jesus aus Nazaret an mehreren Stellen in der Bibel berichtet wird, er habe gern in Bildern und Gleichnissen gesprochen.

Hier zeigt sich eine besondere Eigenschaft des Bildes. Es hat die Fähigkeit, über unsere Alltagswelt hinauszuweisen und unser Auge für jene unsichtbaren Bereiche zu öffnen, aus denen wir letztlich leben. „Bilder sind, richtig gesehen, wie Fenster, die den Blick auf Überweltliches freigeben" (Eugen Biser). Daher wächst der Rang eines Bildes – wie auch eines Beispieles – mit seiner Fähigkeit, den Betrachter über die Alltagswirklichkeit hinauszuheben und ihn gerade so zu sich selbst zu führen.

Ein alter Satz sagt: „Verba docent, exempla trahunt. – Worte unterweisen, Vorbilder ziehen." Wir können aber auch übersetzen: „Worte belehren, Beispiele reißen mit." Weil Bilder und Beispiele in den Menschen viel tiefer eindringen als belehrende Worte, können sie in uns Kräfte wecken, die uns in eine ganz andere Richtung treiben. Bilder und Beispiele zeigen, was menschenmöglich ist. Sind sie gut, dann können sie uns zu einem neuen Leben befähigen.

Diese wenigen Hinweise mögen genügen, um die Absicht zu rechtfertigen, die dem vorliegenden Buch zugrunde liegt. Es beinhaltet fünfzig Einheiten, die jeweils aus einem Bild oder Beispiel, einer Deutung und einem entsprechenden Bibeltext bestehen. Hinsichtlich der Beispiele handelt es sich fast immer um eine – oft geraffte – Nacherzählung des Originals. Aus diesem Grund wird auf eine genaue Quellenangabe großen Wert gelegt. In der Deutung wird versucht, die geschilderten menschlichen Verhaltensweisen von ihren Konsequenzen her zu verstehen. Durch den Schrifttext am Ende einer jeden Einheit werden jene Verhaltensweisen dann – entweder direkt oder indirekt – bestätigt, beziehungsweise in die Kritik genommen.

Die angesprochene Dreiteilung bietet dem Leser verschiedene Möglichkeiten. Er kann sich zunächst einmal mit der Lektüre des Beispiels zufriedengeben und sich darüber seine eigenen Gedanken machen. Dadurch wird die Auseinandersetzung mit der nachfolgenden Deutung und dem Schrifttext intensiviert. Am Anfang kann aber auch das Meditieren des Schrifttextes stehen, in dessen Licht dann das Beispiel und seine Deutung überdacht werden. Wo die Deutung mit einer menschlichen Grunderfahrung beginnt, kann schließlich diese als Ausgang gewählt werden, um von ihm aus den Weg zum Beispiel, seiner näheren Erklärung und zum Schrifttext zu finden.

Köln, Ostern 1976 *Rudolf Stertenbrink OP*

Inhalt

1

Achtung bitte – hier und jetzt

A. Huxley: Island

Mt 6,31–34

Aldous Huxley (1894–1963) beginnt seinen letzten Roman „Eiland" mit der Schilderung, wie der Journalist Will Farnaby mit seinem Segelboot Schiffbruch erleidet. Während das Boot an den Klippen der Insel Pala zerschellt, versucht Will in die Höhe zu klettern, um sich vor den Wellen in Sicherheit zu bringen. Fast hat er sein Ziel erreicht, da sieht er unmittelbar vor sich eine große grüne Schlange. Erschrocken läßt er sich los. „Jetzt ist alles zu Ende", schießt es ihm durch den Kopf. Nach kurzem Fall bleibt er an einem Baum bewußtlos liegen.

Durch ein „Achtung", das ihm zugerufen wird, wacht er auf. Er ist der Meinung, er sei zu Hause und seine Frau Molly wolle ihn wecken. Dann aber erinnert er sich, daß Molly nach einer Auseinandersetzung mit ihm bei einem Unfall ums Leben gekommen war. Plötzlich entdeckt er, daß ein großer schwarzer Papagei ihm immer wieder dieses Wort zuruft. Diesem „Achtung" fügt der Vogel hinzu: „Hier und jetzt". Kurz darauf nähert sich dem Schiffbrüchigen eine junge Insulanerin mit ihrem Bruder. Mit großem Interesse fragt Will das Mädchen, warum der Vogel gerade diese Worte spreche. „Weil jemand sie ihm beigebracht hat", erwidert es ihm. „Aber warum hat man ihm gerade diese Worte beigebracht?" will Will genauer wissen. Nach einer kurzen Überlegungspause antwortet ihm das Mädchen: „Das ist es, was man immer wieder vergißt. Man vergißt, darauf zu achten, was augenblicklich geschieht. Und das ist dasselbe, als wäre man jetzt nicht hier."

Als sich die Insulanerin erkundigt, wie er auf die Insel gekommen sei, erzählt er, was ihm widerfahren war. Er berichtet vom Sturm, vom Stranden des Bootes, vom langen Alptraum des Emporkletterns, von der Schlange und dem entsetzlichen Fall. Dabei durchschüttelt ihn ein heftiges Zittern. Das Mädchen lauscht seinen Worten kommentarlos. Dann sagt sie: „Das müssen Sie loswerden." „Ich wüßte gerne wie", stöhnt Will. „Erzählen Sie mir nochmals die Geschichte mit der Schlange und wie Sie heruntergefallen sind." Will aber will nicht mehr daran erinnert werden. Das Mädchen dringt jedoch in ihn ein: „Natürlich möchten Sie nicht. Aber Sie müssen. Hören Sie auf das, was der Vogel sagt. Sie können nicht hier und jetzt sein, bis Sie die Schlange losgeworden sind."

Vgl. Aldous Huxley, Island, Chatto & Windus, London 1966, S. 7–18.

„Man vergißt, darauf zu achten, was augenblicklich geschieht. Und das ist dasselbe, als wäre man jetzt nicht hier", sagt die junge Insulanerin dem Schiffbrüchigen, der durch den Ruf des Vogels zu sich gekommen war. Von diesem Übel sind wohl alle Menschen betroffen, denn wir alle vergessen immer wieder, auf das Hier und Jetzt zu achten. Überprüfen wir einmal, wo wir uns mit unseren Gedanken die meiste Zeit aufhalten. Wir werden herausfinden, daß wir fast immer entweder mit der Zukunft oder mit der Vergangenheit beschäftigt sind. Während der jugendliche Mensch die Zukunft vorausnimmt, da sie ihm zu langsam kommt, ruft der älter gewordene Mensch die Vergangenheit zurück, weil sie zu stürmisch entschwindet. So irren wir, wie Blaise Pascal einmal bemerkt, in den Zeiten herum, die nicht uns gehören. An die Gegenwart, die einzige Zeit, die uns gehört, denken wir meist nicht. Das Ergebnis ist, daß wir nie zum wirklichen Leben kommen und das eigentliche Glück nie erfahren.

Die junge Insulanerin, die den Fremden auf das Hier und Heute aufmerksam macht, ist selbst noch im Kindesalter. Im Gegensatz zum jugendlichen und erwachsenen Menschen ist es eine Eigenart des Kindes, im Heute zu leben. Weil es das Gestern schnell vergessen kann und sich noch nicht in die Zukunft hinein verliert, ist es frei für das, was augenblicklich geschieht. So ist für das Kind jeder Tag ein neuer Tag mit unerwarteten Überraschungen. Daraus erwachsen seine kindliche Unbekümmertheit und seine Freude am Dasein. Froh ist ein Mensch in dem Ausmaß, als er sich selbst gegenwärtig ist. Sich selbst gegenwärtig ist aber nur, wer für den heutigen Tag dazusein vermag. Sören Kierkegaard schreibt: „In demselben Grad, wie du dir selbst ganz gegenwärtig bist, dadurch, daß du heute da bist, in demselben Grad ist der Tag des Unheils, der kommende Tag, für dich nicht mehr da. Die Freude ist die gegenwärtige Zeit mit dem ganzen Nachdruck auf: *gegenwärtig*. Darin ist Gott selig, er, der ewig ‚heute' sagt, er, der sich ewig und unendlich selbst gegenwärtig ist, dadurch, daß er heute da ist."[1] Den Menschen gegenwärtig zu machen, darin liegt auch die verwandelnde Kraft des Evangeliums. Die Freude, die es uns als ‚Frohe Botschaft' verspricht, bedeutet die Freude, im Heute zu leben. Wesentlich wird der Mensch, wenn er im Heute lebt. Im konkreten Anspruch der gegenwärtigen Situation erfährt er unüberhörbar, was Gott jetzt und hier von ihm erwartet. Dauernd greift Gott, den viele Menschen unendlich weit entfernt glauben, in unser Leben ein, um den von uns erfüllten Augenblick in sein ‚ewiges Heute' aufzunehmen.

Um im Heute sich selbst gegenwärtig sein zu können, muß jedoch eine wichtige Bedingung erfüllt sein: „Sie können nicht hier und jetzt sein, bis Sie die Schlange losgeworden sind", erklärt die Insulanerin dem Fremden. Das heißt: die Vergangenheit kann nur dann in rechter Weise vergessen werden, wenn sie bewältigt worden ist. Was unbewältigt verdrängt worden ist, kann nicht vergessen werden. Zu jeder Zeit kann die Erinnerung daran erneut hervorbrechen und frühere Wunden wieder öffnen. Ein ungutes Erlebnis, das wir nicht annahmen; eine Wohltat, für die wir uns nicht bedankten; eine Enttäuschung, die wir einem anderen zufügten und für die wir uns nicht entschuldigten; eine Schuld, zu der wir nicht stehen wollen; all dies und vieles andere mehr können Schlangenköpfe sein, die uns immer wieder unerwartet mit bedrohlichen Augen anschauen werden, um uns daran zu hindern, im Heute zu leben. Erst wenn es uns gelingt, mit all dem ins reine zu kommen, werden wir uns voll und ganz auf den gegenwärtigen Augenblick einlassen können.

Macht euch also keine Sorgen und sagt nicht: Was werden wir essen? oder: Was werden wir trinken? oder: Was werden wir anziehen? Denn nach all dem trachten die Heiden. Euer himmlischer Vater weiß ja, daß ihr das alles braucht. Sucht vielmehr zuerst das Reich und seine Gerechtigkeit, und all das wird euch dreingegeben werden. Sorgt euch also nicht um den morgigen Tag, denn der morgige Tag wird für sich selber sorgen. Jeder Tag hat genug an seiner eigenen Plage.

Mattäus 6,31–34

2

Jeder Tag ist ein neuer Tag

E. Hemingway: Der alte Mann und das Meer

1 Joh 5,4–5.9–12

Am Sonntag, den 2. Juli 1961 um 7 Uhr morgens, wurde Frau Hemingway in ihrem Ferienhaus durch die Explosion eines Schusses aus dem Schlaf gerissen. Sie ging nach unten und entdeckte die Leiche ihres Mannes, der sich mit seinem Lieblingsgewehr erschossen hatte. Vier Tage zuvor war Ernest Hemingway mit einer unheilbaren Krankheit aus der Klinik entlassen worden. Am Vorabend hatte er noch mit seiner Frau vergnügt zusammengesessen. Der katholische Priester sprach in seiner Grabrede die Worte: „Herr, gewähre deinem Diener Ernest Hemingway die Vergebung seiner Schuld und schenke ihm ewigen Frieden!" Die Tragik dieses Lebensendes wird in ihrem vollen Ausmaß offenkundig, wenn wir bedenken, was Ernest Hemingway im meisterhaften Kurzroman „Der alte Mann und das Meer" erzählt.

Im Mittelpunkt dieses Romans steht der alte Fischer Santiago, der 84 Tage hintereinander in einem kleinen Boot in den Golfstrom hinausgefahren war, ohne einen Fisch zu fangen. Anfangs hatte er einen Jungen bei sich. Nach vierzig fischlosen Tagen jedoch war er auf Geheiß seiner Eltern in einem anderen Boot mitgefahren, das mehr Glück hatte. Wenn der Junge den alten Mann jeden Tag mit seinem leeren Boot zurückkommen sah, wurde er traurig. Er lief zum Ufer hinunter, um ihm beim Herauftragen der Angelleinen, der Fischhaken, der Harpune und des Segels zu helfen. Wenn das mit Mehlsäcken geflickte Segel zusammengerollt war, sah es wie die Fahne der endgültigen Niederlage aus.

Der alte Mann war dünn und hager. In seinen Nacken hatten sich viele Falten eingegraben. Seine Hände zeigten tief eingekerbte Spuren vom Handhaben der Leinen. Alles an ihm war alt – nur nicht die Augen. Diese hatten die gleiche Farbe wie das Meer und waren trotz aller Glück- und Erfolglosigkeit heiter und unbesiegt geblieben. Denn niemals hatte der alte Mann seine Hoffnung und seine Zuversicht verloren. „Man darf nicht aufgeben", sagte er. „Man kann vernichtet werden, aber aufgeben darf man nicht."

Stets hatte sich der alte Mann an dieses Wort gehalten. Auch als er am fünfundachtzigsten Tag unerwartet seinen größten Fisch gefangen hatte und dieser dann nachts auf dem Heimweg von einem Haifischrudel überfallen und bis auf das Gerippe aufgefressen wurde, gab er nicht auf. Denn nie hatte er seine Liebe zum Meer, das große Gunst gewähren und vorenthalten kann, verloren. Manchmal überfiel ihn der Gedanke: „Du hast kein Glück mehr." Dann sagte er sich: „Aber, wer weiß? Vielleicht heute. Denn jeder Tag ist ein neuer Tag."

Vgl. Ernest Hemingway, Der alte Mann und das Meer, in: Sämtliche Erzählungen, Rowohlt Verlag, Reinbek b. Hamburg 1966, S. 417, 419, 429, 467.

Ernest Hemingway war der Überzeugung, daß das Leben ein fortwährender Kampf ist, der mit Fairneß, Mut, Würde und Ausdauer geführt werden muß, wie immer er auch ausgehen mag. Daher geht es in dieser Erzählung nicht um ein zufälliges Einzelschicksal. Das Schicksal des alten Fischers ist vielmehr Sinnbild für das Leben des Menschen überhaupt. Denn jedes menschliche Leben besteht aus Sieg und Niederlage, aus Höhen und Tiefen, aus Glück und Enttäuschung. Wer wüßte das nicht? Die Sonne des Lebens, die uns jetzt scheint, kann sich morgen verdunkeln. Der berufliche Erfolg, die glückliche Ehe, ein deutscher Fußballsieg, Gesundheit, Freundschaft und politischer Friede, all dies steht nicht unumwerflich in sich selbst. Andererseits ist aber die Mitte einer jeden Nacht, wie immer diese auch in einem Menschenleben aussehen mag, der Anfang eines neuen Tages.

Darum wußte der alte Fischer. Deshalb segelte er mit der gleichen Sorgfalt, die er aufwenden würde, wenn er gewonnen hätte, zum Heimathafen zurück. Deshalb war für ihn jeder Tag ein neuer Tag; denn das Leben lehrte ihn, daß man bis an das Ende staunend und dankbar und ohne Verzweiflung empfangen muß, was das Leben an Neuem bietet. Deshalb waren seine Augen heiter und unbesiegt geblieben. Deshalb verlor er auch in der Niederlage nicht seinen Stolz und sein Ehrbewußtsein. Er war der Überzeugung, daß es eine Wesensbestimmung des Menschen ist, letztlich nie besiegt werden zu können. Nicht die Frage, *welche* Niederlage dem einzelnen widerfährt, ist entscheidend. Das ist Schicksal oder Zufall, die sich wie die Wellen des Meeres ändern können. Entscheidend für den Menschen ist allein, *wie* er sich in der Niederlage behauptet. Wie aber sollte er sich behaupten? Die Antwort Hemingways lautet: mit Zuversicht und Hoffnung.

So ermutigend diese Weltsicht auch ist, es stellt sich hier die Frage, ob sie von jenem Grund getragen werden kann, den Hemingway ihr gibt. Denn für Hemingway ist die Welt nicht geordnet und weise gelenkt. Über allem waltet das Nichts, dem letzten Endes alles in die Arme fällt. Das Leben ist für ihn der Spielball eines reinen Zufalls. Alles könnte auch anders kommen. Deshalb vermag der Mensch nur auf sich selbst zu vertrauen, auf seine eigene Kraft, auf sein eigenes Können. Der Wunsch, selbst Herr über den Tod zu sein und ihn zu einer ihm genehmen Stunde herbeizurufen, damit er nicht eines Tages ungerufen über ihn komme, dies erklärt zwar nicht sein Ende, läßt uns aber doch erahnen, daß dieses Ende gesetzt wurde, um selbst über die Macht des Todes Sieger zu bleiben.

Der Sieg über die zerstörerischen Schicksalsmächte dieser Welt und des Todes ist letztgültig nicht von menschlicher Seite her zu erwarten. Nur wenn der Mensch in der Hand des Letzten, und das heißt für uns: in der Hand Gottes, ist, vermag ihn die Hand des Vorletzten nicht zu erdrücken. Weil Jesus als der Gott unseres Lebens uns teilhaben läßt an seinem Sieg über den Tod, ist es die Wesensbestimmung derer, die an ihn glauben, nicht besiegt zu werden. Hier liegt für den gläubigen Menschen der Grund, weshalb jeder Tag ein neuer Tag ist, ein Tag mit neuer Hoffnung, und weshalb er selbst in der Nacht seines Todes hinüberschaut in den ewigen Morgen seines Gottes.

Denn jeder von Gott Gezeugte besiegt die Welt. Und das ist der Sieg, der die Welt besiegt: unser Glaube. Wer aber ist der, der die Welt besiegt, wenn nicht der, der da glaubt, daß Jesus der Sohn Gottes ist?

Wenn wir das Zeugnis der Menschen annehmen, so ist das Zeugnis Gottes größer. Denn darin besteht das Zeugnis Gottes, daß er Zeugnis abgelegt hat über seinen Sohn. Wer an den Sohn Gottes glaubt, besitzt das Zeugnis in sich. Wer Gott nicht glaubt, hat ihn eben damit zum Lügner gemacht, weil er dem Zeugnis, das Gott über seinen Sohn abgelegt hat, seinen Glauben versagt hat. Und darin besteht das Zeugnis, daß Gott uns ewiges Leben geschenkt hat, und dieses Leben in seinem Sohn. Wer den Sohn hat, hat das Leben. Wer den Sohn Gottes nicht hat, hat auch das Leben nicht. *1 Johannes 5,4–5.9–12*

3

Fruchtbare Einsamkeit

A. Solschenizyn: Krebsstation

Gen 1,26–27

Doktor Oreschtschenkow, den Alexander Solschenizyn in seinem Arzt- und Krankenhausroman „Krebsstation" beschreibt, war fünfundsiebzig Jahre alt und hatte ein halbes Jahrhundert als Arzt gearbeitet. In seinem Leben mußte er viele Verfolgungen erleiden. Die bedrückendste traf ihn, weil er standhaft auf seinem Recht beharrte, eine Privatpraxis zu führen, obwohl die meisten inzwischen streng verboten waren. Erst mit fünfundsechzig begann er ungehindert, das Leben eines Arztes zu führen, wie er es für richtig hielt.

Jetzt mußte er sich oft ausruhen. Wörtlich lesen wir: „Nicht nur sein Körper brauchte die Ruhe, um Kräfte zu sammeln; seit dem Tode seiner Frau verlangte sein Inneres danach, sich schweigend zu versenken, losgelöst von allen äußeren Geräuschen, Gesprächen, geschäftigen Gedanken, sogar von allem, was ihn zum Arzt machte. Sein Inneres verlangte danach, sich gewissermaßen zu reinigen, zu klären. Und das regungslose Schweigen mit seinen ungezwungenen, schwebenden Gedanken gab ihm Reinheit und Klarheit zurück.

In solchen Augenblicken schien ihm der Sinn des Daseins – seiner eigenen langen Vergangenheit und kurzen Zukunft, seiner verstorbenen Frau, seiner jungen Enkelin, der Menschen überhaupt – nicht in dem zu liegen, womit sie sich hauptsächlich beschäftigen, wofür sie sich interessieren und wodurch sie berühmt werden, sondern nur darin, ob es ihnen gelänge, ungetrübt, unerschüttert und unentstellt das Bild der Ewigkeit in sich zu bewahren, das jedem mitgegeben ist. Wie das Bild des Mondes in einem ruhevollen Teich."

Vgl. Alexander Solschenizyn, Krebsstation II, Hermann Luchterhand Verlag, Neuwied und Berlin 1969, S. 165–187. Die zitierte Stelle S. 186f.

Warum bestand Doktor Oreschtschenkow darauf, seine Privatpraxis weiterzuführen? Weil ihn ein tiefes Mißtrauen gegenüber dem medizinischen Wissenschaftsbetrieb einer Klinik erfüllte. Zu gut konnte er nachempfinden, daß sich der kranke Mensch gehemmt fühlt, wenn es für ihn nur noch einen Spezialisten gibt, der Professor ist und sich nur auf seine kranken Teile versteht. Deshalb wollte er selbst nichts als Arzt sein. Und er war es mit Leidenschaft. Entscheidend kam es ihm darauf an, den Patienten in seiner psychologischen Ganzheit zu begreifen, das heißt, ihm von Mensch zu Mensch zu begegnen. Es spricht für das tiefe Einfühlungsvermögen Alexander Solschenizyns, daß er den Arzt auch die Voraussetzung zur Sprache bringen läßt, ohne die eine solche Betrachtungsweise des Menschen nicht möglich ist: Um den anderen in seiner Ganzheit sehen zu können, muß man sich selbst als ein Ganzes verstehen. Dies gilt freilich nicht nur für einen guten Arzt; es gilt vielmehr für jeden Menschen, denn jeder Mensch sollte in einer gewissen Weise der Arzt des anderen sein. Er ist es, wenn er seinen Mitmenschen nicht nur unter einem bestimmten Gesichtspunkt ins Auge faßt, sondern aus dem Erleben der eigenen Ganzheit den anderen als ein Ganzes zu begreifen sucht. Steckt nicht bereits in solchem Bemühen ein wesentlicher Sinn menschlichen Daseins?

Es erhebt sich hier die Frage, welchen Weg man gehen muß, um sich selbst in dieser Weise zu erfahren. Hierauf kann das innere Verlangen des alten Arztes nach stiller Zurückgezogenheit eine Antwort sein. Die Gründe, die ihn zur häufigeren Zurückgezogenheit veranlaßten, waren mit seiner augenblicklichen Situation gegeben: Der 75jährige brauchte Ruhe, um neue Kräfte zu sammeln; außerdem verlangte sein Inneres danach, seit seine Frau gestorben war. Indem er sich jetzt immer öfters von allen äußeren Geräuschen, Gesprächen, geschäftigen Gedanken, sogar von allem, was ihn zum Arzt machte, loslöste und sich in das regungslose Schweigen mit seinen ungezwungenen, schwebenden Gedanken versenkte, fand er zur inneren Reinheit und Klarheit und damit zu seiner ursprünglichen Ganzheit zurück. Das heißt also: der Weg zum Erlebnis dessen, was man im Ganzen ist, führt immer zu den Tiefen des inwendigen Menschen, die sich im regungslosen Schweigen reinigen und klären. In der stillen Zurückgezogenheit werden wir ‚Mensch', werden wir ganz Mensch. In ihr fällt alles Uneigentliche ab. Sie läßt uns zur vollen Wirklichkeit erwachen. Aus diesem Grund sprach Rabbi Mosche Löb, den Martin Buber in seinen „Schriften zum Chassidismus" erwähnt: „Ein Mensch, dem nicht an jedem Tag eine Stunde gehört, ist kein Mensch." In dieser einen Stunde kommt es darauf an, sich von allem loszulösen, um sich selbst als ungeteilte Ganzheit zu vernehmen. Darin liegt ein weiterer Sinn, der uns zur Verwirklichung aufgegeben ist.

Aber damit ist noch nicht alles gesagt. In solchen Stunden der Zurückgezogenheit wurde sich Doktor Oreschtschenkow einer noch tieferen Sinngebung bewußt. Er erkannte, daß der eigentliche Sinn menschlichen Daseins nicht in dem liegt, womit man sich hauptsächlich beschäftigt; auch nicht in dem, wofür man sich interessiert oder wodurch man berühmt wird. All das macht den Menschen noch nicht zu dem, was er im Tiefsten und Letzten ist. Er liegt vielmehr darin, jenes ‚Bild der Ewigkeit' ungetrübt, unerschüttert und unentstellt in sich zu bewahren, das jedem mitgegeben ist. Was Alexander Solschenizyn hier als ‚Bild der Ewigkeit' bezeichnet, kennzeichnet das erste Buch der Heiligen Schriften als ‚Bild Gottes', das jeder Mensch ist und den Menschen zum Menschen macht. Es lohnt sich nachzuforschen, was damit über den Menschen gesagt wird[1].

In der ganzen Alten Welt gab es eine Fülle von Götterbildern. Ihnen wurde eine ungeheure Macht zugesprochen, denn in seinem Bild war der Gott auf geheimnisvolle Weise gegenwärtig. Deshalb war es nicht möglich, sich dem Götterbild auf direktem Weg zu nähern. In Ägypten führte eine lange Allee dorthin. Hatte der Fromme sie unter dem Anblick seltsam unheimlicher Tierbilder durchschritten, so kam er vor das gewaltige Tempeltor. Ehrfürchtiger Schauer erfaßte ihn, wenn er, zwischen riesigen Säulen stehend, die Nähe des Gottesbildes erreichte. Er wurde der Heiligkeit des Ortes gewahr und vermochte nur noch in stiller Anbetung zur Erde zu sinken.

Im Gegensatz zur heidnischen Welt gab es in Israel keine Gottesbilder. Warum nicht, bleibt bis heute ein Geheimnis. Der alttestamentliche Schriftsteller meint hierzu: Gott selbst hat sich seine Bilder geschaffen; jeder Mensch ist sein Bild, unüberbietbar in seiner Würde, weil nicht von Menschenhand gemacht, sondern von Gott selbst erschaffen. Weil der Abgebildete stets in seinem Bild gegenwärtig ist, deshalb ist jeder Mensch Zeichen der Anwesenheit Gottes. „Wollte man Gott bitten, er möge ein Bild seiner selbst zeigen, so könnte er auf den Menschen deuten: So bin ich." Von hier aus verdeutlicht sich aber noch etwas anderes: „Wer ein Bild ehrt oder schändet, trifft unmittelbar auch den, den es darstellt... Wenn der Mensch Gottes Bild in der Welt ist, dann kann niemand den Menschen angreifen, ohne zugleich und unmittelbar auch Gott selbst anzugreifen." So lesen wir beim Propheten Sacharja: „Wer euch antastet, tastet meinen Augapfel an" (Sach 2,12). Ähnlich sagt es Jesus: „Was ihr dem Geringsten meiner Brüder getan habt, das habt ihr mir getan!" (Mt 25,40)

Der Mensch vermag aber nicht nur Gott zu treffen, wenn er sich gegen einen anderen Menschen wendet. Er trifft ihn nicht weniger, wenn er nicht jenes ‚Bild der Ewigkeit' ungetrübt, unerschüttert und unentstellt bewahrt, das ihm selbst mitgegeben ist. Wodurch – so wäre noch zu fragen – gelingt es, jenes Bild zu bewahren? In seinen Erzählungen und Romanen gibt Alexander Solschenizyn auf diese Frage immer wieder diesselbe Antwort: Es gelingt ihm durch sein Gewissen, das kostbarer als das Leben ist. In ihm spiegelt sich das „Bild der Ewigkeit" und gibt so dem menschlichen Antlitz sein Licht und seine Schönheit. In der Erzählung „Matrjonas Hof" heißt es von der alten Frau, die als eine jener Gerechten geschildert wird, ohne die kein Dorf, keine Stadt und kein Land leben kann: „Das vereiste Fensterchen im kürzer gewordenen Flur glitzerte rosig im rötlichen Sonnenschein des Wintermorgens, warm lag dieser Schein auf Matrjona. Immer haben die Menschen ein schönes Gesicht, die im Einklang mit ihrem Gewissen leben."[2]

Gott sprach: „Laßt uns den Menschen machen nach unserem Bild, uns ähnlich. Sie sollen herrschen über die Fische des Meeres und über die Vögel des Himmels, über das Vieh und über alles Wild des Feldes und über alles Gewürm, das auf dem Erdboden kriecht!" Und Gott schuf den Menschen nach seinem Bild, nach dem Bild Gottes schuf er ihn, als Mann und Frau schuf er sie. *Genesis 1,26–27*

4

Wer deutet uns das Leben?

A. Solschenizyn: Das Spiegelbild im Wasser

Weish 4,7–15

In seiner Prosa-Miniatur „Das Spiegelbild im Wasser“ vergleicht Alexander Solschenizyn das menschliche Leben mit einer raschen Strömung, deren bewegte Oberfläche keine Spiegelungen erkennen läßt. Auch wenn sich die Wellen gelegt haben, bleiben die widergespiegelten Bilder doch im ständigen Wechsel der kräuselnden Oberfläche des Wassers undeutlich und gebrochen. Erst wenn der Strom eine breite stille Mündung erreicht hat, wenn er in einer flachen Bucht verweilt oder in einem stillen kleinen See, wird in seiner vollkommenen Glätte das Spiegelbild jedes Blättchens eines nahen Baumes, jedes Federchens des zarten Gewölks und der blauen Tiefe des Himmels unverzerrt erkennbar. Alexander Solschenizyn schließt: „Dies gilt für dich und gilt für mich. Wenn wir die unsterbliche, klare Wahrheit bis zum heutigen Tag nicht sehen, wenn wir sie auf keine Weise widerzuspiegeln vermögen – liegt es nicht daran, daß wir uns noch irgendwohin bewegen? Daß wir noch leben?...“

Vgl. Alexander Solschenizyn, Das Spiegelbild im Wasser, in: Im Interesse der Sache, Hermann Luchterhand Verlag, Neuwied u. Berlin 1970, S. 265.

Solschenizyn hält dafür, daß sich der menschliche Lebenslauf mit dem Lauf eines Flusses vergleichen läßt. Dieser ist an seinem Anfang eine rasche Strömung mit einer sich ständig wechselnden Oberfläche. Je mehr er aber zu seiner Mündung gelangt, desto tiefer und breiter und ruhiger wird er. So auch das menschliche Leben. Dabei ist es die Glaubensüberzeugung von Solchenizyn, daß am Grund jeder menschlichen

Existenz eine unsterbliche, klare Wahrheit liegt. Sie ist das Bild der Ewigkeit, das Gott jedem Menschen eingesenkt hat. Daher erfüllt sich das Leben eines Menschen, wenn es die Ewigkeit Gottes unverzerrt und deutlich widerspiegelt.

Wenn unser Leben seiner Bestimmung, Spiegelbild des Ewigen zu sein, noch nicht entspricht, so liegt dies an der Bewegtheit irdischen Daseins, in dem sich Sein und Schein ständig miteinander vermischen. Erst wenn unser Inneres zur vollkommenen Ruhe gelangt, wenn es gereinigt und geklärt ist, fällt der Schein, und die Wahrheit wird offenbar. Das geschieht im Augenblick des Todes, „denn unruhig ist unser Herz, bis es ruht in Gott" (Augustinus). Menschliches Leben bedeutet somit eine fortlaufende Bewegung, die im dauernden Hin und Her voll innerer Unruhe ist und deshalb nicht deutlich werden läßt, was sie in ihren Tiefen mit sich führt. Erst wenn unser Lebensfluß im Tod zur vollkommenen Ruhe gefunden hat, werden wir ganz sein, wozu wir geschaffen worden sind: reines Spiegelbild des ewigen Gottes. Daher betet die Kirche für ihre Verstorbenen: „Herr, schenke ihnen die ewige Ruhe!" Diese Bitte beinhaltet den Wunsch: „Laß sie ein vollkommenes Spiegelbild deiner selbst sein!" Vollkommenes Spiegelbild Gottes zu sein macht denn auch die ewige Glückseligkeit des Menschen aus; denn glücklich nennen wir den, der restlos geworden ist, worauf er seinem Wesen nach angelegt wurde.

Das Wort Solschenizyns, daß wir die unsterbliche, klare Wahrheit auf keine Weise widerzuspiegeln vermögen, solange wir leben, darf nicht mißverstanden werden. Wir vermögen sie in unserer irdischen Lebenszeit auf keine Weise *vollkommen* widerzuspiegeln. Dennoch ist es uns möglich – und dahin sollte unser ganzes Bemühen gehen –, sie immer deutlicher in Erscheinung treten zu lassen, so wie der Strom es tut, dessen bewegte Oberfläche sich mehr und mehr glättet und die Spiegelbilder immer klarer zu erkennen gibt. Ob uns dies gelingt oder nicht, hängt davon ab, was wir als Glück erachten. In seinem Roman „Der erste Kreis der Hölle" wird dazu gesagt: „Das russische Wort ‚Glück' setzt sich zusammen aus den Worten ‚Teil' und ‚von', das heißt ‚Teil von', was bedeuten soll, ... wer welchen Teil dem Leben entrissen hat. Die Etymologie gibt uns eine sehr tiefgründige Anschauung vom Glück."[1] Wer den Schein sucht, erlangt weder innere Ruhe noch Glück und verfehlt somit sein Wesen, Spiegelbild der ihm innewohnenden Ewigkeit zu sein. Je mehr wir hingegen auf das Wahre aus sind, um so ruhiger werden wir, um so mehr vermögen wir zu sein, was wir sein sollen, um darin das Glück unseres Daseins zu erfahren.

Der Gerechte aber wird, auch wenn er vorzeitig stirbt, in Gottes Ruhe sein. Denn ein ehrenvolles Alter ist nicht das eines langen Lebens; es wird nicht nach der Zahl der Jahre gemessen. Einsicht gilt für die Menschen mehr als graues Haar und mehr als Greisenalter ein unbeflecktes Leben. Er war Gott wohlgefällig und wurde von ihm geliebt, und weil er mitten unter Sündern lebte, ward er entrückt. Er wurde hinweggenommen, damit nicht die Bosheit seinen Sinn verkehrte noch Arglist seine Seele verführte. Denn der Zauber des Lasters verdunkelt das Gute, und der Taumel der Lust verdirbt ein argloses Gemüt. Wer früh zur Vollendung reifte, hat lange Zeiten ausgefüllt. Der Herr hatte an seiner Seele Wohlgefallen; darum eilte sie aus der Mitte der Gottlosigkeit hinweg. Die Leute sehen es, aber sie verstehen es nicht und nehmen es nicht zu Herzen, daß Gnade und Erbarmen seinen Auserwählten zuteil wird und gnädige Heimsuchungen seinen Heiligen.

Weisheit, 4,7–15

5

Ist der Lebenslauf ein Lauf zum Tode?

Fr. Kafka: Kleine Fabel

Deut 30,19–20

Für den Schriftsteller Franz Kafka (1883–1924) waren Leben und Schreiben eines. Obwohl das Schreiben zu seiner Grundbestimmung gehörte, fand er seine Schreibversuche mißlungen. Einen großen Teil seiner Manuskripte vernichtete er selbst oder ließ ihn gegen Ende seines Lebens unter seiner Aufsicht vernichten. Testamentarisch bat er schließlich um die Vernichtung seines ganzen Nachlasses. Sein Freund Max Brod ist diesem Wunsch jedoch nicht nachgekommen und rettete so einige der bedeutendsten Werke der Weltliteratur. Aus einem Bündel loser Blätter zog er nach dem Tod Kafkas einen kurzen Text hervor, der keine Überschrift hatte. Er hat folgenden Wortlaut:

„Ach", sagte die Maus, „die Welt wird enger mit jedem Tag. Zuerst war sie so breit, daß ich Angst hatte, ich lief weiter und war glücklich, daß ich endlich rechts und links in der Ferne Mauern sah, aber diese langen Mauern eilen so schnell aufeinander zu, daß ich schon im letzten Zimmer bin, und dort im Winkel steht die Falle, in die ich laufe." – „Du mußt nur die Laufrichtung ändern", sagte die Katze und fraß sie.

Franz Kafka, Kleine Fabel, in: Sämtliche Erzählungen, hrsg. v. Paul Raabe, Fischer Taschenbuch Verlag Nr. 1078, Frankfurt a. M. 1971, S. 320.

In dieser „Kleinen Fabel", die eher eine „große Tragödie" (C. Schlingmann) zu nennen ist, skizziert Kafka mit wenigen Worten den Lebenslauf des Menschen. Was er beschreibt, läßt sich nicht bestreiten. Es zeigt sich jedem, der den Lebensweg eines Menschen verfolgt. Dem jungen Menschen steht in einer oft beängstigenden Weise die ganze Welt noch offen. Wird er aber alt und älter, was schneller geht, als man anfangs glaubt, hat er einmal seinen Beruf und seine Familie, verlassen die Kinder eines Tages das Elternhaus, weicht mit der Lebensfrische auch die Arbeitskraft, treten an die Stelle der Gesundheit die vielfältigen Altersgebrechlichkeiten, dann läuft das Leben unaufhaltsam auf ein einziges hinaus. Diese Erfahrung faßt die Fabel in die Worte: „Die Welt wird enger mit jedem Tag.“ Eines Tages wird sie so eng sein, daß wir das Zimmer, in dem wir angekommen sind, nicht mehr verlassen können. Es ist jenes Zimmer, in dem der Tod als Gegenspieler des Lebens nach uns greift. Kein Mensch kann ihm entkommen. Diese Tatsache bringt Kafka mit einer feinen Ironie im Rat der Katze zum Ausdruck. „Du mußt nur die Laufrichtung ändern“, sagte sie zur Maus, um sich unmittelbar auf sie zu stürzen und sie zu fressen. Auch eine Änderung der Laufrichtung hätte die Maus nicht retten können. Hätte nämlich die Katze nicht hier auf sie gewartet, dann eben anderswo.

So eindrucksvoll die Fabel von Kafka wegen ihrer Wirklichkeitsnähe ist, sie spiegelt nur die äußere Seite unseres menschlichen Daseins wider, hinter der sich eine andere verborgen hält. Die Verengung unseres Lebens unterliegt nicht nur den biologischen Wachstumsgesetzen. Sie vollzieht sich auch durch unsere vielfältigen Entscheidungen, mit denen wir uns immer von vielem abwenden, um uns dem Erwählten hinzugeben. Das ist das Wachstumsgesetz des inneren Menschen. So ist Wachsen immer Gewinn durch Verlust, Bereicherung durch Opfer, denn die Aneignung des einen bedeutet immer auch den Verzicht auf vieles andere. Haben wir uns beispielsweise einmal für einen Beruf entschieden, kommen viele andere Berufsmöglichkeiten nicht mehr in Frage. Genauso ist es mit der Wahl eines Lebenspartners. Wollten wir alles haben oder würden wir uns an Entscheidungen vorbeidrücken, so wären wir profillose Gestalten. „Leben bedeutet (also): ständig sich entscheiden und durch Entscheidungen Möglichkeiten ausschließen. Dadurch wird das Leben, wenn es wächst, enger, obgleich es stets größer und stärker wird. Jede Entscheidung macht uns reifer und älter zugleich. Jugend ist Offenheit. Aber jede Entscheidung schließt Tore zu. Das ist unausweichlich so; es ist unentrinnbares Schicksal. In jedem Augenblick entscheiden wir uns, in jedem Augenblick schließen wir Tore zu.“[1] Aber mit den vielen Toren, die wir zuschließen, öffnet sich das große Tor der gewählten Wirklichkeit, mit der wir durch unsere Ent-scheidung eins werden. Daher gibt es nicht wenige Menschen, die lieber ihr Leben verlieren, als an einer hohen Sache Verrat zu üben. Man überdenke in diesem Zusammenhang einmal das Wort, das der Gestapo-Häftling Wolfgang Kühne seiner Frau aus dem Gefängnis geschrieben hat: „Neun Wochen Wände um sich, die höchstens drei Meter voneinander entfernt sind, dafür hat sich uns eine Weite anderer Art geöffnet, von der wir früher nichts ahnten."[2] Von hierher verstehen wir denn auch das Wort, das den Jüngern Jesu gilt: „Sie verließen alles und folgten ihm nach." Oft genug bis in einen grausamen Tod hinein. Indem sie sich für Jesus den Auferstandenen entschieden, wurden sie mit ihm eins, verwandelten sie ihr sterbliches Leben in das Leben dessen, der den Tod überwunden hat.

Wir wollen hier jedoch nicht übersehen, daß es auch die Möglichkeit gibt, nicht nur äußerlich, sondern auch innerlich zusammenzuschrumpfen. Das ist der Fall, wenn wir durch die getroffene Wahl innerlich nicht reicher, sondern ärmer geworden sind. Ob also unser Lebenslauf ein Lauf zum Tod oder ein Lauf zum Leben ist, hängt davon ab, wofür wir uns letztlich entscheiden, denn „die Frage nach dem Tod ist die Frage nach der Qualifizierung des Lebens, nach Leere oder Erfüllung" (A. Schäfer).

Ich rufe heute Himmel und Erde wider euch zu Zeugen an: Leben und Tod, Segen und Fluch habe ich dir vor Augen gestellt. So sollst du denn, daß du und deine Nachkommen am Leben bleiben, das Leben wählen, indem du Jahwe, deinen Gott, liebst, seiner Stimme gehorchst und ihm anhängst! Denn das ist dein Leben und die Dauer deiner Tage, damit du in dem Lande wohnen bleibst, das Jahwe deinen Vätern, Abraham, Isaak und Jakob, zugeschworen hat, ihnen zu geben.

Deuteronomium 30,19–20

6

Sind Sie ein Doppelgänger?

H. Kasack: Mechanischer Doppelgänger

Ps 8,2–7

Tobias Hull, ein Herr in besten Jahren mit einem glattrasierten und freundlichen Gesicht und sehr korrekter Kleidung, spricht bei einem Unternehmer vor, um ihm einen „mechanischen Doppelgänger" anzupreisen. „Erschrecken Sie nicht, weil ich eine Art Automat bin, eine Maschine in Menschenform, ein Ersatz sozusagen", erklärt er dem Unternehmer. „Mr. Tobias Hull existiert wirklich. Der Chef einer großen Fabrik zur Herstellung von mechanischen Doppelgängern. Ich bin, wie man sagt, seine Projektion ... Wenn Sie daran denken, daß die meisten Menschen heutzutage ganz schablonenmäßig leben, handeln und denken, dann werden Sie sofort begreifen, worauf sich unsere Theorie gründet! Herz und Verstand werden bei uns ausgeschaltet. Sie sind es ja, die im Leben so oft die störenden Komplikationen hervorrufen. Bei uns ersetzt die Routine alles."

Zweifelnd und mißtrauisch betrachtet der Unternehmer das seltsame Geschöpf, das vorgibt, sich in vielen Sprachen verständigen zu können, wozu nur verschiedene Knöpfe an der Weste zu drehen sind. Alle Themen und Vokabeln aus den Bereichen Film, Sport, Politik, abstrakte Kunst seien in ihm vorrätig. Auch eine Spule von Gemeinplätzen sei vorhanden. Der Vorteil eines mechanischen Doppelgängers sei, wie er betont, daß man an mehreren Tagungen gleichzeitig teilnehmen und überall gesehen werden kann. „Sie haben einen Stellvertreter Ihres Ich ... Sie können sogar sterben, ohne daß die Welt etwas davon merkt. Denn wir Automaten beziehen unsere Existenz aus jeder

Begegnung mit wirklichen Menschen." Der Unternehmer, der immer hellhöriger wird und bald nicht mehr weiß, ob er einen Menschen oder einen Automaten vor sich hat, befürchtet, daß solche Automaten den Menschen allmählich völlig ersetzen. Doch diese Befürchtung weist das seltsame Wesen energisch zurück: „Zwei Menschenautomaten können mit sich selber nur wenig anfangen... Darf ich also ein Duplikat von Ihnen herstellen lassen? Morgen wird ein Herr kommen und Maß nehmen." Der Unternehmer ist von dieser ihm dargebotenen Kostprobe verblüfft. Er möchte nur noch erfahren, ob der Herr, der morgen kommen soll, nun ein Automat oder ein richtiger Mensch ist. „Ich nehme an, noch ein richtiger Mensch. Aber es bliebe sich gleich." Mit diesen Worten empfiehlt er sich.

Irgend etwas muß jedoch diesem Geschöpf nach dem Besuch zugestoßen sein, denn in den folgenden Tagen ist niemand gekommen, um für des Unternehmers Doppelgänger Maß zu nehmen. Seit jener Unterhaltung ist ihm jedenfalls bewußt geworden, im Theater und im Kino, bei Versammlungen und auf Gesellschaften und bei vielen anderen Gelegenheiten nicht wenigen Menschen begegnet zu sein, die bestimmt nicht sie selber, sondern bereits ihre mechanischen Doppelgänger gewesen sind.

Vgl. Hermann Kasack, Mechanischer Doppelgänger, in: Deutsche Erzähler der Gegenwart, hrsg. v. Willi Fehse, Reclams Universal-Bibliothek Nr. 8262–8265/65a, Reclam-Verlag GmbH, Stuttgart 1970, S. 151–155.

Diese Kurzgeschichte bringt uns zu Bewußtsein, daß der moderne Mensch auf dem besten Weg ist, ein „mechanischer Doppelgänger" zu werden. Der Unternehmer gewann jedenfalls den Eindruck, im Theater und im Kino, bei Versammlungen und auf Gesellschaften und bei vielen anderen Gelegenheiten nicht wenigen Menschen begegnet zu sein, die nichts anderes als „mechanische Doppelgänger" gewesen sind. Auf seine Frage, ob der Vertreter, „der morgen kommen soll, *nur* ein Automat oder ein richtiger Mensch ist", erhält er die kurze Antwort: „Ich nehme an, *noch* ein richtiger Mensch. Aber es bleibt sich gleich." Das heißt: beide sind sich bereits so gleich, daß es zwischen ihnen kaum noch einen Unterschied gibt. Fragen wir, welches die Merkmale eines „mechanischen Doppelgängers" sind. Auf diese Weise können wir wohl am besten feststellen, inwieweit wir uns selbst inzwischen zu einem solchen Wesen entwickelt haben.

Der „mechanische Doppelgänger" ist eine Art Automat, eine Maschine in Menschenform. Er lebt, handelt und denkt schablonenhaft. Er hat also keine eigenen Ansichten und Überzeugungen. Sein Wissen besteht aus jenen Fetzen, die er aus den Zeitungen, aus dem Rundfunk, beim Fernsehen oder während der Begegnung mit anderen „aufgeschnappt" hat. Aufgrund solcher Informationen vermag er über alle Themen aus den verschiedensten Bereichen des Lebens mitzureden. Die „Informationslücken" füllt er mit Gemeinplätzen aus. Er verhält sich, wie *man* sich verhält, und kleidet sich, wie die Mode es augenblicklich diktiert. Weil er seine personale Einmaligkeit und Originalität verloren hat, lebt er ausschließlich von der Nachahmung zweifelhafter Typen oder Stars aller Art. Alles tut er aus Routine. Dabei sind Herz und Verstand ausgeschaltet. Aus diesem Grund ist er zu allem fähig. Der „mechanische Doppelgänger" ist der Mensch einer vertechnisierten und versozialisierten Welt, in der alle und alles gleichgeschaltet ist und zu funktionieren hat, damit es mit der Wirtschaft und anderem weitergehen kann. Fällt er aus irgendwelchen Gründen aus, kann er unmittelbar ersetzt werden, denn von seiner Art gibt es viele. Er kann sogar sterben, ohne daß sein Tod von der Massengesellschaft bemerkt wird.

Warum ist nach dem Besuch des Automaten-Menschen niemand gekommen, um für den „mechanischen Doppelgänger" des Managers Maß zu nehmen? Vielleicht dürfen wir antworten: Es brauchte niemand zu kommen, denn in jener sonderbaren Gestalt erkannte sich der Unternehmer mehr und mehr selbst. Es wurde ihm klar, daß sein Ich bereits in einem solchen Ausmaß verlorengegangen war, daß er jederzeit durch einen anderen vertreten werden konnte. Es könnte also durchaus sein, daß wir selbst Mr. Tobias Hull sind. Übersehen wir jedoch nicht: die Auffassung von der Ersetz- und Vertauschbarkeit des Menschen löst den Menschen in Funktionen auf. Sie läßt genau das außer acht, was die Würde des Menschen ausmacht: seine Unwiederholbarkeit, seine personale Einmaligkeit. Wenn man auch meint, daß die Welt nicht stehen bleibt und es doch immer weitergehen muß, sollten wir nicht vergessen, daß es entscheidend darauf ankommt, *wie* es weitergeht. *Daß* es weitergeht, wird keiner leugnen. Ob aber aufwärts oder abwärts, dies allerdings sollte uns interessieren. Weil in der heutigen Massengesellschaft der Prozeß der Selbstentfremdung, dem sich keiner restlos zu entziehen vermag, weit fortgeschritten ist, werden heute allerorts Mittel und Wege gesucht, sich selbst zu entdecken. Von hier aus verstehen wir den vielfältigen Ruf nach Meditation.

Worin besteht das Wesen der Meditation, von der man sich eine positive Veränderung der eigenen Persönlichkeit erhofft? „Das Wesen der Meditation kann man sich an einem Bild klarmachen. Man erzählt, unter der Sahara sei ein gewaltiger See. Wenn es gelingt, dieses unterirdische Meer anzubohren, dann steigt Wasser aus der Tiefe empor, das den Wüstensand befruchtet und herrliche Pflanzen emporsprießen läßt. Das Bild ist charakteristisch für die Situation des Menschen. Viele Menschen leben an der Oberfläche ihres Wesens dahin, ohne die belebenden Wasser der Tiefe für den Alltag fruchtbar zu machen; sie müssen versanden. Durch die Meditation ist der Mensch fähig, in die Tiefen seines Wesens einzudringen und die Wasser der Tiefe emporsteigen zu lassen."[1] Die Meditation ist also der Weg zum innersten Leben des Menschen. Menschen, die sich im Ablauf ihres Alltags regelmäßig eine ruhige Zeit aussparen und einen Raum der Stille schaffen, um sich in der Meditation des Wahren, Guten und Schönen zu üben, leben aus ihrem Personenkern heraus. Ihre äußeren Verhaltensweisen sind von ihrer Wesensmitte her geeint und werden von ihrer Wesenstiefe durchdrungen. Alles Wesenswidrige, alles Unechte, alle Masken und Schablonen fallen von ihnen ab. Sie sind innerlich ruhig, offen und ausgeglichen. Sie erleben die Einheit von Körper und Geist. All das ermöglicht ihnen ein bewußteres Leben. Es wachsen ihnen Augen, denen sich völlig neue Welten zeigen. „Jeden Tag fuhr ich mit der Fähre zur Arbeit", berichtet ein Geschäftsmann, „aber ich nahm das Meer kaum wahr. Wenn ich von meiner Zeitung aufblickte, hatte ich nicht das Gefühl, etwas Neues oder Interessantes zu sehen. Doch nachdem ich zu meditieren begonnen hatte, saß ich oft an Deck und hielt wirklich die Augen offen. Und was für ein neues Meer entdeckte ich da – goldglänzend, silbern, grün, schwarz, in jedem Augenblick anders."

In diesem Fall handelt es sich um eine „natürliche Meditation". Wir schauen mit gelöstem Blick auf die Dinge, nehmen ihr Geheimnis in uns auf und werden eins mit ihm. Offenheit, Aufnahme und Einswerdung, darauf kommt es an. Dabei stellen sich die Dinge auf uns ein: „So wie wir auf die Dinge hinblicken, so blicken sie auf uns. Sie erwarten, daß wir sie aufnehmen, und sie ermöglichen es, daß wir in der erkennenden Vereinigung reicher werden."[2] Sehen wir jedoch mit gläubigem Herzen in allem jenes Geheimnis, das uns trägt, lenkt und leitet, aus dem wir kommen und zu dem wir unaufhaltsam unterwegs sind und das wir ehrfürchtig Gott nennen, dann sprechen wir von einer „religiösen Meditation". Welchen Einfluß dieses Geheimnis auf den meditierenden Menschen und seinen Alltag ausübt, veranschaulicht ein Vergleich des großen englischen Mathematikers und Physikers Sir Isaak Newton (1643–1727). Newton verglich sein Leben und Arbeiten mit dem Spiel eines Kindes, das sich am Strand eines Meeres eifrig mit Muscheln und Steinen beschäftigt, während vor ihm der unermeßliche Ozean rauscht. Was sagt uns dieses Bild? Es läßt uns zunächst den Vorgang nachempfinden, der sich zwischen dem Meer und dem Kind abspielt: Die Weite des Meeres weitet das kindliche Herz; sie macht es offen und vertrauend; vielfältig weiß sich das Kind angesprochen. Hier fühlt es sich geborgen. Darüber hinaus geschieht etwas anderes: Das Meer bestimmt den Umgang des Kindes mit seinem Spielzeug. Das Kind würde sicherlich mit seinen Muscheln und Steinen anders umgehen, wenn es das Meer nicht vor sich hätte. Dieses Bild vom Meer mit seinen Weiten und Tiefen, mit seiner Kraft und seiner Lebensfülle ist für den gläubigen Menschen ein Gleichnis für das unergründliche, ewige und namenlose Geheimnis Gottes. Vor ihm erkennt der Mensch seine Geschöpflichkeit und erahnt staunend die göttlichen Tiefen seiner selbst: „Was ist der Mensch, daß du seiner gedenkst!" Das Geheimnis Gottes durchwaltet sein ganzes Denken, Reden und Handeln; es durchwirkt seine alltäglichen Beschäftigungen und Beziehungen. Meditation ist also keineswegs eine Flucht vor dem Leben und dem Dienst am Mitmenschen, sondern eine notwendige Voraussetzung dazu. Je mehr sich der Mensch vor dem unendlichen Mysterium des Lebens selbst entdeckt, desto näher ist er den anderen, um für sie dazusein.

Jahwe, unser Herr!
Wie wunderbar ist auf der ganzen Erde dein Name!
Dein Glanz über den Himmel hin
wird besungen aus dem Munde der Kinder und Kleinen.
Du hast ein Bollwerk gebaut deinen Feinden zum Trotz,
um Widersacher und Rebellen zum Schweigen zu bringen.
Ich schaue den Himmel, das Werk deiner Finger,
den Mond und die Sterne, die du geschaffen:
Was ist der Mensch, daß du seiner gedenkest!
Des Menschen Sohn, daß du Sorge tragest um ihn!
Du hast ihn fast zu einem Gotteswesen gemacht,
hast ihn gekrönt mit Glorie und Glanz.
Du hast ihm Macht gegeben über das Werk deiner Hände,
alles hast du ihm zu Füßen gelegt.

Psalm 8,2–7

7

Was macht uns heute krank?

Eine Anekdote

Lk 10,38–42

Ein chinesischer Professor kam nach Berlin. Sein deutscher Kollege erwartete ihn am Bahnhof. Als sie zum großen Bahnhofsvorplatz kamen, sah der Deutsche den Bus an der Haltestelle. Schnell ergriff er die Hand des Chinesen. „Kommen Sie rasch!" rief er ihm zu. Die beiden liefen hastig über den Platz und stiegen eilig in den Bus, der sich – kaum daß sie drinnen waren – in Bewegung setzte. Aufatmend schaute der Deutsche auf die Uhr und sagte: „Gott sei Dank! Jetzt haben wir zehn Minuten gewonnen!" Der Chinese aber fragte ihn mit sanfter Stimme: „Und was machen wir mit diesen zehn Minuten?"

Vgl. Wladimir Lindenberg, Die Menschheit betet, Praktiken der Meditation in der Welt, Ernst Reinhardt Verlag, München – Basel 1970, S. 20.

Wir haben es hier mit zwei sehr unterschiedlichen Menschentypen zu tun: Der Deutsche ist ein ruheloser und gehetzter Mann. Er wollte Zeit gewinnen und bemerkte nicht, wie man sich dabei selbst verlieren kann. So geräuschvoll unsere heutige Welt ist, so lautlos kann sich in ihr der Selbstverlust vollziehen. „Die größte Gefahr – sein Ich zu verlieren – kann sich so still vollziehen, als wäre es nichts; jeder andere Verlust – von einem Arm oder Bein, von fünf Dollar, von einer Ehefrau und so weiter – fällt einem bestimmt auf" (Carson McCullers). Davon hatte der besonnene und gelassene Chinese eine Ahnung. Auf seine Frage: „Und was machen wir mit diesen zehn Minuten?" hatte er gewiß keine Antwort erwartet. Welche Erklärung hätte ihm auch der Deutsche vernünftigerweise geben können?

Um besser verstehen zu können, inwiefern uns die Hektik unseres Alltagslebens krank macht, werfen wir zunächst einen Blick auf das sogenannte „vegetative Nervensystem". Dieses hat seinen Ursprung im Gehirn und umgibt das kleinste Organ oder Zellengefüge. Daher ist jedes unserer Organe, jedes Blutgefäß, jede Drüse durch dieses ‚nervöse Netz' mit dem Gehirn verbunden. Weil aber das vegetative Nervensystem seinerseits von seelischen Regungen und Erregungen beeinflußt wird, ist es so etwas wie ein Bindeglied zwischen Seele und Leib. Schauen wir noch genauer hin, dann entdecken wir, daß es sich hier eigentlich um ein doppeltes System handelt. Es sind der ‚nervus vagus' und der ‚nervus sympathicus'. Beide sind ständig im Zusammenspiel oder Gegenspiel miteinander verbunden. Während der Vagus der Erhaltung, der Erholung und der Beruhigung dient, besorgt der Sympathicus die Aktivität, das Weiterkommen, die Unruhe. Sind beide Systeme gleichmäßig aufeinander bezogen, so lebt der Mensch im Gleichklang seiner Kräfte. Er ist in körperlicher und seelischer Hinsicht harmonisch. Dieser Zustand ist heute selten geworden. Doch zeigt uns eine biblische Parallele, daß der Mensch zu allen Zeiten in der Gefahr steht, der ruhelosen Aktivität anheimzufallen. Wir denken hier an den Besuch Jesu bei den Geschwistern Marta und Maria.

„Marta, Marta, du machst dir viele Sorgen und Mühen. Aber nur eines ist notwendig. Maria hat das Bessere erwählt, das soll ihr nicht genommen werden" (Lk 10,42f.). Diesen Worten Jesu hat der evangelische Theologe Paul Tillich eine meisterhafte Deutung gegeben. Sie zeigt uns, worauf wir in unserem alltäglichen Leben immer wieder achten müssen[1]. Die Tatsache, daß Jesus Marta zweimal beim Namen nennt, verdeutlicht, daß er ihr Wichtiges zu sagen hat. Er möchte sie – und uns mit ihr – nachdenklich machen. Um aber genau zu erkennen, worauf es Jesus ankam, müssen wir zunächst bemerken, daß das Verhalten Martas nicht schlechthin verurteilt werden kann. In ihm versinnbildet sich nämlich jene Aufmerksamkeit, Hingabe und Leidenschaft, ohne die der Alltag nicht gelingen kann. So notwendig aber diese Hinwendung zum Vielerlei ist, so unheilvoll wirkt sie sich aus, wenn sie uns letztlich bestimmt. Die Hinwendung zum vielen ist wichtig, aber sie darf nicht zum Wichtigsten werden, wenn wir den Halt in unserem Leben nicht verlieren wollen. Wo ein Mensch im vielen aufgegangen ist, verliert er nicht nur seinen Halt; die Angst hält ihn gefangen, und die Sorge treibt ihn umher. Warum ist das so? Weil all dies viele der Vergänglichkeit unterliegt, weil es nicht von Dauer ist. Deshalb ist der Mensch, der um das viele besorgt ist, immer auf dem Sprung zum Neuen, von dem er sich alles verspricht. Aber auch dieses Neue vermag uns weder Glück noch Sicherheit zu geben, weil auch in ihm das schwermütige Gesetz der Vergänglichkeit herrscht. Dennoch klammern wir uns an das Vorläufige, als sei es das Endgültige, und selbst wenn wir uns zu befreien suchen, läßt es uns nicht los. Warum? Weil das eine und einzige, das notwendig ist, nicht mehr unsere Heimat ist. Was aber ist dieses eine, das so wichtig ist? Es ist das, was die Zeiten überdauert und jeden Menschen in dieser Welt mit letztem Ernst angeht. Hier ist der Punkt, an dem sich Maria von Marta unterscheidet. Im Gegensatz zu Marta, die sich in der Hauptsache vom vielen beanspruchen läßt, weiß sich Maria vom einen in Anspruch genommen. Deshalb lobt Jesus ihr Verhalten. Wenn wir uns von dem einen ergreifen lassen, dann beginnt sich die Welt der vielen Dinge zu verwandeln. Wir gewinnen ein neues Verhältnis zu ihnen. Sie gehen uns noch an. Aber sie bedeuten uns nicht mehr das Wichtigste in unserem Leben. Wenn wir sie verlieren, verlieren wir nicht das eine, das uns nicht genommen werden kann.

Es begab sich aber, als sie weiterwanderten, kam er in ein Dorf. Eine Frau namens Marta nahm ihn in ihr Haus auf. Sie hatte eine Schwester namens Maria. Diese setzte sich zu Füßen des Herrn und lauschte seinem Wort. Marta aber war durch vielerlei Dienste beansprucht; sie trat hinzu und sagte: „Herr, macht es dir nichts, daß meine Schwester die Bedienung mir allein überläßt? Sag ihr doch, daß sie mir helfen soll.“ Doch der Herr antwortete ihr und sprach: „Marta, Marta, du sorgst und beunruhigst dich um viele Dinge. Doch weniges ist notwendig, nur eines. Maria hat den guten Teil erwählt, der wird ihr nicht genommen werden.“ *Lukas 10,38–42*

8

Das Kind im Erwachsenen

A. de Saint-Exupéry: Der kleine Prinz

Lk 10,21–22

Der kleine Prinz begegnete einem Weichensteller und fragte ihn: „Was machst du da?" „Ich sortiere die Reisenden nach Tausenderpaketen", antwortete ihm der Weichensteller und fuhr fort: „Ich schicke die Züge, die sie fortbringen, bald nach rechts, bald nach links."

In diesem Augenblick raste ein Schnellzug an ihnen vorbei und ließ das Weichenstellerhäuschen erzittern. „Sie haben es sehr eilig", wunderte sich der kleine Prinz. „Wohin wollen sie?" „Der Mann von der Lokomotive weiß es selbst nicht", erwiderte ihm der Weichensteller ratlos.

Kaum hatte er dies gesagt, da donnerte ein zweiter Schnellzug in die entgegengesetzte Richtung. „Sie kommen schon wieder zurück?" fragte der kleine Prinz erstaunt. „Das sind nicht die gleichen", klärte ihn der Weichensteller auf. „Das wechselt." „Waren sie nicht zufrieden dort, wo sie waren?" „Man ist nie zufrieden dort, wo man ist", bemerkte der Weichensteller.

Mit hoher Geschwindigkeit sauste ein dritter Schnellzug an ihnen vorüber. Der kleine Prinz war erneut verwundert: „Verfolgen diese die ersten Reisenden?" „Sie verfolgen gar nichts", erklärte ihm der Weichensteller. „Sie schlafen da drinnen, oder sie gähnen auch. Nur die Kinder drücken ihre Nasen gegen die Fensterscheiben." Der kleine Prinz verstand. „Nur die Kinder wissen, wohin sie wollen", sagte er. „Sie wenden ihre Zeit an eine Puppe aus Stoff-Fetzen, und die Puppe wird ihnen sehr wertvoll, und wenn man sie ihnen wegnimmt, weinen sie..." „Sie haben es gut", stimmte ihm der Weichensteller nachdenklich zu.

Vgl. Antoine de Saint-Exupéry, Der kleine Prinz, Karl Rauch Verlag, Düsseldorf o. J., S. 53f.

„Saint-Ex" – wie Freunde den Schriftsteller-Piloten nannten – möchte mit seinem Büchlein „Der kleine Prinz" das Kind im Erwachsenen ansprechen, um dem heutigen Menschen einen neuen Halt zu vermitteln und seinem Leben wieder Sinn und Richtung zu geben. Dabei ist er der Überzeugung, daß eine Erneuerung unseres Daseins nur gelingen kann, wenn wir uns jenes Kindes erinnern, das wir selbst einmal waren. Weil das Kind im Erwachsenen niemals stirbt, liegt eine Erneuerung zu jeder Zeit im Bereich des Möglichen. Es kommt einzig und allein darauf an, den Weg zum ‚kleinen Prinzen' unserer eigenen Kindheit, zur kindlichen Reinheit und Weisheit, zurückzufinden. In der Widmung, die Saint-Exupéry seinem „Märchen für Erwachsene' vorausschickt, lesen wir: „So will ich dieses Buch dem Kinde widmen, das dieser Erwachsene einst war. Alle großen Leute sind einmal Kinder gewesen (aber wenige erinnern sich daran)." Saint-Exupéry sieht also die wahre Menschwerdung des Menschen in seiner fortwährenden Entwicklung zu wahrer Kindlichkeit. Sobald er aufhört, Kind zu sein, bricht sein Reifungsprozeß ab. Nur bei wenigen Menschen „hat das Kindsein nie ein Ende: das sind die Heiligen, die Helden und die Dichter" (Luc Estang).

Die Schnellzugreisenden – und mit ihnen der Mann von der Lokomotive – haben aufgehört, Kinder zu sein. Sie haben keine Zeit mehr, irgend etwas wirklich kennenzulernen. An allem rasen sie vorbei. Weil man aber nur das kennt, was man sich vertraut gemacht hat, womit man Freund geworden ist und wofür man sich Zeit genommen hat, deshalb haben die Dinge für die Schnellzugsinsassen ihre Einzigartigkeit verloren. Die Welt besteht für sie aus einem bedeutungslosen Einerlei, bei dem es sich ihrer Meinung nach nicht zu verweilen lohnt. Durch diese Einstellung geht ihnen ihre eigene Einzigartigkeit verloren. Schlafend oder gähnend rasen sie in ‚Tausenderpaketen' in alle Richtungen, ohne zu wissen, wohin sie eigentlich wollen, und ohne dort zufrieden zu sein, wo sie angekommen sind. Über dieses Verhalten ist der kleine Prinz sehr verwundert, denn er „dachte über die ernsthaften Dinge völlig anders als die großen Leute" (36). Hier haben wir den Grund, weshalb Saint-Exupéry an früherer Stelle schreibt: „Kinder müssen mit großen Leuten viel Nachsicht haben" (13).

Kinder sind tatsächlich anders. Sie drücken ihre Nasen gegen die Fensterscheiben, um möglichst nahe bei dem zu sein, was sie sehen. Sie wissen, wohin sie wollen, und sind dort zufrieden, wo sie sind. Sie verstehen es, den Dingen im vertrauten Umgang ihr Geheimnis zu entlocken und so mit ihnen Freund zu werden. Sie verwenden ihre Zeit an eine billige Puppe aus Stoff-Fetzen. So wird sie ihnen wertvoll. Weil sie sich ihr ganz hingeben, ist sie ihnen einzig in der Welt. Sie fühlen sich für sie verantwortlich, denn das Kind weiß, daß man zeitlebens für das verantwortlich ist, was man sich vertraut gemacht hat. Deshalb weinen sie, wenn man ihnen die Puppe wegnimmt. Sie weinen nicht nur, weil sie ihnen Freund geworden ist, sondern auch, weil sie befürchten, es könnte ihr etwas passieren. Wahre Kindlichkeit erwächst also aus der Zuwendung zum einzelnen, das dadurch einzigartig wird und freundschaftlich bindet, bei dem man nicht nur mit den Augen, sondern mit dem Herzen verweilt; denn „man sieht nur mit dem Herzen gut. Das Wesentliche ist für die Augen unsichtbar" (52). Darum weiß der kleine Prinz. Darum weiß auch der moderne Romancier Julien Green, der diesen Gedanken in seine ihm gebührende Tiefe zurückführt: „Gott spricht mit äußerster Sanftmut zu den Kindern, er sagt ihnen ohne Worte, was er ihnen zu sagen hat. Die Schöpfung liefert ihm das Vokabular, das er braucht, in Gestalt der Blätter, der Wolken, des Wassers, das vorüberfließt, eines Lichtflecks irgendwo. Es ist dies eine Geheimsprache, die man nicht aus Büchern erlernt, die aber von Kindern trefflich verstanden wird ... Ich meinerseits habe gewußt, was Kinder wissen, und keine Logik der Welt hat dies Unsägliche mir je völlig nehmen können. Worte vermögen es nicht zu beschreiben. Es verbirgt sich unter der Schwelle der Sprache und bleibt auf dieser Erde stumm."[1]

Der Weg zur wahren Kindlichkeit ist – wer sollte sich jetzt noch wundern – der von Jesus verkündete Weg zum Himmelreich: „Ich sage euch, wenn ihr euch nicht bekehret und werdet wie die Kinder, werdet ihr nicht in das Himmelreich eingehen" (Mt 18, 1 ff.). Denn es ist nicht der logisch geschulte Verstand, sondern „es ist das Kind in uns, das glaubt", schreibt Walter Nigg und fährt dann fort: „Man muß glauben, wie die Kinder glauben – sie sind die einzig wahren Metaphysiker –, nur dann wird der Glaube nicht vom Unglauben unterwühlt."[2] So sind denn auch die Kinder die Träger lebendiger Gotteserfahrung. Ihnen bleibt sie vorbehalten – und solchen Erwachsenen, die in sich das Kind wiedergefunden haben und dadurch zu ‚Unmündigen' im biblischen Sinn geworden sind. In ihrem unverbildeten Herzen erfahren sie, „daß

Gott im Kleinen wohnt, der Weg zum Allmächtigen über das Kleine geht und im Kleinsten oft das Größte verborgen ist ... Die Unmündigen haben zur gegenwärtigen Stunde tatsächlich den Christen ein vordringliches Wort zu sagen, ein Wort, das den Menschen wieder das Unschaubare vor Augen rückt, ohne das niemand leben kann. Doch wäre es nicht richtig, wollte man allzu hohe Töne von ihnen anstimmen; dies würde ohnehin ihrem demütigen Wesen widersprechen. Gestattet sei höchstens der Zuspruch: Wollen Sie nicht einmal diese Unmündigen etwas näher anschaun?"[3] Nur die persönliche Begegnung mit ihnen läßt uns etwas von ihrer Seligkeit und Ehrfurcht, von ihrer Kraft des Staunens erahnen.

In dieser Stunde rief Jesus voll Freude im Heiligen Geist aus: „Ich preise dich, Vater, Herr des Himmels und der Erde, daß du dies vor Weisen und Klugen verborgen, Unmündigen aber geoffenbart hast. Ja, Vater, so war es wohlgefällig vor dir. Alles ist mir von meinem Vater übergeben. Niemand weiß, wer der Sohn ist, als nur der Vater, und niemand weiß, wer der Vater ist, als nur der Sohn und wem der Sohn es offenbaren will." *Lukas 10,21–22*

Endlich wieder entdeckt: die mitreißende Kraft packender Beispiele

STICHWORTREGISTER

Die folgenden Stichworte wollen viele Zugänge zu dem Buch „IN BILDERN UND BEISPIELEN 1." eröffnen. Dabei können zwei Leitfragen, die jeweils im Hinblick auf die einzelnen Stichworte gestellt werden, eine Hilfe sein: „Wo erfahre ich ...?" und „Wie erlebe ich ...?" Ist man auf diese Weise mit einem Stichwort etwas vertrauter geworden, so empfiehlt sich, die angegebene Stelle nachzuschlagen und die dort gegebene Beschreibung zu erwägen. Werden mehrere Stellen angezeigt, so läßt ein Vergleich dieser Stellen das Stichwort vielseitig in Erscheinung treten.

9

Von allen Dingen kann man etwas lernen

M. Buber: Von den modernen Erfindungen

1 Kor 9,24–27

Rabbi Sadagora sagte einmal zu einem seiner Schüler: „Es gibt nichts in dieser Welt, wovon wir nicht etwas lernen könnten. Das gilt nicht nur von den Werken Gottes, sondern auch von den vielen Dingen, die der Mensch gemacht hat.“ Der Schüler war skeptisch und wollte seinen Lehrer auf die Probe stellen. Deshalb fragte er ihn: „Was können wir denn beispielsweise von der Eisenbahn lernen?“ „Daß man vieles versäumen kann, wenn man den rechten Augenblick verpaßt.“ Der Schüler gab sich noch nicht zufrieden: „Und was von einem Fernschreiber?“ „Daß jedes Wort gezählt und angerechnet wird.“ Daraufhin machte der Schüler seinen letzten Versuch: „Was aber können wir von einem Telefon lernen?“ „Daß man dort hört, was hier gesprochen wird“, sagte Rabbi Sadagora.

Vgl. Martin Buber, Von den modernen Erfindungen, in: Werke III, Schriften zum Chassidismus, Kösel-Lambert Schneider, München – Heidelberg 1963, S. 463.

Diese kurze Lehr-Erzählung dürfte vor allem den ansprechen, der die Freude am Dasein verloren hat. Die Dinge und die Menschen bedeuten ihm nichts mehr. In den Kellerräumen seines Herzens haust irgendwo eine versteckte Traurigkeit, die ihn einsam macht. Zwar tut er noch seine Pflicht, aber er tut sie ohne Lust. Ihm zur Ermunterung sagt die Erzählung: Suche den Grund dafür nicht bei den Dingen, denn es gibt nichts in dieser Welt, wovon wir nicht etwas lernen könnten. Gibt es eine positivere Weltanschauung als diese? Sie weist alle Sinnlosigkeitserklärungen zurück, die immer dann laut werden, wenn man sich einer erfahrbaren Wirklichkeit gegenüber verschließt.

Bemerkenswert ist hier, daß *alles* in dieser Welt unser Lehrmeister sein kann. Eine Ausnahme gibt es nicht. Man muß sich fragen, warum dies so ist. Es muß in allen Dingen, seien sie nun von Gott erschaffen oder vom Menschen gemacht, etwas sein, das ihnen gemeinsam ist und ihnen eine Lehrbefähigung erteilt. Was ist es? Wenn wirklich alle Dinge unsere Lehrmeister sein können, dann müssen sie alle *Geist* in sich haben, denn ein Lehrer, der keinen Geist hat, ist kein Lehrer. Warum gibt es nichts, wovon wir nicht etwas lernen könnten? Weil alle Dinge geisterfüllt sind. Das muß etwas erläutert werden.

Ganz am Anfang des Johannesevangeliums lesen wir den Satz: „Alle Dinge sind durch den ‚logos' gemacht, und ohne den ‚logos' ist nichts gemacht, was gemacht ist." Logos bedeutet zunächst „Wort". Gott hat alles, was ist, durch sein geheimnisvolles, schöpferisches und lebenspendendes Wort erschaffen. Sein Wort bewirkt etwas; es bewirkt, was es sagt. Besonders deutlich wird dies, wenn wir uns an den Schöpfungsbericht erinnern. Dort wird jeder Schöpfungsakt mit den Worten eingeleitet: „Und Gott sprach." Der Hinweis auf die schöpferische Kraft von Gottes Wort begegnet uns in der Bibel immer wieder. Das Buch der Weisheit bezeichnet Gott als den, „der du alle Dinge durch dein Wort gemacht hast" (9,1). Doch „Logos" bedeutet nicht nur „Wort", sondern auch „Geist" und „Weisheit". Durch Gottes Geist und Weisheit wird das Sein aus dem Nichts, die Ordnung aus dem Chaos, die Harmonie aus der Formlosigkeit herausgerufen. Hier haben wir die Antwort auf viele Fragen, die sich dem nachdenklichen Menschen immer wieder stellen: „Welche Kraft bewirkt den steten Rhythmus von Nacht und Tag, von Frühling, Sommer, Herbst und Winter, von Ebbe und Flut, von Sonnenaufgang und -untergang? Welche Kraft erhält die Ordnung des Himmels, in der die Himmelskörper unverändert ihre Bahnen ziehen? Was macht Ursache und Wirkung berechenbar; was bewirkt, daß die Verbindung derselben Elemente im selben Verhältnis immer dasselbe Ergebnis bringt? ... Was gibt den Dingen ihre Ordnung, die den Strom und Wandel der Zeit überdauert? Die Antwort der Denker des Alten Testamentes lautet: Der Geist Gottes hat die Ordnung in das Urchaos gebracht und erhält die Ordnung in der Welt. Die Inschrift auf dem Grab des großen Architekten Sir Christopher Wren in der Londoner St. Paul's Cathedral, einer seiner Schöpfungen, lautet: ‚Willst du sein Denkmal sehen, so schau um dich.' Wollen wir das Werk des Geistes sehen, so brauchen wir nur die wunderbare Welt anzuschauen, in der wir leben, denn diese Welt ist vom Geist Gottes geordnet."[1] In allem waltet sein Wort, sein Geist und seine Weisheit. Daher ist die Welt die Welt Gottes. Sie ist sein Eigentum; sie steht unter seiner Macht, trägt seinen Stempel.

Das „Hauptwerk" der Schöpfung aber ist der Mensch. Er ist von Gott als sein Abbild erschaffen und deshalb ihm ähnlich. Worin besteht die Ähnlichkeit zwischen Gott und Mensch? Wie Gott so hat auch der Mensch Schöpfermacht und Schöpferkraft. Sie ist ihm von Gott gegeben, damit er die Welt verändere. So ist der Mensch nicht nur für den Himmel, sondern zunächst einmal für die Erde geschaffen. Durch die Macht seines Geistes soll er sie ordnen und gestalten. Wo das geschieht, da ist er Abbild seines Gottes, da waltet auch in seinen Werken eine geistige Ordnung und Gestalt. Verstehen wir jetzt das Wort von Rabbi Sadagora: „Es gibt nichts in dieser Welt, wovon wir nicht etwas lernen könnten. Das gilt nicht nur von den Werken Gottes, sondern auch von den vielen Dingen, die der Mensch gemacht hat"? Alle Dinge können unsere Lehrmeister sein, weil sie voller Geist und Weisheit sind und uns darum Geist und Weisheit lehren können.

Um aber ihre Weisheit zu vermehren, bedarf es unsererseits einer bestimmten inneren Einstellung zu den Dingen. Was wir im einzelnen erkennen, hängt ja nicht nur von dem ab, was wir sehen, sondern auch von dem, was in unseren Köpfen und Herzen ist[2]. Immer sehen wir die Dinge in dem Licht, das in uns selber leuchtet. Unser Charakter und unsere Geisteshaltung, unsere innere Verfassung und Einstellung beeinflussen und bestimmen unser Wahrnehmen und Erkennen in entscheidender Weise. Nur von hier aus ist es zu verstehen, warum mehrere Menschen, die zur gleichen Zeit dasselbe sehen, davon sehr unterschiedlich angesprochen werden können. So werden beispielsweise ein Förster, ein Holzhändler, ein Maler, ein Pflanzen- und Tierfreund denselben Wald jeweils unter ganz anderen Gesichtspunkten betrachten. Welche innere Haltung ist also notwendig, um von den Dingen Weisheit zu lernen? Es ist die Haltung der Ehr-furcht. Sie bringt uns in die rechte *Nähe* und den angemessenen *Abstand* zu allem, was uns umgibt. Ohne diese „Nahferne" (W. Heinen) oder „hingebende Zurückhaltung" (H. U. v. Balthasar) werden wir keinen Einblick in die eigentümlichen Zusammenhänge des Seins und Geschehens gewinnen können. Einblick wird nur derjenige gewinnen, der in Ehr-furcht zu schauen vermag. Dieses Schauen beschreibt W. Heinen in beeindruckender Weise mit folgenden Worten:

„Es ist ein intensives, erwartendes Sehen mit den Augen, Herz und

Geist, und vor allem mit dem guten *Willen*, die Umwelt, den Mitmenschen und nicht zuletzt uns *selbst* so zu sehen, wie sie in Wirklichkeit, ihrem Wesen und Wert nach sind ... Schauen der Weltwirklichkeit und ihrer Werte erfordert von uns, daß wir verweilen können und dabei ganz still werden, wie beim Horchen und Lauschen. Erst in solch stillem wartendem *Verweilen* öffnen sich die Tore zum inneren Menschen ... Dieses staunende Verweilen und ergriffene Schauen läßt uns nicht nur die Oberfläche, das Äußere des Seins und Geschehens wahrnehmen, es läßt uns hindurchschauen bis zum Ursprung, zum tragenden Urgrund, bis zum verborgenen Hintergrund."[3]

Schauend und horchend ist Rabbi Sadagora den Dingen und dem Geschehen zugewandt. Davon zeugt nicht nur sein Wort, das uns viel Stoff zum Nachdenken gegeben hat, sondern auch die Antworten, mit denen er den Schüler von seiner Wahrheit überzeugt: Von der Eisenbahn können wir lernen, daß man vieles versäumen kann, wenn man den rechten Augenblick verpaßt; von einem Fernschreiber, daß jedes Wort gezählt und angerechnet wird; von einem Telefon, daß man dort hört, was hier gesprochen wird. Wer den Sinn dieser Antworten bedenkt, wird ihre unabsehbaren Tragweiten erahnen und sich existentiell betroffen fühlen. Darauf kommt es aber bei jeder echten Belehrung an, denn bei jeder echten Belehrung geht es nie um bloße Wissensvermittlung, sondern um ein Wissen, das den andern betroffen macht, weil man davon selbst betroffen ist. Aus diesem Grund kann nur derjenige in Wahrheit belehren, der eine vorbildliche Persönlichkeit ist. Alle wahrhaft großen Lehrer sind vorbildliche Persönlichkeiten gewesen. Man denke nur an Jesus Christus oder den Apostel Paulus. Der folgende Text aus seinem ersten Brief an die Gemeinde in der Weltstadt Korinth offenbart uns, wie Paulus das bunte Leben mit sehenden Augen schaut, welche Lehre es ihm vermittelt und wie er an sich selbst arbeitet, um in Wahrheit Lehrer zu sein.

Wißt ihr nicht, daß die Läufer in der Rennbahn zwar alle laufen, daß aber nur einer den Siegespreis empfängt? Lauft so, daß ihr ihn erringt! Jeder Wettkämpfer aber übt völlige Enthaltsamkeit; jene tun es, um einen vergänglichen Kranz zu erlangen, wir aber einen unvergänglichen. So laufe ich denn meinerseits nicht wie ins Blaue hinein, ich führe den Faustkampf nicht wie einer, der Lufthiebe schlägt; sondern ich zerschlage meinen Leib und mache ihn mir untertan, damit ich nicht, während ich anderen predige, selbst dastehe wie einer, der verworfen wurde.
1 Korinther 9,24–27

10

Was heißt Selbstbesinnung?

M. Buber: Selbstbesinnung

Hebr 4,12–13

Ein Rabbiner war wegen seiner Glaubenshaltung bei der Regierung denunziert worden. Als er im Gefängnis dem Verhör entgegensah, suchte ihn der Polizeichef jener Stadt in seiner Zelle auf. Der Geistliche war so in sich versunken, daß er seinen Eintritt nicht bemerkte. Da begann der Polizeichef zu erahnen, welcher Art der Gefangene war. Er kam mit ihm ins Gespräch und brachte bald die eine oder andere Frage vor. Zuletzt fragte er: „Wie ist es zu verstehen, daß Gott der Allwissende zu Adam spricht: ‚Wo bist du?'" Der Rabbiner erwiderte ihm: „Jede Zeit, jede Generation und jeder Mensch ist in die Schrift hineingeholt, denn in jeder Zeit ruft Gott den Menschen an: ‚Wo bist du?' So viele Tage und Jahre von der dir zugemessenen Zeit sind bereits vergangen. Was hast du aus diesen Tagen und Jahren gemacht? Wo stehst du? So spricht Gott etwa: ‚Sechsundvierzig Jahre hast du gelebt. Was ist inzwischen aus dir geworden? Wo bist du angekommen?'" Als der Polizeichef die Zahl seiner Lebensjahre hörte, raffte er sich zusammen. Er legte dem Rabbiner die Hand auf die Schulter und sagte ihm: „So wird es sein. Du hast gut geantwortet." Während dieser Worte begann jedoch sein Herz zu flattern.

Vgl. Martin Buber, Werke III, Schriften zum Chassidismus, Kösel-Lambert Schneider, München – Heidelberg 1963, S. 715.

Wo ist Gott? Ist er oben in der Höhe oder unten in der Tiefe; ist er diesseits oder jenseits; hält er sich in der Vergangenheit oder in der Zukunft auf? Diese und ähnliche Fragen beschäftigen in unserer Zeit viele Christen. So wichtig ihre glaubwürdige Beantwortung für unser

Glauben- und Betenkönnen ist, so notwendig ist es, sich zuvor daran zu erinnern, daß die Frage „Wo bist du?", die erste Frage der Bibel überhaupt, nicht der Mensch an Gott, sondern Gott an den Menschen stellt. „Adam, wo bist du?" So spricht Gott den Menschen an. Erst wenn der Mensch bereit ist, sich dieser Frage zu stellen, wird er Gottes Gegenwart erfahren. Das verdeutlicht die vorangegangene Weisheitserzählung.

Der Polizeichef erinnert uns zunächst an Menschen, die mit ganz gezielten Fragen einen Widerspruch in unserem Glauben aufzudecken suchen. Sie sagen etwa: „Wie kann der Mensch frei sein, wenn Gott doch schon alles voraussieht und vorausbestimmt?" Oder sie sagen: „Die Gläubigen behaupten, daß Gott die Liebe sei. Wieviel unverschuldetes Leid gibt es aber in der Welt! Und Gott läßt es zu. Wie kann man dann noch an einen Gott der Liebe glauben?" In solchen Situationen geben wir uns alle Mühe, um die vorgebrachte Kritik zu widerlegen und dem anderen klarzumachen, daß hier kein Widerspruch besteht. Abgesehen davon, daß bei solch ‚intellektuellen Zweikämpfen' in den meisten Fällen nichts herauskommt, überfällt die Gesprächspartner am Ende oft ein ungutes Gefühl. Man sagt sich dann: „Es lohnt sich nicht, über religiöse Dinge zu streiten." So geht man auseinander, indem man sich noch fremder geworden ist. Meistens entdecken wir nicht, daß solch intellektuelle Fragen in nicht wenigen Fällen viel tiefere Wurzeln haben, an die man auf diese Weise nicht heranzukommen vermag. Der Rabbiner und der Polizeichef gingen jedenfalls anders auseinander. Dem Rabbiner war es gelungen, Leben in den Herzenstiefen seines Gesprächspartners zu wecken. So wurden sie zu Brüdern: Der Polizeichef legte dem Geistlichen die Hand auf die Schulter. Wie war es dazu gekommen?

Der Rabbiner hatte das Gespür, hinter der intellektuellen Frage des anderen sein eigentliches Problem zu vernehmen. Er wußte nämlich, daß das Glaubensleben eines Menschen stets sehr eng mit seiner praktischen Lebensführung verbunden ist. Glaube ist ja nicht nur eine theoretische Überzeugung, neben der unser alltägliches Tun und Lassen ihre eigenen Wege gehen könnten. Wenn beispielsweise ein Mensch fortwährend dem Willen Gottes widerspricht und nicht bereit ist, sich von seinen verkehrten Neigungen zu verabschieden, dann kann dies der Glaube eine gewisse Zeit verkraften. Es wird jedoch nicht allzulange dauern, bis er seinen zwiespältigen Zustand nicht mehr erträgt und den Glauben auf die Seite schiebt. Bevor es zu dieser Absage kommt, verschafft sich die innere Spannung im Zweifel an den Glaubenswahrheiten Luft, mit denen sich die persönliche Lebensführung in Widerspruch befindet. Was hier angesprochen wird, drückt der evangelische Theologe Helmut Thielicke so aus: „In Wahrheit ist unsere Gemeinschaft mit Gott niemals dadurch in Frage gestellt, daß uns diese oder jene Lehre, sagen wir kurz: daß uns das Dogma rationale Schwierigkeiten bereitete: daß wir etwa die Menschwerdung Christi nicht begreifen könnten oder daß uns die Gnade und das Richtertum Gottes intellektuell unvereinbar schienen. Gewiß sind diese Schwierigkeiten in bedrängender Fülle da. Aber etwas ist ebenso gewiß: daß aus diesen Intellektualitäten niemals der Bruch mit Gott und die Anfechtung entstehen. Sondern wenn jene rationalen Schwierigkeiten eintreten, dann ist das immer ein Zeichen dessen, daß etwas viel Realeres nicht in Ordnung ist, nämlich unsere Gemeinschaft mit Gott, unser Leben vor seinem Angesicht. Und nachdem wir so mit Gott in Unordnung geraten sind und unser Leben von ihm abgeschnitten haben, ‚nachdem' dies alles geschehen ist, forschen wir nach Gründen – und diese stellen sich auch geschwinde ein."[1]

Von hier aus wird verständlich, warum der Rabbiner mit seiner Antwort in eine ganz andere Richtung zielte, als wir es erwartet hätten. Er ließ sich nicht darauf ein, die Bibelstelle zu erklären. Auch war er nicht daran interessiert, den vorgebrachten Widerspruch aufzuheben. Statt dessen wandte er sich dem Fragenden in einer ganz persönlichen Weise zu und sagte ihm: „Du selbst bist Adam. Zu dir spricht Gott: ‚Wo bist du?'" Martin Buber kommentiert: „Wenn Gott so fragt, will er vom Menschen nicht etwas erfahren, was er noch nicht weiß; er will im Menschen etwas bewirken, was eben nur durch eine solche Frage bewirkt wird, vorausgesetzt, daß sie den Menschen ins Herz trifft, daß sich der Mensch ins Herz treffen läßt."[2] Damit wird die Erzählung für jeden Menschen bedeutsam, denn jeder Mensch ist Adam. Die Frage „Adam, wo bist du?" gehört also nicht in längst vergangene Zeiten. Mit ihr spricht Gott immer wieder jeden Menschen an, um ihn zur „Selbstbesinnung" zu rufen. Wenn sich der Mensch diesem Anruf stellt, wird sein Leben zu einem Weg, der ihn Gott näherbringt. Weicht er ihm aus, dann mag er noch soviel Erfolg haben, sein Leben bleibt letztlich ausweglos. Übersehen wir hier nicht, daß es auch eine verkehrte Selbstbesinnung gibt. Man erkennt sie daran, daß sie dem Anruf Gottes unmittelbar hinzufügt: „Für dich gibt es keinen Ausweg mehr."[3] Der gläubige Mensch weiß jedoch, daß es seit dem Tod und der Auferstehung Jesu keine Situation geben kann, die für ihn wirklich aussichtslos wäre.

Denn voll Leben ist Gottes Wort und voll Kraft und schärfer als jedes zweischneidige Schwert; es dringt durch bis zur Scheidung von Seele und Geist, Gelenk und Mark, und ein Richter ist es über Gesinnungen und Gedanken des Herzens; und es gibt nichts Geschaffenes, das vor ihm verborgen wäre; vielmehr liegt alles bloß und enthüllt da vor den Augen dessen, vor dem wir Rechenschaft abzulegen haben.

Hebräer 4,12–13

11

Wer bin ich?

D. Bonhoeffer: Wer bin ich?

Ps 139,1–3.8–10.13–14

In der Zelle eines Gestapogefängnisses hat der evangelische Theologe Dietrich Bonhoeffer (1906–1945) ein Gedicht mit der Überschrift „Wer bin ich?“ geschrieben. Darin fragt er zunächst die anderen, für wen sie ihn halten. Ihnen erscheint er gelassen, heiter und fest; gleich-gleichmütig, lächelnd und stolz, wie einer, der gewohnt ist, aus den schwierigen Situationen des Lebens als Sieger hervorzugehen. Kurz: in ihren Augen erscheint er als ein angesehener Charakter.

Dann versucht Bonhoeffer, selbst herauszufinden, wer er ist. Er erkennt das genaue Gegenteil. Er fühlt sich unruhig, sehnsüchtig und krank – wie ein Vogel, der in einem Käfig eingesperrt ist. Von Gelassenheit, Lächeln und Stolz ist keine Spur in ihm. Vielmehr durchzittert ihn ein Zorn denen gegenüber, deren Willkür und Kränkung er ständig ausgesetzt ist. Er ist zu müde und leer, um ein Gebet sprechen zu können. Daher ist er bereit, von allem Abschied zu nehmen. Kurz: in seinen Augen erscheint er als ein recht unansehnlicher Charakter.

So stellt sich ihm die Frage, welches von beiden Bildern das richtige ist. Dieses oder jenes? Oder stimmen sie beide zugleich, was bedeuten würde, daß er vor den anderen ein Heuchler und vor sich selbst ein Schwächling ist? Bonhoeffer ist sich bewußt, daß der Mensch letztlich nicht wissen kann, wer er eigentlich ist. Deshalb heißt es in der letzten Zeile: „Wer ich auch bin, Du kennst mich, Dein bin ich, o Gott!“

Vgl. Dietrich Bonhoeffer, Widerstand und Ergebung, Siebenstern-Taschenbuch-Verlag, Nr. 1, Hamburg [7]1971, S. 179.

Es gibt eine Reihe von Fragen, die sich früher oder später wohl in jedem Menschenleben stellen, weil jeder Mensch sich selbst ein Geheimnis bleibt, das er nicht zu durchschauen vermag. Eine dieser Fragen lautet: „Wer bin ich eigentlich?" Sie stellt sich vor allem dann, wenn wir unsere Selbstsicherheit verlieren, wenn unser Leben in eine existentielle Krise gerät und wir auf uns selbst zurückgeworfen werden. Es können Augenblicke der Einsamkeit oder der Verzweiflung sein, Augenblicke, in denen wir nicht mehr wissen, wie es weitergehen soll, aber auch Augenblicke unerwarteter Freude. Die Frage „Wer bin ich eigentlich?" kann in uns lebendig werden, wenn wir älter geworden sind und uns plötzlich als diejenigen erkennen, die wir im Verlauf eines langen Lebens geworden sind. Dem evangelischen Theologen Dietrich Bonhoeffer stellte sie sich, als man ihn ins Gefängnis sperrte und ihm die Bewegungsfreiheit nahm.

Wer kann uns auf diese Frage eine Antwort geben? Es legt sich nahe, zunächst einmal die Meinung derer zu hören, die täglich in unserer Nähe sind und in den verschiedenen Alltagssituationen unsere Reaktionsweisen erleben. Sicherlich werden sie uns manches sagen können, was uns selbst verborgen bleibt. Wer von uns wüßte denn von sich selbst aus zu sagen, wie er auf seine Mitmenschen wirkt? Aus diesem Grund hält die Regel vieler Ordensgemeinschaften ihre Mitglieder dazu an, von Zeit zu Zeit einen der Brüder um eine „correctio fraterna" (eine brüderliche Korrektur des eigenen Verhaltens) zu ersuchen. Etwas Ähnliches geschieht heute in den „gruppendynamischen Prozessen". Doch kann uns die Meinung des anderen nie eine letzte Antwort auf die Frage „Wer bin ich eigentlich?" geben. Der Blick des anderen kann zu leicht durch Oberflächlichkeit, Schmeichelei oder gar Gehässigkeit verstellt sein. Und selbst dort, wo man sich um Objektivität bemüht, sieht und beurteilt man den anderen immer „durch die eigene Brille". „Was wir sehen, hängt nicht nur von dem ab, was wir vor Augen haben, sondern auch von dem, was in unseren Herzen und Hirnen ist" (William Barclay). Nur der Mensch, der mit sich selbst im Einklang ist, kann uns hier ein Stückchen weiterhelfen.

Darüber hinaus besteht die Möglichkeit, die Wahrheit in uns selbst zu suchen. Ihr kommen wir nahe, wenn wir einmal genauer überprüfen, weshalb wir eigentlich das eine tun und das andere lassen, aus welchem Grund wir dieses oder jenes denken und reden. Auf diese Weise können wir einen kleinen Einblick in unsere Motivationen gewinnen, die uns sonst völlig unbewußt bleiben. Ein solcher Einblick kann uns zuweilen vor uns selbst erschrecken lassen. Wir erkennen nämlich, wie selbstsüchtig, unruhig und leer, wie herrschsüchtig, verzweifelt und ohnmächtig wir im Grunde unseres Herzens sind. Wir werden uns bewußt, wie wenig das gute Bild, das andere von uns haben, mit jenem Bild übereinstimmt, das wir von uns selbst gewinnen. Auch Bonhoeffer mußte diese Erfahrung machen.

Welches der beiden Bilder stimmt aber mit unserer Wirklichkeit überein: das „Fremdbild" der anderen oder das „Selbstbild", das wir von uns selbst gemacht haben? Obwohl beide Bilder etwas Wahres aussagen, gibt uns weder das eine noch das andere die ganze Antwort auf unsere Frage. Sie bleibt dem vorenthalten, der unser „Wesensbild" zu erkennen vermag. Dieses bleibt jedem irdischen Auge verborgen. Daher lesen wir immer wieder im Neuen Testament, daß wir kein Recht haben, über einen anderen zu richten. In jedem Menschen gibt es Tiefen, die einem Außenstehenden verschlossen bleiben. Aber nicht nur ihm. Keiner kann sich selbst durchschauen. Deshalb überantwortet sich Bonhoeffer mit Hoffnung und Vertrauen dem Urheber seines Lebens. Dieser ist restlos eins mit sich selbst. Das befähigt ihn dazu, alles zu durchdringen. Nichts bleibt ihm verborgen. Er allein kann und wird uns sagen, wer wir eigentlich sind.

So verwirklicht der gläubige Mensch sein Leben, indem er sein Wollen und Handeln nicht vom Ansehen seiner Person bestimmen läßt. Er achtet auf sein Gewissen und ist für andere da. Zuversichtlich harrt er jener Antwort entgegen, die ihm allein von Gott gegeben werden kann.

Jahwe, du erforschest mich, und du kennst mich:
wann ich sitze und wann ich stehe, du weißt es.
Meine Gedanken schaust du von ferne;
du schaust mich, wann ich gehe und ruhe;
all meine Wege sind dir vertraut.
Stiege ich zum Himmel empor, so bist du zugegen;
wollte ich in der Unterwelt lagern, so bist du auch dort.
Nähm' ich des Morgenrots Schwingen und ließe mich nieder am fernsten Gestade:
Auch dort noch wird deine Hand mich geleiten und halten mich deine Rechte.
Du bist es, der meine Nieren geschaffen;
du hast mich im Leib meiner Mutter gewoben.
Ich preise dich, daß ich geschaffen so wunderbar, daß wunderbar all deine Werke. *Psalm 139,1–3.8–10.13–14*

12

Der Weg zu sich selbst

R. Kipling: Kim

Mt 13,31–32

Viele Asiaten haben die Fähigkeit, sich in eine Art Verzückung zu versetzen, indem sie immer wieder ihren Namen aussprechen und auf diese Weise zur Einheit mit sich selbst zu kommen suchen. So versucht auch ein in Indien lebender Junge namens Kim, von dem Rudyard Kipling in seinem gleichnamigen Roman erzählt, den Weg zu sich selbst zu finden. Da er schon sehr früh Vater und Mutter verloren hat, fühlt er sich oft einsam und verlassen.

Im Winkel eines geräuschvollen Warteraumes sitzend, überfällt ihn plötzlich der Gedanke: „In ganz Indien ist keiner so allein wie ich! Stürbe ich heute, wer würde davon sprechen – und zu wem?" Dieses Gefühl löst in ihm die Frage aus: „Wer ist Kim – Kim – Kim?" Die Hände im Schoß gefaltet und die Pupillen zu Stecknadelspitzen zusammengezogen, entfernen sich alle anderen Gedanken von ihm. Vor ihm steht nur noch die Frage: „Wer ist Kim – Kim – Kim?" Dabei spürt er, daß er der Antwort ganz nahe ist. Er hat den Eindruck, daß sich ihm im allernächsten Augenblick dieses gewaltige Rätsel lösen wird. Doch dann fällt sein Geist aus den erreichten Höhen wieder herab, wie ein Vogel abstürzt, der verwundet ist. Er bedeckt die Augen mit der Hand und schüttelt den Kopf.

In diesem Augenblick nähert sich ihm ein langhaariger Hindu, ein heiligmäßiger Mann, der eben ein Billett gelöst hatte. Gespannt starrt er den Jungen an. „Auch ich habe es verloren", sagt er traurig. „Es ist eines der Tore zu dem Weg." „Was soll diese Rede?" fragt ihn Kim verlegen. Der Hindu antwortet ihm: „Du wolltest in deinem Geist ergründen, was für ein Ding deine Seele wohl sei. Der Anfall kam plötzlich. Ich weiß. Wer sollte wissen, wenn nicht ich." Indes erhebt sich der Junge, da sein Zug ausgerufen wurde. „Gehe in Hoffnung, kleiner Bruder", sagt ihm noch der heilige Mann. „Es ist ein weiter Weg bis zu den Füßen des Einen. Aber dahin wandern wir alle." Nach dieser Begegnung fühlt sich Kim nicht mehr so verlassen.

Vgl. Rudyard Kipling, Kim. Ein Roman aus Indien, List Verlag, München 1967, S. 209 f.

Was hatte der Junge im Augenblick tiefer Einsamkeit und Verlassenheit gewollt? Kim hatte versucht, mit seinem Namen sein eigentliches Ich einzuholen. Das ‚Ich' ist ja etwas sehr Merkwürdiges und Rätselhaftes [1]. Da es uns am nächsten liegt, scheint es uns das Selbstverständlichste zu sein. In meinem Leben geschieht ja nichts ohne mich. Bei allem, was ich denke, rede oder tue, bin ich selbst dabei. Wohin ich immer gehe, stets nehme ich mich selber mit. Ich mag das eine oder andere vergessen, wenn ich mich auf den Weg mache, niemals aber vergesse ich, mich selbst mitzunehmen. So scheint mein Ich das Selbstverständlichste in meinem Leben zu sein. Aber seien wir vorsichtig. Ich bin mir nämlich nicht nur selbstverständlich, sondern auch fremd und unbekannt. Das geht uns zuweilen auf, wenn wir vor einem Spiegel stehn.

Ein Kind, das kaum auf seinen Füßen stehen kann und in den Spiegel schaut, meint einen anderen zu sehen. Deshalb versucht es, in den Spiegel hineinzulaufen. Der junge und erwachsene Mensch sieht im Spiegel in der Regel nur sein äußeres Erscheinungsbild und ist bemüht, dieses so zurechtzumachen, daß es auf andere seine Wirkung nicht verfehlt. Der älter gewordene Mensch tritt vor den Spiegel und erkennt, wie sein Äußeres zerfällt. Nachdenklich fragt er sich: „Wer bin ich eigentlich?" Er, der sich nach einem langen Lebensweg zu kennen glaubte, steht sich auf einmal als der Fremde gegenüber. Freilich widerfährt dies nicht nur dem älteren Menschen. Stunden der Verlassenheit und Einsamkeit können dieselbe Frage in jedem Menschen heraufbeschwören. So geschah es selbst im Leben jenes Jungen, von dem Kipling erzählt.

Die Frage „Wer bist du eigentlich?" bringt uns jedenfalls sehr deutlich zu Bewußtsein, wie wenig selbstverständlich wir uns selber sind. Sie läßt uns irgendwie erfahren, daß sich hinter unserem äußeren Ich ein anderes verborgen hält. Wegen seiner unauffälligen Verborgenheit beachten wir es meistens nicht. Und doch kommen wir nur zu uns selbst, wenn wir versuchen, in der Tiefe unserer Seele unser eigentliches Ich zu ergründen. Der anhaltende Ruf des eigenen Namens „ist eines der Tore zu dem Weg". Die Erfahrung aber, daß wir im Verlauf unseres Lebens diesen Weg nie bis ans Ende zu gehen vermögen, läßt uns etwas vom Geheimnis des Todes erahnen. Erst im Tod kommt der Mensch vollends zu sich selbst, erlangt er seine volle Einheit. Er erlangt sie in dem, der restlos eins ist mit sich selbst und den wir ‚Gott' zu nennen wagen. „Gehe in Hoffnung, kleiner Bruder", sagte der heilige Mann dem Jungen. „Es ist ein weiter Weg bis zu den Füßen des Einen. Aber dahin wandern wir alle." Was immer der Hindu unter diesem ‚Einen' verstehen mochte, es ist für ihn wie für uns das göttliche Geheimnis. Daher können wir sagen: Erst im Tod wissen wir, was gesagt wird, wenn wir sagen: „Ich bin!"

Daraus ergibt sich ein Dreifaches. Erstens: Am Anfang unseres Daseins steht nicht der blinde Zufall, wie man uns zuweilen glauben machen will. Am Anfang unseres Daseins steht vielmehr ein göttlicher Ruf, ein göttlicher Entschluß, eine göttliche Initiative. Von hier aus erhält eine alte Frage, von der ein Philosoph unserer Tage sagt, daß sie die Philosophie seit ihren Anfängen in Atem hält, ihre Antwort. Es ist die Frage: „Warum bin ich eigentlich, und warum bin ich nicht vielmehr nicht?" Die christliche Antwort lautet: „Ich bin, weil mich Gott – und ich weiß nicht, warum gerade mich – ins Dasein gerufen hat."

Zweitens: Weil ich mir von Gott gegeben bin, deshalb erschließt sich mir die Freude und der Sinn des Daseins erst, wenn ich mich als den annehme, der ich bin und nur ich sein kann. Ich muß also darauf verzichten, ein anderer sein zu wollen. Selbstannahme und Selbstbejahung sind Grundakte, von denen her alle anderen Unternehmungen meines Lebens ihr inneres Licht bekommen. Nur wer sich selbst anzunehmen bereit ist, kommt auf den Weg zur Einheit mit sich selbst.

Drittens: Es gibt für den Menschen aber auch die Möglichkeit, die Einheit mit sich selbst zu verlieren. Das geschieht beispielsweise, wenn wir schuldig werden. In jeder Schuld verliert der Mensch mit jener inneren Einheit ein Stück des Wissens um sich selbst. Das bedeutet: Wenn ein Mensch schuldig wird, so trifft er damit nicht in erster Linie Gott, sondern sich selbst. Indem der Mensch auf sein eigentliches Ich zugeht, geht er auf Gott zu, und indem er auf Gott zugeht, geht er auf sein eigentliches Ich zu. Aber es gilt auch das Gegenteil: Indem der Mensch sein eigentliches Ich verläßt, verläßt er Gott, und indem er Gott verläßt, verläßt er sein eigentliches Ich. Daher schreibt Dag

Hammarskjöld: „In jeden Augenblick wählst du dein Selbst. Aber wählst du – dich selbst? Körper und Seele haben tausend Möglichkeiten, aus denen du tausend Ich bauen kannst. Doch nur eines von ihnen ergibt die Kongruenz zwischen dem, der wählte, und dem Gewählten. Nur eines – und du findest es erst, wenn du alle anderen Möglichkeiten ausgeschlossen hast, alles neugierige Tasten, verlockt von Staunen und Begehren, zu seicht und flüchtig, um Halt zu finden im Erlebnis des höchsten Mysteriums des Lebens: dem Wissen um das anvertraute Pfund, das du bist."[2]

Wer bin ich eigentlich selbst? Auf diese Frage antwortet die hl. Therese von Lisieux: „Ich bin wie ein kleines Samenkorn; man kann noch nicht wissen, was daraus wird." Ist diese Antwort nicht ein Schlüssel, der uns das Gleichnis Jesu vom Senfkorn erschließt? Es ist ein Bild für das Reich Gottes. Gottes Kraft lebt in uns. Sie sucht sich jeden Tag mehr zu entfalten. Keiner kann erahnen, zu welchen Zielen sie uns führt.

Ein anderes Gleichnis legte er ihnen vor und sprach: „Das Himmelreich ist gleich einem Senfkorn, das einer nahm und in seinen Acker säte. Das ist zwar das kleinste von allen Samenkörnern. Wenn es aber ausgewachsen ist, ist es größer als die Gartengewächse und wird zu einem Baum, so daß die Vögel des Himmels kommen und in seinen Zweigen wohnen." *Mattäus 13,31–32*

13

Die Wandlung meiner selbst

Eine altchinesische Geschichte

Lk 15,11–24

Um seinen Schülern den Weg vom Seichten zur Tiefe und vom Groben zum Feinen zu weisen, hat der Zen-Meister Kuo-an um die Mitte des 12. Jahrhunderts n. Chr. eine Serie von zehn Ochsenbildern gezeichnet und diese mit Lehrgedichten versehen. Auf den Bildern sehen wir zunächst einen Hirten, der sich an die umweltlichen Dinge verloren hat und von diesen hin und her getrieben wird. Daher wird ihm sein Ochse fremd und läuft ihm fort. Der Hirt, der den Verlust bemerkt, macht sich auf den Weg, das Tier zu suchen. Er läuft in endloser Wildnis herum und kommt schließlich in ein tiefes Gebirge, wo er die Spuren des Ochsen entdeckt. Entschlossen geht er den Spuren nach und erblickt schließlich den Ochsen selbst. Es kostet ihn viel Mühe, ihn einzufangen, denn die gewohnte und angenehme Welt der Wildnis läßt ihn nicht los, so daß er schwer zu halten ist. Erst allmählich wird der Hirt Herr über ihn und reitet ihn dann ohne Schwierigkeiten nach Hause. Vor seinem Haus sitzend, vergißt er den Ochsen und sich selbst. Man sieht nur noch Blumen in friedlicher Landschaft. Das zehnte und letzte Bild zeigt, wie der Hirt in die Welt zurückkehrt und wie es ihm gefällt, die betrunkenen Menschen in den Wein- und Fischkneipen zu sich selbst erwachen zu lassen.

Vgl. Der Ochs und sein Hirt, Eine altchinesische Geschichte, Verlag Günther Neske, Pfullingen 1958.

Alle Arbeit des Menschen an sich selbst beginnt damit, jene inneren Unstimmigkeiten, Widersprüche und Gegensätze, die sich aus der Disharmonie unserer unterschiedlichen Stimmungen und Gefühle, unserer Triebe und Leidenschaften, unserer Neigungen und Sehnsüchte, unserer Ängste und Hoffnungen ergeben, von jener Mitte her zu einen, die die Wesensmitte des Menschen ist. Viele Menschen haben heute ihre Wesensmitte verloren. Daher gleicht ihr Leben einer Zickzackbewegung, die ruhelos von hier nach dort eilt, aber an kein beglückendes Ziel gelangt. Solche Menschen sind innerlich oft sehr unzufrieden. Immer wieder zweifeln sie am Sinn des Lebens. Oft wissen sie nicht mehr, was recht und unrecht, wichtig und unwichtig, nützlich und schädlich ist. Leicht verfallen sie den Einflüssen ihrer Umwelt. Weil jeder Mensch in eine solche Situation geraten kann, gab es zu allen Zeiten Lehrer, die bemüht waren, Wege zur Wesensmitte zu weisen. Sie alle betonen jedoch, daß es eine ernste Anstrengung erfordert, um in jenes unbekannte und geheimnisvolle Land zu gelangen, in dem sich die eigentliche Menschwerdung ereignet. Ein solcher Lehrer ist auch der Zen-Meister Kuo-an gewesen.

Um seine Ochsenbilder und die dazu gehörenden Lehrgedichte richtig zu verstehen, müssen wir berücksichtigen, daß der Ochse in der altchinesischen Weisheit das Symbol der Geisteskraft ist. Entkleiden wir also diese altchinesische Geschichte ihres Bildcharakters, so steht vor uns ein Mensch, der seine geistigen Kräfte auf mannigfaltigen Irrwegen verloren hat. Die Gier nach Gewinn und die Furcht vor Verlust beherrschen sein Leben. Sein inneres Licht ist getrübt, so daß er Recht und Unrecht nicht mehr zu unterscheiden vermag. Entschlossen macht er sich auf den Weg, seine zerstreuten Kräfte zurückzuholen. Er liest in den heiligen Büchern, hört die heilige Lehre und beginnt, sich unaufhaltsam in der Zen-Meditation zu üben. So entdeckt er die Spur seines ursprünglichen Wesens. Doch seine Sinne schweifen noch umher, und seine ungeordneten Triebe verlieren sich immer wieder in der Welt früherer Leidenschaften. Durch standhafte Meditationsübungen nähert er sich jedoch mehr und mehr seinem ursprünglichen Wesen. Seine schweifenden Sinne beruhigen sich; die Begierden fallen von ihm ab; die früheren Gegensätze heben sich auf. Sein Geist läutert sich und erhebt sich zum Schauen der Wahrheit. Eine innere Einheit durchwaltet sein Tun und Lassen. In der vollkommenen Selbstvergessenheit wird sein Herz klar und durchsichtig, sein Wesen offen und weit. Alles, wovon er sich zuvor frei machen mußte, kehrt verklärt zu ihm zurück. Jetzt schaut er mit anderen Augen in die Welt.

Er kehrt in sie zurück, um seine Kraft in den Dienst der Menschen zu stellen und ihnen zur wahren Freiheit und Erleuchtung zu verhelfen.

Die Zen-Meditation hat ihren Ursprung im Buddhismus, der sich in wichtigen Punkten von der christlichen Glaubenslehre unterscheidet. So ist im Buddhismus nirgendwo die Rede von einem persönlichen Gott im christlichen Sinn. Daher kann hier auch nicht von ‚Schöpfung' und ‚Offenbarung' gesprochen werden. Ebenso gibt es im Buddhismus auch kein ‚Ich' und kein ‚Selbst', keine individuelle und daher auch keine unsterbliche Seele. Damit hängt zusammen, daß das Wort ‚Sünde' als Widerspruch gegen den Willen Gottes im Buddhismus nicht vorkommt. Wohl gibt es den Begriff von der ‚Erlösung'. Doch verstehen Christen und Buddhisten darunter jeweils etwas anderes. Die Christen verstehen unter ‚Erlösung' die Vergebung von Schuld. Sie erwirkt das Bei-Gott-Sein des Menschen. Im Zen-Buddhismus hingegen bedeutet ‚Erlösung' die Befreiung vom Leid, das vor allem durch Begierde und Verlangen entsteht. Daher lehrte Buddha den achtfachen Pfad, auf dem das Leiden durch die Überwindung der Begierden ausgelöscht wird. Auf diese Weise befreit er aus der Kette der Wiedergeburt. Der achtfache Pfad beinhaltet: rechte Erkenntnis, rechte Gesinnung, rechte Rede, rechte Werke, rechte Lebensgewinnung, rechte Anstrengung, rechte Achtsamkeit, rechte Sammlung. Wo dies durch die Zen-Meditation erreicht wird, gelangt der Mensch zur unbedingten Freiheit von allen Bindungen, zur völligen Leere, die nicht das negative Nichts, sondern jenes Absolute ist, zu dem alles zurückgeführt werden muß.

Von hier aus versteht sich, daß die Zen-Meditation nicht einfachhin vom gläubigen Christen übernommen werden kann. Dennoch kann sie der christlichen Meditation wertvolle Impulse geben, wie H. M. Enomiya-Lassalle in seinem Buch „Zen-Meditation für Christen" [1] dargestellt hat. Wenn wir hier einmal vom Methodischen absehen, so kommt es inhaltlich in der christlichen Meditation im wesentlichen darauf an, daß wir vor Gott zur wahren Kindlichkeit gelangen. Das verdeutlicht sich, wenn wir auf Jesus schauen. Er, der selbst immer aus der Meditation kam und zur Meditation zurückkehrte, sieht ihr Wesen in der dauernden Rückkehr zur echten Kindlichkeit. Kind aber wird der Mensch nur in dem Ausmaß, als er den Weg zum Vater findet und den Willen des Vaters vollzieht. Der Vater, auf dessen Willen Jesus alles hinordnete und von dem er sich in allem bestimmen ließ, war die Wesensmitte seines Lebens. Im meditativen Gebet suchte er seine Nähe und durfte immer wieder erfahren, wie sich ihm der Himmel öffnete. Wenn nun auch der Christ in der Nachfolge Christi vor Gott als dem Vater seines Lebens zur wahren Kindlichkeit gelangt und so frei wird für das Geheimnis des Empfangens, darf er darauf vertrauen, daß sich auch ihm der Himmel öffnet und Gott ihn als sein Kind annimmt. Oft genug führt aber der Weg zur Kindlichkeit über die Stationen des ‚verlorenen Sohnes', von dem Jesus in einem seiner Gleichnisse erzählt. Dieses Gleichnis, das das christliche Pendant zu jener altchinesischen Geschichte darstellt, stellt uns immer wieder vor die Frage, ob wir Kind des himmlischen Vaters oder Sklave eines unmenschlichen Gebieters sein wollen.

In der Gleichniserzählung Jesu geht es also nicht um Auseinandersetzungen, die sich zu allen Zeiten zwischen Jung und Alt abspielen können. Auch werden in ihr den Eltern keine Ratschläge gegeben, wie sie sich in solchen Situationen am klügsten verhalten. Jesus veranschaulicht vielmehr, wohin ein Menschenleben kommt, wenn es sein Glück in der Gottesferne sucht. Der junge Mann will seine Freiheit haben und nicht ständig an die Hausordnung gebunden sein. Daher macht er sich selbstbewußt auf den Weg. Der Vater hält ihn nicht zurück. Er weiß, daß sein Sohn nur durch das Leben selbst belehrt werden kann. Genauso verhält sich Gott. Auch er schweigt, wenn der Mensch sich von ihm trennt und, ohne sich um seinen Willen zu kümmern, seinen eigenen Vorstellungen folgt. Indem der Sohn sein Vermögen und seine Kräfte bedenkenlos verausgabt, verausgabt und verliert er sich selbst. Das macht ihn unglücklich. Da er nicht mehr alleine sein kann, stürzt er sich tiefer ins Vergnügen. Schließlich ist er so tief gefallen, daß ihm nichts anderes mehr übrigbleibt, als in das Abhängigkeitsverhältnis eines Bürgers zu treten, der ihn mitleidlos zu den Schweinen schickt. Hier gehen ihm die Augen auf. Er geht in sich und denkt über alles nach. Nach langer Zeit wird er zum erstenmal wieder wesentlich. Wo aber ein Mensch wesentlich wird, da ist Gott ihm nahe, gleichgültig, in welchem Zustand man sich selbst befindet. Denn Gottes Wege nehmen dort ihren Anfang, wo der Mensch seine Selbstsicherheit aufgibt und seinen Standort ehrlich überprüft. Ist er bereit, die Finsternis in seinem Herzen zu erkennen, dann leuchtet ihm mitten in dieser Finsternis ein neues Licht. Er darf erfahren, daß Gott nicht nur für diejenigen Vater ist, die ihn nie verlassen haben, sondern auch für jene, die sich in Schuld von ihm abgewandt haben. Von dieser gläubigen Zuversicht getragen, macht sich der verlorene Sohn auf den Heimweg, um sich selbst in den Armen seines Vaters, dessen Liebe alle seine Erwartungen übersteigt, wiederzufinden.

Der meditierende Mensch hält sich dieses Schicksal des verlorenen Sohnes vor Augen. Es fällt ihm nicht schwer, ihn in sich selbst zu entdecken. Wir selbst sind es nämlich, die Gott in der einen oder anderen Weise immer wieder verlassen. Daher müssen wir meditierend in uns gehen und so den Weg zu Gott zurückfinden. Wenn wir die Meditation immer wieder neu vollziehen, dann wird unser Herz gereinigt und verwandelt. Es gelangt zur Offenheit, zum Aufgeben seiner Gier, zur Lösung aller Ich-Fixierung.

Ferner sprach er: „Ein Mann hatte zwei Söhne. Der jüngere von ihnen sagte zum Vater: ‚Vater, gib mir den Anteil des Vermögens, der mir zukommt.‘ Da teilte er den Besitz unter sie. Wenige Tage darauf packte der jüngere Sohn alles zusammen, zog fort in ein fernes Land und vergeudete dort sein Vermögen durch ein verschwenderisches Leben. Nachdem er aber alles durchgebracht hatte, kam eine schwere Hungersnot über jenes Land, und er fing an zu darben.

Da ging er hin und verdingte sich an einen Bürger jenes Landes, und der schickte ihn auf seine Felder zum Schweinehüten. Gerne hätte er sich den Magen gefüllt mit den Schoten, die die Schweine fraßen, aber niemand gab sie ihm.

Da ging er in sich und sprach: ‚Wie viele Taglöhner meines Vaters haben Brot im Überfluß, ich aber komme hier vor Hunger um. Ich will mich aufmachen und zu meinem Vater gehen und zu ihm sagen: Vater, ich habe gesündigt gegen den Himmel und vor dir. Ich bin nicht mehr wert, dein Sohn zu heißen; halte mich wie einen von deinen Taglöhnern.‘ Und er machte sich auf und ging zu seinem Vater.

Als er aber noch weit entfernt war, sah ihn sein Vater und wurde von Erbarmen bewegt, lief herbei, fiel ihm um den Hals und küßte ihn. Der Sohn aber sprach zu ihm: ‚Vater, ich habe gesündigt gegen den Himmel und vor dir; ich bin nicht mehr wert, dein Sohn zu heißen.‘ Der Vater aber sprach zu seinem Knecht: ‚Holt schnell das beste Kleid heraus, und zieht es ihm an, und gebt ihm einen Ring an die Hand und Schuhe an die Füße! Holt das Mastkalb und schlachtet es! Wir wollen essen und fröhlich sein, denn dieser mein Sohn war tot und ist wieder lebendig geworden; er war verloren und ist wiedergefunden worden.‘ Und sie fingen an fröhlich zu sein.“ *Lukas 15,11–24*

14

Christliche Innerlichkeit

A. Solschenizyn: Am Oka-Fluß entlang

1 Kor 13,12–13

In seiner Prosa-Miniatur „Am Oka-Fluß entlang“ schildert der russische Nobelpreisträger Alexander Solschenizyn den Zustand der Kirchen seines Heimatlandes, aus dem er am 13. Februar 1974 gewaltsam ausgeflogen wurde. So beglückend es ist, wenn man diese Kirchen in der weiten Landschaft aus der Ferne sieht, so erschütternd ist es, sobald man sie betritt. Diesen Gegensatz kennzeichnet der Dichter mit knapp bemessenen Worten, um dann als Prediger ebenso kurz und treffend die Hintergründe aufzudecken.

„Aus verstreuten Ortschaften, die füreinander unsichtbar bleiben, erheben sie sich zum gleichen Himmel. Und wo du auch durch Feld oder Wiesen streifen magst – weit von menschlichen Behausungen –, bist du doch nie allein: Jenseits der Wand des Waldes und aufgetürmter Heuschober, über die Wölbung der Erde hinweg, lockt dich immer die Spitze eines Türmchens...

Beim Betreten des Dorfes jedoch erfährst du, daß nicht Lebende, sondern Erschlagene dich von weitem grüßten. Die Kreuze sind längst zerschlagen oder schief, aus der zerstörten klaffenden Kuppel ragen die Stümpfe des verrosteten Gerüstes. Auf den Dächern und in den Mauerritzen wuchert Unkraut... Die Altarbilder – vom Regen der Jahrzehnte verwaschen – sind mit schamlosen Aufschriften verschmiert.

Dicht vor der Kirchentür stehen Fässer mit Dieselöl. In ihre Richtung wendet ein Traktor. Dort wieder fährt ein Lastwagen zum Tor der Kirchenvorhalle hinein und wird mit Säcken beladen ... Immer waren die Menschen selbstsüchtig und oft wenig gut. Aber das Abendläuten ... mahnte, die unbedeutenden, irdischen Dinge abzulegen, Zeit und Gedanken der Ewigkeit zu widmen. Dieses Läuten ... bewahrte die Menschen davor, zu vierbeinigen Kreaturen zu werden ... So wühl doch, Witjka! Hack nur zu! Hab keine Bedenken! Das Kino fängt um sechs Uhr an, der Tanz um acht."

Alexander Solschenizyn, Am Oka-Fluß entlang, in: Im Interesse der Sache, Hermann Luchterhand Verlag, Neuwied und Berlin 1970, S. 277f.

Man mag hierzulande das Schicksal dieser Kirchen bedauern und die Menschen, die der Schriftsteller im Auge hat, bemitleiden. Und doch gibt es in dieser Miniatur-Prosa irgend etwas, das uns selbst betroffen macht. Was wir meinen, kommt ans Licht, wenn wir uns ein biblisches Wort vergegenwärtigen: „Wißt ihr nicht, daß ihr (selbst) Gottes Tempel seid und daß Gottes Geist in euch wohnt? Wenn einer den Tempel Gottes verdirbt, wird Gott ihn verderben. Denn der Tempel Gottes ist heilig, und der seid ihr" (1 Kor 3,16f.). Paulus hat diese Sätze geschrieben, weil er wußte, wie leicht jeder einzelne Christ vergessen kann, was er ist. Er vergißt es heutzutage vor allem dann, wenn Arbeit, Erfolg und Vergnügen seine Hauptinteressen sind. So ist es durchaus möglich, daß wir plötzlich begreifen: Jene Kirchen, deren Zustand der Dichter schildert, sind wir selbst; sie sind das Spiegelbild jenes Tempels, der wir selber sind! Wem wäre nicht die Sogkraft bekannt, mit der das unersättliche Alltagsleben den heutigen Menschen verschlingt? Wir alle kennen diesen Alltag. Es ist die Welt „der tausend Dinge, Sorgen, Bestrebungen, wo alles durcheinanderläuft, wo alles durcheinanderredet, wo jeder seine eigenen Wünsche und Ziele verfolgt,wo der Kampf ums Dasein sich abspielt, wo man sich nicht versteht, wo es Parteien gibt ... Dazu kommt zu seinem Wesen noch all die Mühsamkeit des Alltags hinzu, das Gleichmäßige, das Lieblose, das immer Wiederholte, das uns Anstrengende, das Sich-nicht-Lohnende des Alltags, die Grauheit unserer Stimmung, die Müdigkeit unserer Nerven, unseres Herzens, unseres Geistes ... Der Alltag, so möchte man sagen, verzehrt uns eben – mindestens das ist die Gefahr – so in sich hinein, daß wir meinen, es könne gar nicht anders sein, es gäbe gar nichts anderes als dieses Alltägliche, und wir selber werden dann – das ist die Gefahr – selber durchschnittlicher Alltag, der sich selber gar nicht mehr als solchen erkennt, sondern gleichsam innerlich in sich geschlossen, ohne einen Ausblick auf das eigentliche unendliche Leben, das wir Gott nennen, in sich selber kreist."[1]

Es kann nicht ausbleiben, daß ein Mensch, der selbst nur noch bloßer Alltag ist, an einem immer stärker um sich greifenden Gefühl der Leere und Sinnlosigkeit leidet. Wir haben es hier mit einem Zeitphänomen zu tun, das der Begründer der Logotherapie, Prof. Dr. Viktor E. Frankl, immer wieder neu zu analysieren und zu meistern sucht[2]. Die Logotherapie (etwa: Sinn-Therapie) Frankls bildet innerhalb der Psychotherapie die dritte Wiener Schule. Steht im Mittelpunkt der Psychoanalyse Freuds der Wille zur Lust, beruft sich Adler in seiner Individualpsychologie vorrangig auf den Willen zur Macht, so ist in der Logotherapie Frankls alles auf den Willen zum Sinn ausgerichtet. Wie der sogenannte Logo-Test deutlich gemacht hat, wurzeln etwa zwanzig Prozent aller Neurosen in einem tiefen Sinnlosigkeitserleben. Frankl spricht in diesem Zusammenhang von ‚noogenen Neurosen'. Sie beschränken sich keineswegs nur auf die westliche Überflußgesellschaft, sondern sind auch in den östlichen Ländern und in den Ländern der Dritten Welt verbreitet. Noogene Neurosen haben ihre Ursache nicht in erster Linie in Triebproblemen, sondern in Existenzproblemen, in einem existentiellen Vakuum. Frankl sagt: „Im Gegensatz zum Tier sagen dem Menschen keine Instinkte, was er muß. Und im Gegensatz zu früher sagen ihm keine Traditionen, was er soll. In dieser Orientierungslosigkeit liegen zwei Auswege nahe: Das zu wollen, was die anderen tun (das ist Konformismus), oder das zu tun, was die anderen wollen (das führt zum Totalitarismus)." Frankl macht auf verschiedene Fluchtmechanismen aufmerksam, mit denen der Mensch seine innere Leere zu fliehen sucht. Neben dem Vergnügen dient vielen die Arbeit als Mittel zur Betäubung. Wird jedoch der Mensch, etwa an Wochenenden, auf sich selbst zurückgeworfen, weiß er dann mit sich selbst nichts anzufangen, so kann dies zu dem führen, was man als „Sonntagsneurose" bezeichnet.

Eine andere Möglichkeit, der inneren Leere zu begegnen, bietet die Flucht in die Sexualität. Wird in ihr nur Lustbefriedigung gesucht, dient sie als bloßes Mittel des Lustgewinns, so bedeutet dies eine Selbstentfremdung und damit eine Entwertung der Sexualität. „Menschliche Sexualität ist mehr als Lustbefriedigung. Man könnte sagen: sie ist Ausdrucksmittel für personale Verbundenheit (und natürlich noch vieles mehr)." Man würde Frankl sicherlich gründlich mißverstehen, wollte man annehmen, er plädiere gegen die Lust. „Es ist paradox", sagt Frankl vielmehr, „je mehr es einem um die Lust geht, desto mehr vergeht sie einem auch schon.“ Eine noch direktere Möglichkeit, die existentielle Leere zu betäuben, ist die Flucht in den Rausch. Ist einer dem Alkohol oder auch den Drogen verfallen, so liegen dieser Süchtigkeit zu neunzig Prozent Existenzprobleme zugrunde, die aus einem starken Sinnlosigkeitsgefühl erwachsen. In diesem Zusammenhang nimmt Frankl auch zu einem heute weitverbreiteten psychologischen Modell Stellung, nach dem sich die Zufriedenheit des Menschen aus der Befriedigung seiner ‚Bedürfnisse‘ ergeben soll. Mit diesem Modell wird das Eigentliche des Menschen verfehlt. Denn das Eigentliche des Menschen entfaltet sich nach Frankl erst dort, wo sich der Mensch nicht mehr um sich selbst dreht. „Der Mensch ist letztlich und zutiefst nicht bekümmert um sich selbst, sondern um etwas anderes oder um einen anderen. Ganz ist der Mensch dort, wo er sich vergißt über etwas anderem. Wann nimmt das Auge etwas wahr von sich selbst? Wenn es von grünem oder grauem Star befallen ist. Ein gesundes Auge sieht sich selbst nicht. Der Mensch ist ganz er selbst in dem Maße, in dem er sich vergißt, in dem er aufgeht in einer Aufgabe, im Dienst an einer Sache oder in einer Person. Gerade dann verwirklicht er sich selbst.“ Er verwirklicht sich in der Selbsttranszendenz. Wenn auch Frankl darauf bedacht ist, daß die Logotherapie als Wissenschaft auf der Ebene der säkularen Wissenschaft bleiben muß, so ist sie für ihn doch offen ins Theologische hin. Es ist zwar die Aufgabe des Therapeuten, die Tür zur Transzendenz offenzuhalten; ob aber der Patient sie durchschreitet, liegt in seiner Entscheidung.

Unsere bisherigen Erörterungen haben gezeigt, daß ein Mensch seine Verwirklichung verfehlt, wenn er nicht über sich selbst und seinen Alltag hinauswächst. Wie sich die Kirchen mit ihren Türmen aus den Ortschaften zum gleichen Himmel erheben, so muß sich der Mensch selbst transzendieren. Andernfalls fällt er der Sinnleere anheim und errichtet sich seine eigenen Tempel, um in ihnen Erlösung von seiner inneren Not zu suchen. Weil Solschenizyn nicht sehr viel Hoffnung hat, daß der Mensch unserer Tage für diese Wahrheit einsichtig ist, schließt er mit den Worten: „So wühl doch, Witjka! Hack nur zu! Hab keine Bedenken! Das Kino fängt um sechs Uhr an, der Tanz um acht.“ Dies klingt so, als wolle er sagen: „Treibe es nur so weiter: Du wirst schon sehen, wohin es führt.“ Hier stellt sich uns die Frage: Wie werden wir zu dem, was wir als Christen sein sollen? Unüberhörbar sagt uns der russische Schriftsteller: Es muß in unserem Alltagsleben Augenblicke geben, da wir die unbedeutenden, irdischen

Dinge ablegen, um Zeit und Gedanken der Ewigkeit zu widmen. Wer dies tut, bleibt seinem Wesen treu, bewahrt sich eine göttliche Innerlichkeit und erniedrigt sich nicht zur Daseinsebene der vierbeinigen Kreatur.

Bereits die alten Griechen sahen das Eigentliche des Menschen in seiner Fähigkeit, nach oben zu schauen. Diese Fähigkeit erschien ihnen so bedeutsam, daß sie von hier aus ihre Bezeichnung für den Menschen herleiteten. ‚Mensch' heißt im Griechischen „anthropos". Übersetzt man wortwörtlich, so heißt es: der „Nach-oben-Blickende". Verliert also einer diese Blickrichtung, weil er nicht mehr an dem interessiert ist, was über ihm ist, wendet er seine ganze Aufmerksamkeit nur noch den Dingen unter ihm zu, so hat er eigentlich aufgehört, Mensch zu sein. Denn seine Würde empfängt der Mensch von oben, von dem, was über allem irdischen Wechsel und Wandel erhaben ist, vom Bleibenden und Ewigen, vom Unvergänglichen und Göttlichen. Was die Griechen aufgrund ihres lebendigen Geistes erkannten, vermittelte sich dem Apostel Paulus aufgrund seines lebendigen Glaubens an den auferstandenen Herrn. Durch seine Auferstehung hat Jesus Christus das menschliche Dasein in die Sphäre Gottes erhoben. Daher schreibt Paulus: „Ihr seid mit Christus auferweckt, darum strebt nach dem, was im Himmel ist, wo Christus zur Rechten Gottes sitzt. Richtet euren Sinn auf das Himmlische und nicht auf das Irdische" (Kol 3, 1 f.). Dabei bedeutet für Paulus der Wegblick vom Irdischen die Loslösung von den ungeordneten Leidenschaften und der selbstsüchtigen Habsucht. Solcher Wegblick vom Irdischen ist aber nur durch den Hinblick auf das Himmlische, den der Geist Gottes schenkt, möglich.

Der Hinblick auf das Himmlische, wodurch der Mensch am Glück Gottes teilnimmt, wird von alters her „Kontemplation" genannt. „Kontemplation" heißt vom Wortsinn her: in den Tempel eintreten, in die Sphäre des Heiligen, um nichts anderes zu tun, als still und schweigsam auf Gott hinzuschauen, so wie ein Kind auf Vater und Mutter schaut. Dazu kommt, wer sich täglich einige Augenblicke Zeit nimmt, um mit Gott allein zu sein. Die großen Meister inneren Lebens weisen uns hier den Weg. Sie lenken unsere Aufmerksamkeit vor allem auf drei Dinge[3]. Zunächst müssen wir uns das Geheimnis mit Hilfe der Phantasie vorstellen. Dann kommt es darauf an, das so vorgestellte Geheimnis mit Hilfe des Verstandes zu betrachten. Als Drittes und Wichtigstes folgt das stille Verweilen beim Geheimnis, damit sich dieses dem betrachtenden Herzen erschließt und es zur Erleuchtung führt. Der heilige Pfarrer von Ars erzählt eine schlichte Geschichte, die uns veranschaulicht, worin das Geheimnis der Kontemplation besteht: „Hier in der Pfarrei lebte ein Mann, der vor einigen Jahren gestorben ist. Frühmorgens vor seinem Gang aufs Feld ließ er seine Hacke vor der Tür stehen, trat in die Kirche und vergaß sich dort vor seinem Gott. Ein Nachbar, der auf dem gleichen Stück arbeitete und die Gewohnheit hatte, ihn zu beobachten, wunderte sich über seine Abwesenheit. Er kehrte um, und im Gedanken, er könnte ihn vielleicht daselbst treffen, kam ihm der Einfall, in die Kirche zu gehen. Tatsächlich traf er ihn dort. – ‚Was machst du denn so lange da?' fragte er ihn. Worauf der andere die Antwort gab: ‚Ich schaue den lieben Gott an, und der liebe Gott schaut mich an.'" Dieser Geschichte fügte der Pfarrer von Ars die Worte bei: „Er blickte den lieben Gott an, und der liebe Gott blickte ihn an. Alles liegt daran."[4] Hier liegt in der Tat das Entscheidende aller Kontemplation: Kind vor Gott zu sein – schauend, liebend, sich freuend.

Wir sehen jetzt durch einen Spiegel rätselhaft,
dann aber von Angesicht zu Angesicht.
Jetzt ist mein Erkennen Stückwerk,
dann aber werde ich ganz erkennen,
wie ich auch ganz erkannt worden bin.
Nun aber bleiben Glaube, Hoffnung, Liebe, diese drei;
am größten unter ihnen ist die Liebe.

1 Korinther 13,12–13

15

Die Kunst, sich zu vereinigen

W. Bergengruen: Die Kunst, sich zu vereinigen

Lk 22,39–43

In einer südlichen Hafenstadt diente ein ehemaliges Kapuzinerkloster als Obdachlosenasyl für Männer. Unter den mit einiger Regelmäßigkeit Zurückkehrenden befand sich ein sehr alter Mann. Er hatte sich eine zähe und muntere Lebendigkeit bewahrt. Auffallend waren seine großen und strahlenden Augen. Mit allen, die hier zusammentrafen, verkehrte er in einer vollkommenen Unbefangenheit. Nicht selten wandte man sich bei Streit an den alten Mann um Schlichtung. Abends, bevor nach der Hausordnung das Licht gelöscht wurde, pflegte sich eine gesellige Unterhaltung zu entwickeln. An einem Abend erzählte der Alte, wie er die Kunst, sich zu vereinigen, gelernt hatte.

Wegen einer Verfehlung gegen irgendeine Bestimmung wurde er von der Militärpolizei in einer Schule gefangengesetzt. Während er sich nun in tiefer Verzagtheit und Verlassenheit befand, so daß er nicht einmal die Kraft zu haben meinte, Gott um seine Errettung anzurufen, starrte er hinaus und sah in einem nahegelegenen Pfarrgarten einen jungen Priester sein Brevier beten. Bei diesem Anblick durchfuhr ihn plötzlich ein Gedanke des Trostes. „Ich weiß nicht, was für ein Gebet er spricht“, sagte er sich. „Aber hindert mich denn das, in sein Gebet einzustimmen. Ich brauche nur mein Herz gänzlich mit seinem Herzen und mit seiner Zunge zu vereinigen, und Gott wird alles, was er spricht, als von mir gesprochen annehmen.“ Er gab sich nun alle Mühe, sich mit diesem unbekannten Priester zu vereinigen, ja er warf ihm sein ganzes Herz zu. Auf diese Weise fand er sich wunderbar gestärkt.

Später erkannte er, daß es auch möglich sein muß, sich mit den Gedanken aller Menschen zu vereinigen, auch solcher, die unserem Anblick entzogen sind und von deren Dasein wir vielleicht keine Kenntnis haben. Darüber hinaus suchte der alte Mann, wie er den anderen erzählte, auch von den Eigentümlichkeiten der Tiere etwas für sein eigenes Leben zu gewinnen. „Da könnte man an die Wachsamkeit des Hundes denken, an den Stolz und die Großmut des Löwen, an die Weisheit und Dankbarkeit des Elefanten usw." „Oder an die Dummheit des Esels!" rief jemand dazwischen. „Gewiß, auch an die Eigenschaften des Esels, der ein sanftes, bescheidenes und arbeitsames Geschöpf ist, wenn man recht mit ihm umgeht", antwortete unangefochten der Alte und fuhr fort: „Durch diese Vereinigung empfand ich einen Aufschwung der Seele und empfand eine innere Seligkeit, die ich nicht zu beschreiben vermag." Aber der alte Mann beschränkte die Möglichkeit des Vereinigens nicht nur auf Menschen und Tiere. „Wir müssen dahin kommen, daß wir uns ohne unser Zutun und Wissen mit allem Vereinigungswürdigen vereinigen. Ich denke, daß wir auch gut tun, uns mit allem zu vereinigen, das uns widerfährt oder widerfahren will, also mit Trennungen und Verlusten und Krankheiten, mit den Besonderheiten des Alters, unter denen ja viele lästige sind, und zuletzt auch mit dem Tode." – An dieser Stelle unterbrach ihn ein Matrose, der interessiert zugehört hatte: „Sage mir, womit man anfangen muß?" „Damit, daß man zuvörderst seinen Eigenwillen an dasjenige verlorengibt, mit dem man sich zu vereinigen denkt." Obwohl ein Zeitungsleser den alten Mann mit dem Zuruf „Unendlichen Dank, Herr Vereiniger!" zu verwirren suchte und ein anderer verächtlich grinste, verriet er sein letztes Geheimnis: „Ich habe ein Obdach, wo ich mich auch befinde." „Ja? Da bin ich neugierig! Her damit! Wo steht es?" „Ich verrate es gern. Ich habe es oft genug ausprobiert. Nämlich wenn es sich so trifft, daß ich genötigt bin, unter freiem Himmel zu übernachten, so ziehe ich mit einem Stock einen Kreis, so weit mein ausgestreckter Arm und mein Stock eben reichen. Den so abgesteckten Platz empfehle ich den hl. Aposteln, die ja auch Wandersleute gewesen sind, und im Vertrauen auf ihren Schutz lege ich mich innerhalb dieses Kreises zur Ruhe."

Der nächste Tag war sehr heiß. Der alte Mann brach wieder auf. Unterwegs blieb er inmitten des Fahrdammes stehen, senkte den Kopf und begann zu schwanken. Er preßte die linke Hand gegen sein Herz, während die zitternde rechte mit dem Stock mühsam einen Kreis beschrieb. Er sah sich um und machte eine Handbewegung, als bitte er die Welt um Entschuldigung. Darauf ließ er sich langsam sinken, legte sich auf die Seite und schob sich zurecht, bis er sehr ordentlich auf den Rücken zu liegen kam. Er kreuzte die Arme über der Brust und rührte sich von nun an nicht mehr.

Vgl. Werner Bergengruen, Die Kunst, sich zu vereinigen, Erzählung, Im Verlag der Arche, Zürich 1956.

Wer das Meditieren erlernen will, tut gut daran, sich mit den Eigentümlichkeiten des alten Mannes zu vereinigen. Erwägen wir zunächst jene Gewohnheit, die er seinen Zuhörern zum Schluß verriet. War er genötigt, unter freiem Himmel zu übernachten, so zog er mit einem Stock einen Kreis und legte sich innerhalb dieses Kreises zur Ruhe. Müssen nicht auch wir, die wir den dunklen Mächten des Lebens ausgeliefert sind, tagtäglich einen solchen Kreis ziehen, um darin zur Ruhe zu kommen und unsere alltäglichen Erfahrungen zu verdauen, um unsere innere Einheit zu bewahren, um von unserer vielfältigen Verkrampftheit und der unnötigen Anspannung frei zu werden, um außerhalb des Kreises mit gesammelter Kraft leben zu können? Wo der Mensch darauf bedacht ist, diesen Meditationskreis immer wieder neu zu ziehen, um sich darin los- und niederzulassen, da gelangt er zu seiner Wesenstiefe. Er weiß sich von einem geheimnisvollen Grund getragen, der voller Licht ist und sein ganzes Wesen durchleuchtet. Solche Erfahrungen beschreibt Pierre Teilhard de Chardin in seinem Buch „Der göttliche Bereich" mit folgenden Worten: „So habe ich – von dem man annimmt, daß er täglich meditiere! – vielleicht zum erstenmal im Leben die Lampe genommen, den scheinbar kleinen Bereich meiner täglichen Beschäftigungen und Beziehungen verlassen und bin hinabgestiegen in das Innerste meiner selbst, in jenen tiefen Abgrund, aus dem, wie ich es undeutlich fühle, mein Vermögen zu handeln aufsteigt. Und je mehr ich mich von den herkömmlichen Gewißheiten entfernte, die das Leben der menschlichen Gesellschaft oberflächlich erhellen, um so mehr habe ich erkennen müssen, daß ich mir selbst entglitt. Mit jeder Stufe, die ich hinabstieg, enthüllte sich in mir eine andere Persönlichkeit, deren genauen Namen ich nicht mehr nennen konnte und die mir nicht mehr gehorchte. Als ich meine Forschung aufgeben mußte, weil der Weg unter meinen Schritten aufhörte, da öffnete sich vor meinen Füßen ein bodenloser Abgrund, aus dem, ich weiß nicht woher, der Strom floß, den ich *mein* Leben zu nennen wage."[1] Was Pierre Teilhard de Chardin hier schildert, wird für uns vielleicht verständlicher, wenn wir uns die verschiedenartigen Stufen der menschlichen Seele zu Bewußtsein bringen.

Zunächst ist nicht sicher, woher das Wort ‚Seele' stammt. Einige Sachverständige bringen dieses Wort mit dem Wort ‚See' in Zusammenhang. Wenn dies auch von anderen nicht unbestritten hingenommen wird, so kann uns doch ein See Abbild und Spiegelbild der menschlichen Seele sein[2]. An ihrer Oberfläche befinden sich unsere verschiedenen Sinnesorgane. Durch sie empfangen wir die vielfältigen und sich ständig ändernden Eindrücke und Reize aus der Außenwelt, und durch sie äußern wir unsere seelische Innenwelt. Man denke hier beispielsweise an die Augen. Durch sie nehmen wir wahr, was sich in unserer Welt tut; zugleich aber bringen unsere Augen zum Ausdruck, wie es uns innerlich zumute ist. In der nächst tieferen Seelenschicht sind unsere intellektuellen Denkfunktionen beheimatet. Zu diesem Bereich gehört beispielsweise das folgerichtige Denken. Wer folgerichtig denken kann, überblickt die Folgen, noch ehe diese eingetreten sind. Hierher gehört unsere intellektuelle Schlagfertigkeit, die uns in Gesprächssituationen mit unverhofften Gegebenheiten fertig werden läßt. Zu diesem Bereich gehört u. a. das praktische Denken, durch das wir Ordnung in die Aufgaben unseres alltäglichen Lebens bringen. Steigen wir eine weitere Stufe hinab, so kommen wir zum Bereich unserer Gefühlsfunktionen. Diese begleiten nicht nur unser Denken und Handeln, sondern beeinflussen es erheblich. Wir können ja überhaupt nichts tun, ohne dabei irgend etwas zu fühlen, sei es nun Erleichterung, Freude, Zuversicht, Erwartung, Furchtlosigkeit oder aber Unlust, Abneigung, Widerwille, Kummer, Trauer, Angst usw. Meist machen wir uns dies nicht genügend klar, obwohl diese unsere Gefühlswelt für unsere Leistungsfähigkeit von großer Bedeutung ist. Während frohe Zuversicht unser Denk- und Handlungsvermögen beflügeln kann, vermögen Unlust und schlechte Laune dieses sehr zu behindern. Schreiten wir noch tiefer hinab, so kommen wir zu unseren Antriebskräften, die hinter unserem Fühlen, Denken und Handeln walten. Zu diesen Antriebskräften gehören unsere unbewußten Wünsche, Sehnsüchte, Bestrebungen, Bedürfnisse und Triebe. All diese Kräfte sind uns im allgemeinen noch viel weniger bewußt als unsere Gefühle, obwohl sie für unser Verhalten noch entscheidender sind. Wenn man beispielsweise jemand fragt, wie er sich augenblicklich fühlt, wird er meist nach einigem Besinnen darüber Auskunft geben können. Fragt man ihn aber, was ihn zu seinem augenblicklichen Tun getrieben hat, so wird er sich viel schwerer tun, eine genaue Antwort zu geben. Mit der nächsten und letzten Stufe erreichen wir das Zentrum unserer Persönlichkeit. In ihm sind unser tiefstes Wollen und

Erleben verankert. Aus ihm erwachsen unser Selbstvertrauen und unsere Selbstachtung. Hier erleben wir in lichtvollen Augenblicken unsere personale Einmaligkeit, unsere Unwiederholbarkeit, unsere Einsamkeit, die mit jedem personalen Sein gegeben ist. An diesem tiefsten Punkt empfinden wir weitgehend dasselbe. Daher sagt Johann Wolfgang von Goethe einmal: „Das Einsamste ist das Gemeinsamste." Hier ergreift uns das religiöse Erlebnis, von dem wir dann bis ins letzte ergriffen sind, das unser ganzes Wesen von seiner Wurzel her durchleuchtet. An diesem Punkt wissen wir uns von Gott geliebt und angenommen. Dieses Erleben, das in den für einen Außenstehenden unzugänglichen Tiefen aufbricht, bezeichnet man als ‚X-Erfahrung' (E. Fromm) oder als ‚Evidenzerleben'. Es berührt nicht nur die rationale oder emotionale Ebene des Erlebens, sondern die existentielle. Aus ihm erwachsen Umorientierung und Veränderung des eigenen Daseins[3]. Von hier aus können wir erahnen, welche Wirklichkeit Pierre Teilhard de Chardin in den vorhin zitierten Sätzen zur Sprache bringt. Was all dies für unsere Glückserfahrung bedeutet, die die Meditation vermittelt, erhellt ein Vergleich von Sören Kierkegaard. Dieser schreibt: „Wenn ein Araber in der Wüste plötzlich in seinem Zelt eine Quelle entdeckte, so daß er beständig Quellwasser im Überfluß hätte: wie glücklich würde er sich preisen – so auch ein Mensch, der als sinnliches Wesen beständig nach außen gekehrt ist, in der Meinung, daß seine Glückseligkeit außer ihm liege, wenn er plötzlich nach innen gekehrt wird und entdeckt, daß die Quelle in ihm selbst liegt, und noch um wieviel mehr, wenn er die Quelle entdeckt, die das Gottesverhältnis ist."[4] Voraussetzung, diese Quelle zu entdecken, ist jedoch unsere Entschlossenheit, jenen Kreis immer wieder neu zu ziehen. Der Weg aber, der in ihm zur Quelle führt, ist die Kunst, sich zu vereinigen.

Es gibt in unserer Welt nichts, womit wir uns nicht vereinigen könnten, denn in allem birgt sich ein göttlicher Gedanke, ein göttliches Geheimnis. Daher sind alle Dinge gleichsam Boten, die uns eine göttliche Botschaft zu bringen haben. Damit wir diese vernehmen, müssen wir uns in der Begegnung mit allem und jedem fragen, welche guten Eigenschaften hier zu entdecken sind. Haben wir sie erkannt, so sollten wir sie in kurzen Abständen immer wieder nennen, damit wir sie mit jeder Wiederholung tiefer in uns aufnehmen können. In dieser Weise vereinigte sich der alte Mann mit der Wachsamkeit des Hundes, dem Stolz und der Großmut des Löwen, der Weisheit und der Dankbarkeit des Elefanten, mit der Sanftmut, der Bescheidenheit und Arbeitsamkeit des Esels. Dadurch wurde er selbst wachsam, stolz, großmütig, weise, dankbar, sanft, bescheiden und arbeitsam. Er vereinigte sich mit dem betenden Priester und wurde selbst zu einem betenden Menschen. Indem er sich mit allen Menschen vereinigte, selbst mit denen, die seinem Anblick entzogen waren, gewann er alle Menschen lieb. Durch die Kunst des Vereinigens söhnte er sich auch mit den Widerwärtigkeiten des Lebens aus, mit Trennungen und Verlusten und Krankheiten, mit den Besonderheiten des Alters und zuletzt auch mit dem Tode. Denn auch diese Dinge haben Eigenschaften, aus denen wir Gewinn und Bereicherung ziehen können. Die Kunst des Vereinigens faßt also das Positive ins Auge, das, was den Menschen erhebt und ihn in seinen tieferen Seelenschichten glücklich stimmt. Weshalb gibt es so viele unglückliche Menschen? Weil sie immer nur das Negative sehen. Die Einübung ins Positive ist eine grundlegende Übung, um die Kunst, sich zu vereinigen, zu erlernen. „Der Blick für den Wert, das Eigentliche, das Wesentliche, das Richtige, Schöne, Große, das Heile und Heilende, das Erquickende, Stärkende, Aufbauende muß ständig geübt werden. Nur im Positiven leuchtet ja das letzte Sein auf. Wer nicht Mängel beiseite legen und auf das Positive blicken kann, bleibt im kritischen Denken hängen (auch das ist nötig, aber zu anderer Zeit) und kommt nicht in die Tiefe ... Mit der Einübung ins Positive wird auch eine negative Gestimmtheit überwunden, die sich in einer miesen, abwertenden, unzufriedenen Verfaßtheit ausdrückt, des Lebens nicht froh werden kann und mit der wir im Grunde zum rechten Leben nicht fähig sind.“[5]

Der alte Mann, der durch ständige Übung dahin gelangt war, daß er sich ohne sein Zutun und Wissen mit allem Vereinigungswürdigen vereinigte, unterschied sich deutlich von seinen Mitmenschen. Er hatte sich bis in sein hohes Alter eine zähe und muntere Lebendigkeit bewahrt. Auffallend waren vor allem seine großen und strahlenden Augen. Mit allen, die ihm begegneten, verkehrte er in einer vollkommenen Unbefangenheit. Selbst unerwartete Zwischenfälle vermochten ihn nicht aus der Ruhe zu bringen, weil er auch in ihnen spontan das Positive erfaßte. Das zeigt, in welchen Tiefen er mit seinem Wesen verankert war. Als gläubiger Mensch war er nicht zu erschüttern. Voll inneren Gleichmaßes und ruhiger Bereitschaft stand er dem gegenüber, was der Tag ihm bringen mochte. Durch die Kunst, sich zu vereinigen, war er neu geboren; durch sie hatte er sich eine neue, siegreiche Einstellung dem Leben gegenüber angeeignet. Selbst der Tod vermochte ihn nicht zu überraschen. Mit dem Stock beschrieb er, wie er es gewohnt war, seinen Kreis, sah sich noch einmal um und machte eine

Handbewegung, als bitte er die Welt für alles begangene Unrecht um Entschuldigung. Darauf ließ er sich langsam sinken. Womit müssen wir anfangen, um dorthin zu gelangen? Damit, daß wir unseren Eigenwillen an dasjenige verloren geben, mit dem wir uns zu vereinigen denken. Mit diesem Hinweis kommen wir zum Lebensgeheimnis Jesu. Hätte er seine Gleichnisse erzählen – und sich den Menschen in der von ihm bekannten Art und Weise zuwenden können, wenn ihm die Kunst, sich mit allem und jedem zu vereinigen nicht vertraut gewesen wäre? Treffend wurde von ihm gesagt, daß es seine Eigentümlichkeit war, nie zuerst den Schmutz zu sehen, in den die kostbare Perle gefallen war, sondern immer die kostbare Perle, um sie aus dem Schmutz zu holen. Die Kunst des Vereinigens ist das Geheimnis seiner Liebe gewesen. Dabei kam es ihm letztlich nur auf eines an, nämlich seinen Eigenwillen an den Willen seines Vaters zu verlieren. Mit dem Willen seines Vaters vereinigte er sich auch in seiner Todesnot am Ölberg, um dann gestärkt und mit Würde sein Kreuz zu tragen. Selbst in seiner letzten Todesqual sah er bei seinen Henkern noch einen Grund, ihnen zu verzeihen: „Vater, verzeih ihnen, denn sie wissen nicht, was sie tun" (Lk 23,34).

Und er ging hinaus und begab sich nach seiner Gewohnheit an den Ölberg: es folgten ihm die Jünger. Als er an den Ort kam, sprach er zu ihnen: „Betet, damit ihr nicht in Versuchung fallt." Und er trennte sich von ihnen etwa einen Steinwurf weit, kniete nieder und betete: „Vater, wenn du willst, laß diesen Kelch an mir vorübergehen. Doch nicht mein, sondern dein Wille geschehe." Da erschien ihm ein Engel vom Himmel und stärkte ihn. *Lukas 22,39–43*

16

Falsches Sicherheitsgefühl

Fr. Dürrenmatt: Der Tunnel

2 Kor 4,16–18

Ein fettleibiger 24jähriger Student stieg eines Sonntagnachmittags unter dem Vorwand, anderntags ein Seminar zu besuchen, in den gewohnten Zug nach Zürich. Doch war er bereits beim Besteigen des Zuges entschlossen, das Seminar zu schwänzen. Da der Zug überfüllt war, kämpfte er sich von vorn nach hinten durch und setzte sich in einem Abteil des letzten Wagens einem noch dickeren Mann gegenüber, der mit sich selber Schach spielte. Um das Schreckliche nicht zu nahe an sich herankommen zu lassen, verstopfte sich der junge Mann „die Löcher in seinem Fleisch": Er steckte sich eine Zigarre in den Mund, verstopfte sich die Ohren mit Wattebüscheln und setzte eine Sonnenbrille auf.

Es dauerte nicht lange, bis der Zug in einen Tunnel fuhr. Dem jungen Mann wurde alsbald bewußt, daß der Tunnel dieses Mal nicht enden wollte. Deshalb wurde er von einer zunehmenden Verwirrung gepackt. Er trat in den Korridor und schaute in die anderen Coupés. Dort schwatzte man vergnügt miteinander, löste Kreuzworträtsel oder las die Zeitung. Der junge Mann lief zu seinem Platz zurück und fragte den dicken Schachspieler, ob der Zug nach Zürich fahre. Da dieser nicht gestört werden wollte, machte er sich erneut auf den Weg. Auch der Schaffner konnte ihm nicht helfen, die Situation aufzuklären. Am Ausgang des Speisewagens stieß er auf den Zugführer, der ihm erklärte: „Ich bitte Sie zu bedenken: Wir bewegen uns auf Schienen, der Tunnel muß also irgendwo hinführen." Während der Zug mit ungeheurer Geschwindigkeit immer tiefer in den Tunnel raste, betraten sie schwankend den Führerraum. Von der Sinnlosigkeit eines Rettungsversuches überzeugt, war der Lokomotivführer bereits nach fünf Minuten abgesprungen.

Der junge Mann lag auf der Glasscheibe des Führerstandes, das Gesicht über den Abgrund gepreßt. Dabei hatte er zum ersten Mal die Augen weit geöffnet. Es wurde ihm bewußt, daß schon alles verloren war, da sie noch ahnungslos in ihren Abteilen saßen. Der Zugführer, der sich auf den Rückweg machen wollte, um in den Wagen eine Panik zu verhindern, stürzte auf das Schaltbrett und kam blutend neben den jungen Mann zu liegen. „Was sollen wir nun tun?“ schrie er ihm zu. „Nichts!“ schrie dieser zurück. „Nichts. Gott ließ uns fallen, und so stürzen wir denn auf ihn zu.“

Vgl. Friedrich Dürrenmatt, Der Tunnel, in: Die Stadt, Frühe Prosa, Verlags-AG Die Arche, Zürich 1952, S. 149–167.

Diese symbolische Erzählung versucht den Menschen unserer Tage anzusprechen, der in der durchrationalisierten Welt einer Wohlstandsgesellschaft lebt und den Sinn für das Unberechenbare und Unbegreifliche weitgehend verloren hat. So ereignet sich denn auch der erzählte Zwischenfall unerwartet mitten in unserem alltäglichen Leben auf einer alltäglichen Wegstrecke, die durch die Abfahrts- und Ankunftszeit genau bestimmt ist. Sobald aber der Zug in den Tunnel fährt, werden alle menschliche Planung und Berechnung mit einem Schlag außer Kraft gesetzt. Dies geschieht ausgerechnet in dem Augenblick, da der ahnungslose Durchschnittsmensch im selbstverständlichen Vertrauen auf die technischen Sicherheiten am wenigsten mit jener Macht des Ungewöhnlichen und Ungeheuerlichen rechnet. Die Reisenden schwatzen, essen und lesen, ohne sich durch die eintretenden Ereignisse aus der Ruhe bringen zu lassen. So wird der überfüllte Zug zu einem Symbol für den „Zug der Zeit“, dem sich der heutige Mensch bedenkenlos anvertraut, ohne sich zu fragen, wohin das Ganze unerwartet führen kann.

Auch der junge Mann nimmt wie alle anderen die Annehmlichkeiten modernen Lebens hin. Nur durch eine Eigenschaft unterscheidet er sich von ihnen. Er hat sich die Fähigkeit bewahrt, jene ganz andere Wirklichkeit zu erspüren, die sich hinter der Fassade unserer Alltagswirklichkeit verborgen hält. Daher wird ihm bald bewußt, daß der von Menschenhand erstellte Fahrplan noch keine Garantie ist, den Einbruch des Unberechenbaren zu verhindern. Der auf Sicherheit und

Ruhe bedachte Student wird der Ratlose und Verwirrte und schließlich der innerlich Aufgebrochene. Deshalb vermag er auch den ungewöhnlichen Zwischenfall zu deuten. Als er mit weit geöffneten Augen in den Todesabgrund schaut, wird er zum Erkennenden und erlebt die abgründige Wirklichkeit als die Wirklichkeit des verborgenen Gottes.

Was will Dürrenmatt mit dieser Erzählung sagen? Zunächst möchte er den heutigen Menschen dazu anhalten, der scheinbar verläßlichen Alltagswelt zu mißtrauen. Darüber hinaus geht es ihm darum, den Sinn für das Unberechenbare und Unbegreifliche wachzurütteln und wachzuhalten. Schließlich will er erreichen, daß der Mensch die Welt des Übersinnlichen als die eigentliche Wirklichkeit seines Lebens ernst nimmt.

Deshalb sind wir nicht verzagt; im Gegenteil: wenn auch unser äußerer Mensch aufgerieben wird, so erneuert sich doch unser innerer von Tag zu Tag. Denn unsere augenblickliche geringfügige Trübsal erwirkt uns eine von Fülle zu Fülle anwachsende, alles überwiegende ewige Herrlichkeit, da wir den Blick nicht auf das Sichtbare, sondern auf das Unsichtbare richten; denn das Sichtbare ist vergänglich, das Unsichtbare dagegen ewig. *2 Korinther 4,16–18*

17

Durch Staunen zu neuem Leben

J. Weidmann: Meine Begegnung mit Einstein

Joh 1, 1.3.5.9–14

Jérôme Weidmann, ein in Amerika gern gelesener Schriftsteller, war als junger Mann mit anderen Gästen, unter denen sich auch Professor Albert Einstein befand, zum Abendessen in das Haus eines bekannten New Yorker Philanthropen eingeladen. Nach dem Essen führte die Dame des Hauses die Gäste in einen großen Salon, wo sie von einem Streichquartett unterhalten wurden. Da Weidmann fast kein musikalisches Gehör hatte und ernste Musik für ihn nicht mehr als eine Folge von Geräuschen war, machte er eine Miene, die ‚verständnisvolles Lauschen' zum Ausdruck bringen sollte. Als die Leute nach einer Weile Beifall klatschten, schloß er sich ihnen einfach an.

Im gleichen Augenblick hörte er von rechts eine freundliche, aber merkwürdig eindringliche Stimme fragen: „Lieben Sie Bach?" Der Fragende war einer der Bekanntesten der Welt: Albert Einstein. Weidmann sah den höchst ungewöhnlichen Augen seines Nachbarn an, daß er mit ihm nicht nur ein paar höfliche Worte wechseln wollte. Vor allem aber fühlte er, daß er diesen Mann nicht mit ein paar, wenn auch harmlosen Lügen abspeisen durfte. Deshalb antwortete er: „Ich kenne gar nichts von Bach. Ich habe überhaupt kein musikalisches Gehör. Und so richtig gehört habe ich eigentlich noch keine Musik." Das Gesicht des alten Mannes zeigte einen teilnehmenden Ausdruck. Unmittelbar stand er auf und nahm ihn beim Arm.

Offenbar kannte sich Einstein in diesem Hause aus, denn er führte Weidmann die Treppe hinauf, betrat mit ihm ein Zimmer voller

Bücher und schloß die Tür. „Sagen Sie mir bitte, seit wann Ihnen das schon so geht mit der Musik?" fragte er lächelnd. „Mein ganzes Leben lang", antwortete ihm Weidmann. „Gibt es eine Musik, die Sie mögen?" fuhr er fort. „Ich liebe Songs, die einen Text haben, und Musik, wo ich der Melodie folgen kann", sagte er. Wieder lächelte Einstein und nickte beifällig. Dann ging er in eine Ecke des Zimmers, holte etliche Platten hervor, legte sie nacheinander für einige Verse auf und bat Weidmann jeweils, das Gehörte nachzusingen, wobei er mit seinem Pfeifenstiel den Takt schlug. „Ausgezeichnet!" rief er, nachdem Weidmann geendet hatte. „Jetzt dieses!" Der ungeübte Sänger brachte eine annähernde Wiedergabe der Töne zustande. Einstein strahlte. Es folgten mindestens ein Dutzend anderer Platten. Dabei war Einstein so hingegeben, als wäre der völlig Fremde der einzige auf der Welt, der ihn interessierte. Schließlich sagte er: „So, junger Mann, jetzt sind wir bereit für Bach!" Anschließend gingen sie in den Salon zurück. Als das Quartett geendet hatte, stimmte Weidmann aus ehrlicher Begeisterung in den allgemeinen Beifall ein.

Plötzlich stand die Dame des Hauses vor ihnen. „Ich bedauere sehr, Herr Professor", sagte sie mit einem kühlen Seitenblick auf Weidmann, „daß Sie so viel vom Programm versäumt haben." „Ich bedauere es auch sehr", erklärte Einstein. „Aber mein junger Freund hier und ich waren damit beschäftigt, das Höchste zu tun, was der Mensch vermag." Die Frau machte ein verdutztes Gesicht: „Wirklich? Und was wäre das?" Einstein legte Weidmann den Arm um die Schultern und sagte: „Wieder eine Tür zum Reiche der Schönheit aufgestoßen."

Vgl. Jérôme Weidmann, Meine Begegnung mit Einstein, in: Die eigene Welt, Verlag Mensch und Arbeit in der F. Bruckmann KG, München 1957, S. 109–113.

Der Mensch wächst mit den Persönlichkeiten, denen er im Verlauf seines Lebens begegnet. Die Wahrheit dieses Satzes wird durch den vorausgegangenen Erlebnisbericht bestätigt. Werfen wir zunächst einen Blick auf die Persönlichkeit Einsteins (1879–1955), wie sie sich dem Schriftsteller Jérôme Weidmann erschloß. Einstein hatte eine Ausstrahlungskraft, die dazu nötigte, offen und aufrichtig zu sein, und die es dem Angesprochenen einfach versagte, die Wahrheit durch ein paar harmlose Lügen verschleiern zu wollen, wie es in ‚vornehmen Kreisen' so oft geschieht, um das Gesicht zu wahren. Selbst in einer zwanglosen Unterhaltung ging es ihm um mehr, als nur ein paar höfliche, ansonsten aber belanglose Worte zu wechseln. Dies offenbart seinen Ernst angesichts der tieferen Wirklichkeit, die zu entdecken Einstein zeitlebens auf der Suche war. Seine Augen empfand Weidmann als höchst ungewöhnlich, seine Stimme als freundlich, aber merkwürdig eindringlich. In seinem Wesen zeigte sich keine Spur von verächtlicher Überheblichkeit. Im Gegenteil! Die Unfähigkeit des anderen, Musik zu hören, löste bei ihm tiefe Anteilnahme aus und bewegte ihn dazu, sich dem völlig Fremden in einer Weise zuzuwenden, als sei dieser der einzige auf der Welt, der ihn interessierte. Als es dem ungeübten Sänger unter seiner liebenswürdigen und verständnisvollen Führung gelang, die Töne annähernd wiederzugeben, strahlte er und freute sich. Warum? Es war ihm gelungen, das Höchste zu tun, was seiner Meinung nach ein Mensch vermag. Er hatte „wieder eine Tür zum Reiche der Schönheit aufgestoßen“. In diesem Wort kommt der eigentliche Lebenssinn und Lebenswille Einsteins zum Ausdruck. In einem anderen Zusammenhang sagte Einstein einmal: „Das Schönste, was wir erleben können, ist das Geheimnisvolle. Es ist das Grundgefühl, das an der Wiege von wahrer Kunst und Wissenschaft steht. Wer es nicht kennt und sich nicht mehr wundern, nicht mehr staunen kann, der ist sozusagen tot und sein Auge erloschen.“ [1]

Es war Einstein an jenem Abend gelungen, in einen Bereich des Geheimnisvollen einzuführen, der Weidmann bislang verschlossen geblieben war. Indem er in ihm durch seine Menschenfreundlichkeit neue Verwunderung und neues Staunen weckte, ließ er ihn zu neuem Leben erwachen. Was heißt ‚Menschenfreundlichkeit‘? Menschenfreundlichkeit bedeutet, den Mitmenschen zur wahren Menschlichkeit zu führen, indem man ihm hilft, den Weg zum Reich der Schönheit, Harmonie, Gesetzmäßigkeit und Ordnung zu finden. Von hier aus erschließt sich uns das Wesen aller Pädagogik, denn Pädagogik ist nichts anderes als praktizierte Menschenfreundlichkeit, die den Mitmenschen zur wahren Menschlichkeit zu führen bemüht ist, indem sie ihm hilft, den Weg zum Geheimnisvollen zu finden. Einstein tat es, indem er Weidmann in jenem Bereich der Musik abholte, den dieser mochte. Er führte ihn sorgfältig Schritt für Schritt zum Ziel. Was für Weidmann vorher nicht mehr als eine Folge von Geräuschen war und ihn nur zu einem vorgetäuschten Beifall bewegte, löste jetzt in ihm ehrliche Begeisterung aus. Diese „Tür zum Reiche der Schönheit“ vermochte Einstein nur deshalb zu öffnen, weil er selbst in diesem Reich mit ständig neuem Staunen lebte. Einstein schreibt: „Meine Ideale, die mir voranleuchteten und mich mit frohem Lebensmut immer wieder erfüllten, waren Güte, Schönheit und Wahrheit. Ohne das Gefühl von Übereinstimmung mit Gleichgesinnten, ohne die Beschäftigung mit dem Objektiven, dem ewig Unerreichbaren auf dem Gebiet der Kunst und des wissenschaftlichen Forschens wäre mir das Leben leer geblieben." [2] Dabei war er sich bewußt, daß eine einmalige Erkenntnis der Wahrheit nicht genügt: „Im Gegenteil, diese Erkenntnis muß ständig und unermüdlich erneuert werden, soll sie nicht verlorengehen. Sie gleicht darin einer Marmorstatue, die in der Wüste steht und ständig in Gefahr ist, vom Flugsand begraben zu werden. Fleißige Hände müssen sich unablässig rühren, damit der Marmor weiter in der Sonne schimmern kann." [3]

„Das Erlebnis des Geheimnisvollen... hat", wie Einstein mehrfach betont, „auch die Religion gezeugt." Wirklich religiös ist, wer um die leuchtende Schönheit, die uns nur in ihren primitivsten Formen zugänglich ist, weiß. In diesem Sinn gehört Einstein zu den tief religiösen Menschen. Einen persönlichen Gott, der belohnt und bestraft, und ein Leben, das den Tod überdauert, mag und kann er sich nicht denken. „Mögen schwache Seelen aus Angst oder lächerlichem Egoismus solche Gedanken nähren. Mir genügt das Mysterium der Ewigkeit des Lebens und das Bewußtsein und die Ahnung von dem wunderbaren Bau des Seienden sowie das ergebene Streben nach dem Begreifen eines noch so winzigen Teiles der in der Natur sich manifestierenden Vernunft." [4] Mit diesen Worten bekennt sich Einstein zu einer „kosmischen Religiosität", die sich dem Menschen durch Kunst und Wissenschaft vermittelt und ein verzücktes „Staunen über die Harmonie der Naturgesetzlichkeit" beinhaltet, „in der sich eine so überlegene Vernunft offenbart, daß alles Sinnvolle menschlichen Denkens und Anordnens dagegen ein gänzlich nichtiger Abglanz ist" [5]. Als Einstein am 18. April 1955 verstarb, wurde die Asche seiner sterblichen Hülle in alle Winde zerstreut.

Wir können hier nicht näher auf die „kosmische Religiosität" Einsteins eingehen. Doch sei es erlaubt, in diesem Zusammenhang einige Fragen zu stellen: Ist die Annahme eines persönlichen Gottes und eines Lebens, das den Tod überdauert, einzig und allein auf die Angst oder den lächerlichen Egoismus schwacher Seelen zurückzuführen? Gibt es nicht sehr viele Menschen, die an einen persönlichen Gott geglaubt haben und auch heute noch glauben, denen man aber keineswegs diese Eigenschaften anlasten kann? Sah Franziskus von Assisi, dem Einstein eine „kosmische Religiosität" zuschreibt, nicht gerade deshalb in allem und jedem den Bruder, weil er an Gott den Vater und Urheber der Schöpfung glaubte? Was wäre, wenn die Mitte des für uns

Undurchdringlichen, von dem Einstein spricht, und der Grund jener leuchtenden Schönheit, welcher er sich verpflichtet fühlt, ein persönlicher Gott ist, dessen Weisheit sich in der Harmonie der Naturgesetzlichkeit, im wunderbaren Bau des Seienden offenbart? Wenn Einstein im Staunen den Anfang des Lebens sieht, könnte es nicht sein, daß das eigentliche Staunen erst durch die Erkenntnis jenes Gottes geweckt wird, der in unzugänglichem Licht wohnt, sich aber aus Güte und Menschenfreundlichkeit in seinem ewigen *Wort*, durch das alles geworden ist, erschlossen hat, um an den Menschen die gute Nachricht von seiner ewigen Berufung ergehen zu lassen? Setzt also Einstein seinem Staunen nicht selbst Grenzen, wenn er sagt, daß ihm das Mysterium der Ewigkeit des Lebens *genügt* und er sich ein Leben nach dem Tod hinaus nicht denken *mag* und kann?

Im Anfang war das Wort,
und das Wort war bei Gott,
und Gott war das Wort.
Alles ist durch das Wort geworden, und ohne das Wort ist nichts geworden.
Das Licht scheint in der Finsternis, und die Finsternis hat es nicht ergriffen.
Das Wort war das wahre Licht, das jeden Menschen erleuchtet;
es kam in die Welt.
Er war in der Welt, und die Welt ist durch ihn geworden,
und die Welt hat ihn nicht erkannt.
Er kam in sein Eigentum, und die Seinen nahmen ihn nicht auf.
Allen aber, die ihn aufnahmen, gab er Macht, Kinder Gottes zu werden,
denen, die an seinen Namen glauben,
er, der nicht aus dem Blute und nicht aus dem Willen des Fleisches
und nicht aus dem Willen des Mannes,
sondern aus Gott geboren wurde.
Und das Wort ist Fleisch geworden
und hat unter uns gewohnt,
und wir haben seine Herrlichkeit geschaut,
eine Herrlichkeit als des Eingeborenen vom Vater,
voll Gnade und Wahrheit. *Johannes 1, 1.3.5.9–14*

18

Die Naturwissenschaft und Gott

J. Hemleben: Darwin

Mt 5,14–16

Charles Robert Darwin (1809–1882) ist durch seine Theorie über die Entwicklung des Menschen aus „affenähnlichen Vorfahren“ berühmt geworden. Wenn Kopernikus bewiesen hatte, daß die Erde sich um die Sonne dreht, und Newton das Gesetz der Schwerkraft entdeckt hatte, das die Bewegung der Gestirne erklärte und jede andere Hypothese überflüssig machte, so zeigte Darwin mit der Unwiderlegbarkeit des Naturwissenschaftlers, daß sich alles Lebendige nach eigenen, biologischen Gesetzen entwickelt hat. Sein Grundwerk „Von der Entstehung der Arten durch natürliche Zuchtwahl“ wurde im Jahre 1859 zum Bestseller: die erste Auflage von 1250 Stück war am Tag des Erscheinens ausverkauft, so groß war schon damals die Autorität des „Newton der Biologie“ und so brisant das Thema.

Da Darwin jedoch bei seinen Gedanken den geistig-religiösen Gesichtspunkt außer acht ließ, widerstand ihm seine Frau Emma. In einem Brief gab sie ihm folgendes zu bedenken: „... Ist es nicht möglich, daß es im Wesen der naturwissenschaftlichen Forschung liegt, nichts zu glauben, was sich nicht beweisen läßt, und daß Dein Geist auch in anderen Dingen, die sich nicht beweisen lassen, sich durch die Gewohnheit wissenschaftlichen Denkens zu stark beeinflussen läßt? Ich möchte sogar so weit gehen zu sagen, daß es gefährlich ist, die Vorstellung von der Offenbarung aufzugeben, eine Gefahr, welche auf der anderen Seite (im rein naturwissenschaftlichen Denken) nicht existiert, nämlich die Furcht vor der Undankbarkeit, etwas von sich zu weisen, was für unser Wohl und auch für dasjenige der ganzen Welt getan wurde. Dies sollte Dich vorsichtiger machen und Dich sogar fürchten lassen, Du habest Dich nicht genug um die Wahrheit bemüht..."

Dieser Brief hatte Darwin tief getroffen. Obwohl er sonst Briefe zu vernichten pflegte, bewahrte er diesen auf und schrieb für seine Frau auf den Rand: „Wenn ich tot bin, so sollst Du wissen, daß ich manches Mal diese Worte küßte und darüber weinte. C.D."

Vgl. Johannes Hemleben, Darwin, rowohlts monographien Bd. 137, Reinbek bei Hamburg 1968, S. 139ff.

Dieser Brief enthält vier Feststellungen, die auch für uns wertvoll genug sind, um darüber kurz nachzudenken. Emma Darwin beginnt sehr behutsam, indem sie ihrem Mann eine Frage stellt: Ist es nicht möglich, daß es im Wesen der naturwissenschaftlichen Forschung liegt, nichts zu glauben, was sich nicht beweisen läßt? Als Darwin sich an einer fünfjährigen Weltreise (1831–1836) beteiligte, gewann er vor allem nach Beobachtungen in Südamerika und auf den Galapagos-Inseln die Überzeugung, daß alle Lebewesen in einer gewissen Verwandtschaft zueinander stehen und daß sich im Laufe ungeheuer langer Zeiträume aus einfacheren Organismen kompliziertere entwickelt haben. Zwar wurde diese Entwicklungstheorie schon vor ihm ausgesprochen. Doch war es sein Verdienst, das notwendige Beweismaterial beigebracht zu haben. So erlangte diese Auffassung durch ihn allgemeine Geltung. Darwin geht von der „künstlichen Zuchtwahl" aus, bei der es im Belieben des Züchters steht, innerhalb kurzer Zeit eine neue Rasse mit einer gewünschten Eigentümlichkeit zu züchten. Indem er jene Individuen auswählt und miteinander kreuzt, die die gewünschte Eigentümlichkeit in höchstem Maß ausgebildet haben, und auch unter ihren Nachkommen die geeignetsten auswählt, ist es möglich, etwas Neuartiges zu züchten. Darwin war nun der Überzeugung, daß durch eine „natürliche Zuchtwahl" im „Kampf ums Dasein" jedesmal die geeignetsten Individuen ausgewählt worden seien. Die „Selektionstheorie" geht also von zwei Grundvoraussetzungen aus: erstens von der Veränderlichkeit der Merkmale der Lebewesen und zweitens von der Überproduktion an Nachkommen. Von diesen überleben im „Kampf ums Dasein" diejenigen am besten, die ihrer Umwelt am besten angepaßt sind. Die Auslese ist also ein entscheidender Kausalitätsfaktor der Evolution. Weil die „Selektionstheorie" zu keinem Ergebnis der Biologie im Widerspruch steht, ist sie heute allgemein anerkannt, selbst wenn die Kausalität von Sonderproblemen sich als komplizierter herausgestellt hat, als Darwin zunächst angenommen hatte. An dieser skizzenhaften Darstellung verdeutlicht sich die Eigenart naturwissenschaftlichen Denkens. Die Naturwissenschaft bezieht sich mit ihren Forschungen auf das Gegebene, das Faßbare und Nachprüfbare. Immer ist sie darum bemüht, die Zusammenhänge empirisch nachweisbarer Tatsachen aufzudecken und auf ihre natürlichen Ursachen zurückzuführen. Dabei kann durchaus ein Glaube im weiteren Sinn im Spiele sein. Im 16. Kapitel seiner „Welträtsel" schreibt der große Zoologe Ernst Haeckel (1834–1919): „Wenn wir irgendeine Tatsache nicht sicher wissen, so sagen wir: Ich glaube sie. In diesem Sinne sind wir auch in der Wissenschaft selbst zum Glauben gezwungen; wir vermuten oder nehmen an, daß ein bestimmtes Verhältnis zwischen zwei Erscheinungen besteht, obwohl wir dasselbe nicht sicher kennen. Handelt es sich dabei um die Erkenntnis von Ursachen, so bilden wir eine Hypothese. Indessen dürfen in der Wissenschaft nur solche Hypothesen zugelassen werden, die innerhalb des menschlichen Erkenntnisvermögens liegen und den bekannten Tatsachen nicht widersprechen." In diesem Sinn sind die Worte von Emma Darwin zu verstehen, daß es im Wesen naturwissenschaftlicher Forschung liegt, nur das zu glauben, was sich beweisen läßt. Ihre große Sorge ist aber, daß sich der „religiöse Glaube" ihres Mannes in einen bloß „wissenschaftlichen Glauben" verkehrt. Daher ihre zweite Feststellung:

Beeinflußt nicht die Gewohnheit wissenschaftlichen Denkens Deinen Geist in anderen Dingen, die sich nicht beweisen lassen, zu stark? Bei dieser Anfrage geht sie davon aus, daß es Gegebenheiten gibt, denen mit rein naturwissenschaftlichem Denken nicht beizukommen ist. Um welche Gegebenheiten geht es hier? Werfen wir ein Auge auf die von der Naturwissenschaft exakt formulierten Gesetze. Entstammen diese dem menschlichen Gehirn, oder sind sie in der uns umgebenden Natur grundgelegt? Sollten sie ein Produkt menschlichen Denkens sein, dann ist nicht einzusehen, warum die Natur ihnen folgen sollte. Man denke hier beispielsweise an den Bauplan, nach dem sich ein Organismus gestaltet. Allem Anschein nach gehören die Gesetze, die das Verhalten der Materie lenken, zur Natur selbst. Da aber das Gesetz etwas Nicht-Materielles, etwas Geistiges ist, hat die Natur immer schon eine nicht-materielle, das heißt eine geistige Prägung[1]. Wie denken wir über diese geistigen Elemente, die die ganze Natur durchdringen und die mit Sicherheit nichts Materielles sind? Hierzu kann die Naturwissenschaft letztlich *nichts* sagen. Es ist ihr weder eine positive noch negative Aussage möglich. Denn hier geht es nicht mehr um eine naturwissenschaftliche, sondern um eine weltanschauliche Frage. Die Antwort, die wir geben, hängt in jedem Fall von jenem weltanschaulichen Horizont ab, in dem der Gefragte persönlich steht. Ein ungläubiger Mensch wird sagen: Alle Entwicklungsvorgänge, alle Lebewesen und auch der Mensch sind Produkte des Zufalls. Der gläubige Mensch hingegen wird aufgrund der geistigen Elemente darin eine göttliche Schöpfung erkennen. Dabei entspricht es durchaus seinem Schöpfungsglauben, „daß Gott nicht erschafft, was durch Entwicklung werden kann..., daß die Geschöpfe erst durch Entwicklung und Geschichte werden, was sie nach dem Schöpfungswillen sein sollen" (H. Volk). Doch kann *keine* der beiden Richtungen „Beweise" für ihre Überzeugung liefern. Dies gilt in noch höherem Maß hinsichtlich der Frage, warum überhaupt Seiendes ist und nicht vielmehr Nichts. Auch sie kann nur weltanschaulich beantwortet werden. Von hier aus können wir verstehen, warum es nicht wenige namhafte Naturforscher gegeben hat und gibt, die sich nicht nur dem wissenschaftlichen Denken verpflichtet wissen, sondern darüber hinaus tief gläubige Menschen sind. Man denke an den Astronomen Johannes Kepler (1571–1630), der sein Hauptwerk „Weltharmonik in fünf Büchern" mit einem Gebet schließt, in dem es heißt: „Dir sage ich Dank, Herrgott, unser Schöpfer, daß Du mich die Schönheit schauen läßt in Deinem Schöpfungswerk... Siehe, ich habe das Werk vollendet, zu dem ich mich berufen fühlte; ich habe mit dem Talent gewuchert, das Du mir gegeben hast." Oder erwägen wir die Worte des Raketenkonstrukteurs Wernher von Braun (geb. 1912): „Der Pfarrer, der Sonntag für Sonntag in glühender Sonne seine Gemeindemitglieder sammelte und mit seinem alten Bus zur Kirche brachte, hatte mich gelehrt: Zum Glauben gehören Disziplin und Beständigkeit. Ich begann zu beten, zu ganz bestimmten Stunden, nicht nur im Augenblick der Krise, wenn ich das Knöpfchen drückte – stundenlang ritt ich hinaus in die Wüste unter der glühenden Texassonne, war allein und betete. – Unser Zeitalter der Raumflüge und der Atomspaltungen fordert eine hohe Verantwortung von jedem einzelnen. Wir haben allen Grund zu beten, daß Gott uns die Kraft schenke, dieser Verantwortung gerecht zu werden. Beten wir wirklich um diese Kraft und diesen Geist? Ich will es weiterhin versuchen!" Wie sehr wir heutzutage in der Gefahr stehen, den „religiösen Glauben" in einen „wissenschaftlichen Glauben" aufzulösen, zeigen uns die mit vielen Vor-urteilen und Vor-entscheidungen besetzten Ausführungen von Theo Löbsack in seinem Buch

„Die Biologie und der liebe Gott". Zitieren wir daraus nur zwei Sätze: „Das, was die Kirche unter ‚Erlösung' versteht, sollte ersetzt werden von dem Bemühen um ein inneres Gleichgewicht. Das Bittgebet, das nur sinnvoll wäre, wenn ein persönlicher, allmächtiger Gott es vernehmen könnte, sollte abgelöst werden durch Selbsterkenntnis und Praktiken, die eine persönliche Verantwortung und humanistisches Streben fördern."[2]

Wie aber kommen wir zur religiösen Überzeugung von der Existenz des Göttlichen? Wir wollen hier vor allem zwei Quellen nennen, aus denen unsere religiöse Überzeugung gespeist wird. Die eine ist die unbegreifliche Weisheit, die sich in der Natur offenbart. Denken wir nur an die Konstruktion, durch die das Wasser von den Wurzeln eines Baumes bis in seine höchsten Spitzen befördert wird, an die Konstruktion einer Vogelfeder oder die Konstruktion des Auges. Die andere Quelle ist Gottes Selbstmitteilung, die die Heiligen Schriften bezeugen. Diesen beiden Offenbarungsquellen entsprechen die zwei Hauptfähigkeiten des Menschen: die Fähigkeit zu erkennen und die Fähigkeit zu lieben. Während jedoch Gott in seiner unergründlichen Weisheit als der Ferne erscheint und für das menschliche Erkennen unerreichbar bleibt, ist er durch seine Menschwerdung in unsere Nähe gekommen, um sich vom liebenden Herzen erfassen zu lassen. Während also Gott für die Fähigkeit zu erkennen unbegreiflich bleibt, wird er doch erreichbar für die Fähigkeit zu lieben. „Auf den ersten Blick könnte dies seltsam scheinen, aber diese Wahrheit läßt die Gerechtigkeit Gottes ahnen, die für alle dasein will. Wäre Gott nur dem Verstand zugänglich, dann wäre er etwas für die Schlauen, die Gelehrten, die Großen, unbegreiflich aber für die Dummen, die Armen, die Kleinen. So aber ist es nicht, so gerade nicht. Gott offenbart sich in der Liebe, gerade in jener Fähigkeit, in der wir alle gleich sind. Der Direktor liebt nicht anders als der Proletarier, der Gebildete nicht anders als der Ungebildete. Ja, der Liebende steht der Wahrheit näher als der Erkennende: ‚Ich preise dich, Vater, Herr des Himmels und der Erde, weil du all das den Weisen und Klugen verborgen, aber den Unmündigen offenbart hast' (Mt 11,25)."[3] Hier können wir die dritte Feststellung von Emma Darwin verstehen, wenn sie ihrem Mann schreibt: Es ist gefährlich, die Vorstellung von der Offenbarung aufzugeben und damit in Undankbarkeit etwas von sich zu weisen, was für unser Heil und auch für dasjenige der ganzen Welt getan wurde.

Aus all dem ergibt sich nun die vierte Feststellung: Das sollte Dich vorsichtiger machen und Dich sogar fürchten lassen, Du habest Dich nicht genug um die Wahrheit bemüht. Es gibt ja nicht nur die naturwissenschaftliche Wahrheit; es gibt auch die religiöse Wahrheit; es gibt vor allem den, der von sich selbst sagte: „Ich bin der Weg, die Wahrheit und das Leben." Während die einfachen Menschen ihn anerkannten, lehnten ihn die Intellektuellen seiner Zeit vielfach ab. Sie wußten mit ihm nichts anzufangen. Überheblichkeit und Selbstsicherheit versperrten ihnen den Blick für die eigentliche Wahrheit. Davor möchte Emma Darwin ihren Mann bewahren. Sie weiß offenbar, daß die Wahrheit des Evangeliums nur den einfachen, behutsamen und demütigen Menschen geschenkt wird. Wer nicht die Einfachheit, die Unschuld und das Vertrauen eines kindlichen Herzens hat, schließt sich selbst von ihr aus. – Emma Darwin stand in dieser Wahrheit. Davon gibt nicht nur die liebenswürdige Art ihres Briefes Zeugnis, sondern auch seine Wirkung. Emma Darwin war für ihren Mann ein Licht. „Christen sollen Lichter sein, die man sieht, Lichter, die wärmen, und Lichter, die anderen den Weg weisen" (William Barclay).

Ihr seid das Licht der Welt. Eine Stadt, die auf dem Berge liegt, kann nicht verborgen bleiben. Auch zündet man nicht ein Licht an und stellt es unter den Scheffel, sondern auf den Leuchter, dann leuchtet es allen, die im Hause sind. So soll euer Licht leuchten vor den Menschen, damit sie eure guten Werke sehen und euren Vater im Himmel preisen.

Mattäus 5,14–16

19

Nur mit dem Herzen sieht man gut

A. Flew: Es muß einen Gärtner geben

Joh 20,24–29

Zwei Forschungsreisende kamen einmal zu einer Lichtung im Dschungel. Weil dort viele Blumen und Kräuter wuchsen, sagte der eine von ihnen: „Es muß einen Gärtner geben, der dieses Stück Land bebaut." Doch der andere widersprach ihm: „Es gibt keinen Gärtner." Um herauszufinden, wer von ihnen im Recht sei, schlugen sie ihre Zelte auf und überwachten die Lichtung. Doch kein Gärtner ließ sich sehen. Da aber noch die Möglichkeit bestand, daß es sich um einen unsichtbaren Gärtner handelte, zogen sie einen Zaun aus Stacheldraht, den sie unter Strom setzten und mit Spürhunden abschritten. Dennoch vernahmen sie weder einen Schrei, noch geriet der Draht durch einen Unsichtbaren in Bewegung. Auch die Spürhunde schlugen niemals an. Selbst das vermochte den Gläubigen noch nicht zu überzeugen. „Es gibt doch einen Gärtner, unsichtbar, unberührbar, unempfindlich gegen elektrische Schläge, einen Gärtner, der keine Spur hinterläßt und keinen Laut von sich gibt, der aber heimlich kommt und sich um den Garten kümmert, den er liebt." Der Skeptiker hielt ihm jedoch verzweifelt entgegen: „Was ist denn eigentlich von deiner ursprünglichen Behauptung übriggeblieben? Wie unterscheidet sich denn dein unsichtbarer, unberührbarer, ewig unbegreifbarer Gärtner von einem eingebildeten oder gar von überhaupt keinem Gärtner?"

Vgl. A. Flew, in: P.M. van Buren, Reden von Gott – in der Sprache der Welt, Zur säkularen Bedeutung des Evangeliums, Theologischer Verlag, Zürich 1965, S. 8f.

Diese Szene ist für manch einen ein Bild und Gleichnis, den Glauben an einen Schöpfergott als ein Machwerk des noch unaufgeklärten Menschen zu entlarven. Während der eine der beiden Forschungsreisenden in der Anordnung der vielen Blumen und Kräuter die Hand eines Gärtners am Werk sieht, widerspricht ihm der andere von vornherein, indem er kategorisch erklärt: „Es gibt keinen Gärtner!" In ähnlicher Weise sind nicht wenige Menschen angesichts der erkennbaren Ordnung, die sich in der Natur und im Weltall entdecken läßt, der Überzeugung, daß es einen Schöpfergott geben muß. Andere lehnen einen solchen Gedanken entschieden ab, wobei sie auf ihre wissenschaftlichen Methoden verweisen, die bislang trotz ihrer Exaktheit noch keinen Schöpfergott zum Vorschein gebracht haben. Während also der ‚Glaubensmensch' in der sichtbaren Ordnung die Existenz eines unsichtbaren Urhebers erahnt, geht der ‚Erkenntnismensch' von der Tatsache aus, daß dieser Urheber mit wissenschaftlichen Methoden nicht nachprüfbar ist. Deshalb hält er die Rede von dem unsichtbaren, unberührbaren, ewig unbegreifbaren Gott für eine naive Einbildung.

Es ist zunächst wahr, daß für die wissenschaftliche Methode Gott nicht existiert. Welcher Art wäre dieser Gott, den man überwachen und überprüfen könnte oder der sich vom Menschen wie ein Stück Wild aus seiner Unsichtbarkeit herauslocken ließe? Wir können Gott nicht in ein Experiment einspannen, um von seinem Ausgang unsere Entscheidung abhängig machen zu wollen. Sonst wäre Gott nichts anderes als ein Objekt, das der Willkür des Menschen ausgeliefert ist. Wer sich Gott so zu nähern sucht, verbaut sich selbst von vornherein den Weg zu ihm. Auf diese Weise kommen wir nicht einmal an das Geheimnis eines Menschen heran. Wieviel weniger wird es uns dann gelingen, mit dieser Einstellung dem Geheimnis Gottes zu begegnen! Wer kennt denn beispielsweise ein Kind wirklich? Der Mediziner, der es mit allen ihm zur Verfügung stehenden Methoden untersucht und seine Diagnose stellt? Der Lehrer und Erzieher, der sich über dessen Leistung, Veranlagung, über Willenskraft und Gemütsreichtum im klaren ist? Der Psychologe, der bis in die letzten Winkel den Regungen der kindlichen Seele nachgegangen ist? Oder aber eine einfache und schlichte Frau, die von all dem keine Ahnung hat, die aber ihr Kind wirklich liebt und es von Herzen gern hat? Selbstverständlich kann eine solche Frau viel von den Fachleuten lernen. Aber sie hat ihnen das eine voraus: sie glaubt an ihr Kind und liebt es. Daraus erwächst ihr eine Kenntnis, die ihr kein Studium vermitteln kann. Es gibt also

Wirklichkeiten, die nicht mit dem bloßen Intellekt wahrzunehmen sind, sondern sich nur dem glaubenden und liebenden Herzen vermitteln. Daher sagt im ‚Märchen für Erwachsene' von Antoine de Saint-Exupéry der Fuchs dem kleinen Prinzen beim Abschied: „Adieu, hier ist mein Geheimnis, das ganz einfach ist: Man sieht nur mit dem Herzen gut. Das Wesentliche ist für die Augen unsichtbar."[1]

So ist es nicht nur hinsichtlich des personalen Geheimnisses eines Menschen; so ist es vor allem hinsichtlich des Geheimnisses, das wir gläubig ‚Gott' zu nennen wagen. Darauf macht uns der französische Philosoph Blaise Pascal (1623–1662) in seinem klassischen Werk ‚Gedanken' aufmerksam: „Das Herz hat seine Vernunft, die der Verstand nicht kennt. Das weiß man aus tausend Beispielen." Wenig später heißt es weiter: „Es ist das Herz, das Gott fühlt, nicht der Verstand. Das ist Glaube: Gott dem Herzen fühlbar, nicht dem Verstand."[2] Damit wird gesagt, daß Glauben die dem Geheimnis entsprechende Haltung ist. Das einzusehen ist wahre Weisheit. Deshalb sagt die Schrift: „Es spricht der *Tor:* es ist kein Gott." Aber bleiben wir noch für einen Augenblick bei dem Satz von Pascal: „Es ist das Herz, das Gott fühlt." Er führt uns nämlich unmittelbar zu einer Aussage, die für alle Gotteserkenntnis und Gotteserfahrung die notwendigste Voraussetzung ist. Wir meinen das Wort Jesu: „Wohl denen, die ein reines Herz haben; denn sie werden Gott sehen" (Mt 5,8). Dieses Wort gilt schon jetzt – nicht erst für das Leben in der Ewigkeit. Was aber bedeutet das: „ein reines Herz haben"? Es bedeutet, daß unser Auge die tieferen Dinge des Daseins nur vom freien Herzen her zu sehen vermag, von einem Herzen her, in dem nicht die Selbstsucht in ihren vielfältigen Ausprägungen wohnt, sondern die geordnete Liebe. Wer ein solches Herz hat, der erkennt in allen Dingen den, der ihr Schöpfer ist. Sobald aber der Blick, der aus einem solchen Herzen stammt, auf Jesus fällt, erkennt er in ihm Gott selbst, den also, der der Inbegriff aller Liebe ist. Das verdeutlicht sich uns, wenn wir einen Blick auf die biblische Erzählung vom ‚ungläubigen Tomas' werfen.

Diese Erzählung läßt an zwei Stellen Ähnlichkeiten mit jener ‚Dschungel-Geschichte' erkennen. Wie dort geht es auch hier um Glauben oder Unglauben: die Jünger stehen für den ‚Glaubensmenschen', während in Tomas der ‚Erkenntnismensch' zum Vorschein kommt. Dort wird ein Zaun gezogen, um das Eindringen eines Unsichtbaren zu verhindern; hier ist eine verschlossene Tür, die eine Begegnung mit dem Herrn auszuschließen scheint. Daß aber zwischen diesen beiden Geschichten ein wesentlicher Unterschied besteht, zeigt ihr jeweiliger Ausgang: Aus dem ungläubigen Tomas wird ein gläubiger Nachfolger des Herrn. Wie ist es dazu gekommen? Tomas ist von Zweifeln umschlossen. Deshalb sucht er eine Bestätigung durch Sehen und Fühlen. Als die Jünger ihm erzählen, was sie mit Jesus erlebt haben, erwidert er ihnen: „Wenn ich an seinen Händen nicht die Nagelwunden sehe und wenn ich meine Finger nicht in die Nagelwunden und meine Hand nicht in seine Seite lege, glaube ich nicht." Doch dieser Unglaube – es ist sehr wichtig, dies festzustellen – ist frei von aller überheblicher Selbstsicherheit, mit der sich nicht wenige Ungläubige der Wirklichkeit des Glaubens zu entziehen suchen. Tomas möchte sich ja gerade nicht entziehen. Vielmehr sucht er die Begegnung mit dem Herrn. Aber er will redlich bleiben. Er will sehen und fühlen, weil die Mitteilung der Jünger, der Herr sei bei verschlossenen Türen gekommen, auch auf Einbildung beruhen kann. Das Wort allein genügt ihm nicht. „Er will nur glauben, wenn die Gegenwart des Auferstandenen eine *Realität* ist und wenn es ihm nicht bloß um ‚Gedanken' und ‚Geist' geht" (Helmut Thielicke). Weil er ein Suchender ist, weiß Jesus um ihn. Erneut kommt er durch die verschlossene Tür und wendet ihm seine ganze Aufmerksamkeit zu. Er läßt sich zum Zweifler hinab und holt ihn ab, wo er steht. So öffnet Jesus die verschlossene Herzenstür des Ungläubigen. Davon wird Tomas überwältigt. „Mein Herr und mein Gott!" – das ist alles, was er jetzt noch sagen kann. Dieser Ausruf ist keineswegs eine sachliche Feststellung, wie sie einer nüchternen Sinneserkenntnis eigentümlich ist. Wir haben hier das kürzeste und persönlichste Glaubensbekenntnis, das als solches nur aus einer tiefen Herzenserkenntnis formuliert werden kann.

Ist dieser Weg, den Jesus hier geht, nicht auch der Weg, den der Gläubige zu gehen hat, um einen Ungläubigen von der lebensverändernden Kraft des Glaubens zu überzeugen? Wir treffen zum Beispiel mit einem zusammen, der vom Glauben nichts hält. Aber er ist voller Angst und Unfrieden. Wie wenig nützt es, wenn wir mit ihm über das Wesen des Glaubens diskutieren und theoretisieren. Wäre es nicht weitaus besser, wir würden ihm schlicht und einfach *erzählen*, wie sich unser ganzes Leben wandelt, wenn es sich Jesus öffnet. Die Bibel selbst tut doch nichts anderes. Sie ist, wie Martin Buber sagt, eine „erzählte Gotteslehre". So sollten auch wir von unseren Gottes- und Glaubenserfahrungen erzählen, die uns zu einem persönlichen Gottesverhältnis führten, das – wenn es echt ist – allen Mächten dieser Welt standzuhalten vermag. „Der Gott, der von der Erfahrung aus gesehen wird, ist also nicht der systemhafte, dogmatische, wißbare Allerweltsgott – für jedermann lernbar und bekannt, für alle Zeiten gleich und anerkannt wie ein logisches Prinzip –, sondern er ist zunächst ein ‚Augenblicksgott‘ (M. Buber), aber real und bedrängend; er ist zunächst ‚mein Gott‘, von dem ich begründet, auf Grund meiner Erfahrung, also echt sagen kann: ‚Mein Hirt ist Gott der Herr‘ oder auch ‚Mein Gott, warum hast du mich verlassen?‘ ... Erfahrung kann nicht bewiesen werden, sondern nur bezeugt und erhellt, bescheidener gesagt: erzählt und geglaubt. Der Gott, der aus und an der Welterfahrung erkannt wird, ist nicht beweisbar wie ein Prinzip; er wird bezeugt und ausgerufen – und ich muß mit meiner Person für ihn einstehen, anstatt nur Argumente für sich sprechen zu lassen ... Die Evidenz dieses Gottes liegt im Leben der ihn Bekennenden.“ [3] Sie liegt in der Wegrichtung, in welcher Jesus zu den Menschen gegangen ist. Sein Weg geht immer nach unten.

Tomas aber, einer von den Zwölfen, Zwilling genannt, war nicht unter ihnen, als Jesus kam. Die Jünger sagten ihm nun: „Wir haben den Herrn gesehen.“ Er aber sprach zu ihnen: „Wenn ich nicht an seinen Händen das Mal der Nägel sehe und meinen Finger in das Mal der Nägel lege und meine Hand in seine Seite lege, so werde ich nimmermehr glauben.“ Und nach acht Tagen waren seine Jünger wiederum drinnen und Tomas unter ihnen. Da kommt Jesus bei verschlossenen Türen, trat in ihre Mitte und sagte: „Friede sei mit euch.“ Dann sagte er zu Tomas: „Tu deinen Finger hierher, und sieh meine Hände an, und tu deine Hand her, und lege sie in meine Seite, und sei nicht ungläubig, sondern gläubig.“ Tomas antwortete und sagte zu ihm: „Mein Herr und mein Gott.“ Jesus sagte zu ihm: „Weil du mich gesehen hast, hast du geglaubt. Selig, die nicht sehen und doch glauben.“

Johannes 20,24–29

20

Alles liegt an dem ersten Schritt

Fr. Kafka: Vor dem Gesetz

Mk 2,13–17

Franz Kafka (1883–1924) hat eine kurze Erzählung geschrieben, in der die Situation eines Menschen geschildert wird, der im tiefsten Grund eine Sinnerhellung seines Daseins sucht und doch nicht findet: Ein Mann vom Land macht sich auf den Weg zum ‚Gesetz' und bittet den Türhüter um Einlaß. Aber der Türhüter sagt ihm, daß es jetzt nicht möglich sei. Nach einer Überlegungspause fragt der Mann vom Land, ob er später eintreten dürfe. „Es ist möglich", erwidert ihm der Türhüter, „jetzt aber nicht." Da das Tor zum Gesetz wie immer offensteht und der Türhüter beiseite tritt, versucht der Mann, in das Innere zu sehen. Lachend erklärt ihm der Türhüter: „Wenn es dich so lockt, versuche es doch, trotz meines Verbotes hineinzugehen. Merke aber: Ich bin mächtig. Und ich bin nur der unterste Türhüter. Von Saal zu Saal stehen aber Türhüter, einer mächtiger als der andere. Schon den Anblick des dritten kann nicht einmal ich ertragen."

Mit solchen Schwierigkeiten hat der Mann vom Land nicht gerechnet. Er ist im Glauben gekommen, das Gesetz sei immer und jedem zugänglich. Jetzt sieht er den Türhüter genau an. Angesichts seines fremdartigen Aussehens zieht er es vor, doch lieber zu warten. So setzt er sich jenseits der Tür auf einen Schemel, den ihm der Türhüter zur Verfügung stellt, und wartet viele Tage und Jahre. Alle Bemühungen und Bestechungsversuche helfen ihm nicht. Immer wieder sagt ihm der Türhüter, daß er ihn noch nicht einlassen könne. Die Jahre vergehen. Während der Mann vom Land die anderen Türhüter vergißt, behält er den ersten, den er für das einzige Hindernis hält, fest im Auge. Er beobachtet sogar die Flöhe in seinem Pelzkragen und bittet sie, ihm doch zu helfen, den Türhüter umzustimmen.

Schließlich läßt sein Augenlicht nach. Da sieht er im Dunkel einen unverlöschlichen Glanz aus dem Inneren hervorbrechen. Als er das Herannahen seines Todes spürt, sammelt er seine letzten Kräfte, um aus den Erfahrungen der Jahre eine Frage zu stellen, die ihm bislang noch nicht in den Sinn gekommen ist: „Alle streben doch nach dem Gesetz", sagt er dem Türhüter, „wieso kommt es, daß in den vielen Jahren niemand außer mir Einlaß verlangt hat?" Da er auch mit seinem Gehör dem Ende nahe ist, brüllt ihn der Türhüter an: „Hier konnte niemand sonst Einlaß erhalten, denn dieser Eingang war nur für dich bestimmt. Ich gehe jetzt und schließe ihn."

Vgl. Franz Kafka, Vor dem Gesetz, in: Sämtliche Erzählungen, hrsg. v. Paul Raabe, Fischer Taschenbuch Verlag Nr. 1078, Frankfurt a. M. 1971, S. 131f.

Wer Franz Kafka verstehen will, muß die Einflüsse berücksichtigen, die sein Leben nachhaltig bestimmten. Vor allem die Persönlichkeit seines Vaters war für ihn von entscheidender Bedeutung[1]. Als Geschäftsmann mit einem unbeugsamen Lebens- und Eroberungswillen hatte sich der Vater hoch hinauf gearbeitet. Zu seinen besonderen Eigenschaften gehörten nach dem Zeugnis des Sohnes: Stärke, Gesundheit, Appetit, Stimmkraft, Redebegabung, Selbstzufriedenheit, Weltüberlegenheit, Ausdauer, Geistesgegenwart und Menschenkenntnis. Widerspruch duldete er nicht. Jeder, der anders dachte, schien ihm verrückt. So ließ er auch den Sohn in seinen Besonderheiten nicht gelten. Von vornherein war er gegen jede seiner Interessen, Beschäftigungen und Freundschaftsbeziehungen. Dadurch wurde der Sohn, der sich neben dem „ungeheuren Mann" wie ein „kleines ängstliches Knochenbündel" fühlte, in seinem Selbstvertrauen und Selbstbewußtsein, in seinem Lebensmut und in seiner Entschlossenheit tief erschüttert. Trotzdem bewunderte er den Vater wegen seiner Lebendigkeit und Kraft und suchte seine Zustimmung. Andererseits war er bemüht, sich dem Einfluß des Vaters zu entziehen. Doch beides gelang ihm zeitlebens nicht.

Die Lebenserfahrungen von Franz Kafka wurden darüber hinaus durch das Unrecht getrübt, dem er als Angestellter einer Arbeiter-Unfall-Versicherungs-Anstalt täglich begegnete. Nicht nur das Unrecht, das den leidenden Arbeitern widerfuhr, sondern auch der verzögernde Instanzenweg vermehrten seinen skeptischen Pessimismus. Hinzu kam sein zwiespältiges Verhältnis zur Ehe. Für Kafka waren Leben und Schreiben eins. Beides erwuchs aus seinem unablenkbaren Hinblick auf das Absolute. Strebte er einerseits die Ehe als das dem Menschen Wesensgemäße an, so befürchtete er stets, daß eine eheliche Bindung den Hinblick aufs Absolute verstellen könnte. Schließlich sei auf die unheilbare Krankheit hingewiesen, durch die sein junges Leben beendet wurde. Als sein Freund Max Brod ihn einmal besuchte, lag er im Bett. Schwere Fieberanfälle hatten ihn heimgesucht. Mit verzerrtem Gesicht sagte er dem Freund: „Das dauert so lange, ehe man ganz klein zusammengedrückt und durch dieses letzte enge Loch hindurchgestopft wird.“ [2]

Doch damit wurde noch nicht auf das Eigentliche an Kafka hingewiesen. So einflußreich auch die gestörten Beziehungen zum Vater, die leidvollen Erfahrungen im Berufsleben, der zermürbende Kampf für oder wider die Ehe und die tödliche Krankheit waren, das Besondere und Einmalige, aus dem das dichterische Werk hervorging, waren seine geniale schriftstellerische Begabung und seine Originalität. Max Brod schreibt: „Es war Kafka absolut unmöglich, etwas Unbedeutendes zu sagen. Ich habe nie ein untiefes Wort aus seinem Munde gehört. Auch dann nicht, wenn er von den alltäglichsten Dingen sprach. Es gab eben für ihn (und für den, mit dem er gerade sprach) keinen Alltag. Und dabei zwang er sich nie zu geistreich zugespitzten Sentenzen, es kam vielmehr alles ganz zwanglos und leicht hervor, sein Wort war vom Ursprung her originell geboren und brauchte nicht etwa nach Originalität zu suchen. Hatte er nichts Wesentliches zu sagen, so schwieg er lieber.“ [3]

Wenn man nun Kafka nicht einseitig interpretieren will, müssen – wie Max Brod, einer der besten Kafka-Kenner, immer wieder betont – zwei Hauptströmungen erkannt werden, die im Werk Kafkas zusammenfließen. Die eine tritt deutlicher in seinen Aphorismen hervor, die andere in seinen Romanen und Erzählungen. Sagen wir es anders: Es geht Kafka um zwei Welten mit unendlichem Abstand, um die Welt des Geistigen und die Welt des Menschen. Kafka hat den Glauben, daß es die Welt des Geistigen, des Absoluten, des Reinen, Wahren, Unveränderlichen und Unzerstörbaren gibt, die Welt der Sündenlosigkeit und der Vollkommenheit, das also, was der gläubige Mensch „Gott“ nennt. Eines der Symbole für diese in sich ruhende geistige Welt ist das „Gesetz“. Nichts ersehnte Kafka so sehr wie die Vereinigung mit dieser Welt des Reinen und Göttlichen. Alles, was ihm diese Blickrichtung versperrte, war ihm zuwider. Das unermüdliche Ringen um das Absolute hat seinen Grund in dem „Unzerstörbaren“, das sich in jeden Menschen birgt. In einem berühmten Aphorismus lesen wir: „Der Mensch kann nicht leben ohne ein dauerndes Vertrauen zu etwas Unzerstörbarem in sich.“ Daher bedeutet Glaube für Kafka: „Das Unzerstörbare in sich befreien, oder richtiger: sich befreien, oder richtiger: unzerstörbar sein, oder richtiger: sein.“

Kafka glaubt also an die Welt des Absoluten. Ja, dieser Glaube war sein Lebenszentrum. Dennoch war er sich bewußt, daß zwischen Gott und Mensch ein unüberbrückbarer Abstand waltet. Obwohl die Welt Gottes nicht rettungslos verschlossen ist, bleibt sie für den Menschen unerreichbar, da Gott als der ganz Andere für den Menschen unvergleichbar ist. Der Abstand ist jedoch nicht nur bedingt durch die unvergleichbare Größe Gottes, sondern auch durch die Schwäche des Menschen. Der Mensch hat die Beziehung zum Unzerstörbaren verloren. Sein Glaube ist gestört. Daher irrt er halt- und ratlos umher. Die göttliche Welt ist in die Ferne gerückt, weil der Mensch den rechten Weg verloren hat, der ihn „in das ‚Gesetz‘, das heißt in das richtige vollendete Leben“[4], führt. Dennoch bleibt in ihm die unzerstörbare Sehnsucht nach diesem vollkommenen Leben, selbst wenn die vielen Zwischeninstanzen seine Lebenskraft zermürben. Dies ist die Situation des Menschen, die Kafka in seinen Romanen und Erzählungen beschreibt. „Dieses Werk ruft uns gleichsam zu: ‚Entweder ihr stützet euch bedingungslos und völlig auf das Unzerstörbare, auf die geistige Welt, das Ziel, das Gute ... –, oder es ist euch bestimmt, zeitlebens auf komischen Irrwegen in Prozeßkanzleien, auf Dachböden, bei anrüchigen Advokaten usw. euch abzuquälen, ohne je ans Ziel, zum Freispruch zu gelangen, ohne im Labyrinth der skurrilen Beamtenschaft je bis zum Schloß, zum Kaiser, zu Gott durchzudringen.‘“[5]

Wenden wir uns von hier aus der Erzählung „Vor dem Gesetz“ zu. Der alte Mann vom Land hat sich auf den Weg gemacht, weil er weiß, daß es eine „unverlöschliche“ Wahrheit gibt und über seinem Leben ein hohes Gesetz waltet. Auch weiß er, daß nur von dort eine Sinnerhellung seines Daseins zu erwarten ist. Daher ist die absolute Wahrheit für ihn das unbedingt anzustrebende Ziel. Obwohl von diesem Ziel eine starke Anziehungskraft ausgeht, kommt der Mann vom Land nicht an. Warum nicht? Ein in seinem Wesen äußerst zwiespältiger Türhüter versperrt ihm den Weg: Einerseits fordert er den Mann auf, trotz seines Verbots hineinzugehen; andererseits macht er ihn auf seine Mächtigkeit aufmerksam. Bei näherem Hinschauen erweist er sich als eine sich aufblähende nicht ernst zu nehmende Autorität. So erscheint er als Symbolfigur für alle äußeren und inneren Schwierigkeiten, die uns den Weg zur Selbstverwirklichung, zum richtigen vollendeten Leben zu verstellen suchen. Jeder Mensch, der sich der absoluten Wahrheit zu nähern sucht, wird ihnen begegnen. Keiner kann sie ihm letztlich abnehmen. Hier wird jeder selbst gefordert. Mit ihrer Überwindung öffnet sich ein urpersönlicher Weg, auf dem der einzelne wächst und reift. Genau an diesem Punkt scheitert der Mann vom Land, der sich ein Leben lang von dem Tor verscheuchen läßt, das zum Absoluten führt und für ihn persönlich vorbestimmt ist. Er schreckt vor den Schwierigkeiten und Hindernissen zurück, die ihm entgegentreten, anstatt mutig und entschieden nach vorne weiterzugehen. Nicht er beherrscht das Hindernis; das Hindernis beherrscht ihn. Er kommt nicht zum Ziel, weil er der Macht des Hindernisses mehr glaubt als der absoluten Wahrheit und dem Unzerstörbaren in sich selbst. Anstatt zu wagen, wartet er ab und vertut so seine Zeit und sein Leben. In seiner Passivität liegt seine Schuld. Indem er sich vom hohen und erhabenen Ziel abwendet und dafür mehr und mehr das Nebensächliche und Banale ins Auge faßt, wird er selbst banal und kindisch. Im Pelzkragen des Türhüters entdeckt er Flöhe und bittet diese, ihm zu helfen, den Türhüter umzustimmen. Seine Sehkraft erlischt. Um ihn das Versäumte erkennen zu lassen, bricht jetzt der unverlöschliche Glanz des nicht erreichten Zieles hervor. Seine Lebenschancen sind vertan; der Eingang wird geschlossen. Der Mann vom Land, der sich narren ließ, muß erfahren: Wer den Scheinmächten des Daseins nachgibt und sich ihrer Herrschaft unterwirft, den nehmen sie selbst nicht ernst, den töten sie mit der Taktik des Hinauszögerns und Verschiebens. Dieses Verfahren war Franz Kafka während seiner Berufsjahre deutlich genug geworden.

Kafka war Jude und lehnte die christliche Lehre vom „Mittler" ab. Er war der Überzeugung, daß die Erlösung ohne jede Vermittlung zwischen Gott und dem Menschen ausgetragen werden muß. Doch stellt sich hier die Frage, ob mit der Ablehnung des Mittlers Jesus Christus nicht notgedrungen andere Mächte den Raum zwischen Gott und Mensch füllen werden, Mächte, die den Weg des Menschen zu Gott nicht öffnen, sondern versperren. Jesus Christus ist kein Türhüter, sondern ein Türöffner. Er selbst ist das Tor zum Leben (Joh 10,9). Er weist keinen, der zu ihm kommt, zurück. Er geht uns voraus, bahnt uns den Weg und zieht uns nach oben. Keiner kommt zu Gott, den Jesus Christus nicht zieht. Der Mensch hat in seiner Rat- und Hilflosigkeit, in seiner Unsicherheit und Ängstlichkeit, in seiner Armut und

Unentschiedenheit nicht die Kraft; er muß gezogen werden. Jesus Christus ist die „Zugkraft Gottes". Sie ergreift, indem sie ruft. Wer sich von ihm rufen läßt, den zieht er aus seiner Armseligkeit. Schauen wir auf eine neutestamentliche Ruf-Geschichte: Jesus sieht Levi. Levi ist Zöllner. Aufgrund seines Preiswuchers ist er überall verhaßt und wird gemieden. Jesus meidet ihn nicht. Er ruft ihm zu: „Folge mir nach!" Was tut Levi? Er stand auf und ging mit Jesus. Was dabei auffällt und zugleich verwundert, ist die Unmittelbarkeit, mit der es geschieht. Ohne jede Diskussion, ohne jedes Wenn und Aber steht Levi auf und folgt Jesus. Wie ist so etwas möglich? Man kann es nur so erklären: Der Grund für die Unmittelbarkeit, die alle Zweifel und Schwierigkeiten überwindet, liegt einerseits in der Kraft des Rufes und andererseits im sofortigen Aufbruch. Auf den ersten Schritt kommt es an. Alles hängt von ihm ab. Wird er im Blick auf Jesus mutig und entschieden gewagt, so schafft er eine neue Situation. Er trennt vom bisherigen Leben und führt in einen neuen Lebensraum hinein, in den Lebensraum Gottes, in die Wahrheit, in das Gesetz, das über unserem Leben waltet. Der Zöllner ließ sich von Jesus rufen. Er wagte den ersten Schritt, der ihn von allem Bisherigen trennte. Hätte er diesen Schritt nicht gewagt, keiner würde heute noch von ihm reden. So aber wurde er zu einem Evangelisten, einem Martyrer und Heiligen, dessen Name in den Gottesdiensten immer wieder verkündet wird.

Und er ging wiederum hinaus an den See. Alles Volk kam zu ihm, und er lehrte sie. Und im Vorbeigehen sah er Levi, den Sohn des Alfäus, am Zoll sitzen und sprach zu ihm: „Folge mir nach!" Da stand Levi auf und folgte ihm nach. Und es begab sich, daß er in seinem Hause zu Tische lag, und viele Zöllner und Sünder lagen auch zu Tische mit Jesus und seinen Jüngern. Denn es waren viele, die ihm nachfolgten. Als nun die Schriftgelehrten der Pharisäer sahen, daß er mit den Sündern und Zöllnern aß, sagten sie zu seinen Jüngern: „Mit den Zöllnern und Sündern ißt er?" Das hörte Jesus und sprach zu ihnen: „Nicht die Gesunden brauchen den Arzt, sondern die Kranken. Ich bin nicht gekommen, Gerechte zu berufen, sondern Sünder."

Markus 2,13–17

21

Glauben Sie an Gott?

C. Zuckmayer: Des Teufels General

Röm 11,33–36

Im Drama „Des Teufels General" von Carl Zuckmayer ist General Harras die zentrale Figur. Von Anfang an hat er sich der Fliegerei verschrieben. Den Nationalsozialismus, in dessen Diensten er steht, lehnt er als ein teuflisches System instinktiv ab. Doch ist er in seinem Kern zu weich, um sich für die Seite der Widerstandskämpfer zu entscheiden. – Eines Tages spricht sein verwundeter Fliegeroffizier Hartmann bei ihm vor. Hartmann war anfangs ein ‚gläubiger' Nationalsozialist gewesen. Erst als er zusehen mußte, wie die SS ein Ghetto ‚durchkämmte', gingen ihm die Augen auf. In letzter Stunde tritt er dem Kreis der Widerstandskämpfer bei.

Im Gespräch, das beide miteinander führen, sagt der junge Fliegeroffizier zum General: „Ich möchte Sie etwas fragen. Vielleicht werden Sie mich auslachen. Glauben Sie an Gott?" Nach einer langen Überlegungspause antwortet ihm der General: „Ich weiß es nicht. Er ist mir nicht begegnet. Aber das lag an mir. Ich wollte ihm nicht begegnen. Er hätte mich – vor Entscheidungen gestellt – denen ich ausweichen wollte. Ich habe an das Erdenkbare und an das Erkennbare geglaubt. An das, was man prüfen, entdecken kann. Aber die größte Findung aller Zeiten habe ich nicht erkannt. Sie heißt Gott... Ich kenne ihn nicht. Aber ich kenne den Teufel. Den habe ich gesehen – Aug in Auge. Drum weiß ich, daß es Gott geben muß..."

Hartmann hofft, auf einem näherliegenden Weg weiterzukommen. Deshalb fragt er den General: „Haben Sie gebetet?" „Ich glaube ja.

Wenn ich sehr glücklich war", erwidert der General. „Dann muß er Ihnen doch begegnet sein!" fährt der Fliegeroffizier fort. „Die meisten beten nur, wenn sie Angst haben." Der General: „Ich weiß es nicht. Ich habe seine Hand nicht ergriffen. Ich habe – die andere gewählt. Du aber – wenn du mich fragst –, du darfst ihm vertrauen." „Es ist sehr schwer", entgegnet ihm Hartmann. Der General bestätigt es ihm: „Es war wohl immer schwer – für jeden, der gefragt hat. Für euch ist es am schwersten ... Ihr seid in den Tag geboren, mit dem das Recht zerbrach. Aber glauben Sie mir – es gibt ein Recht. Es gibt einen Ausgleich... Es schlüpft kein Aal durchs Netz. Und auf den großen Fischzug folgt das große Fest. Glauben Sie, Hartmann – glauben Sie getrost an das göttliche Recht! Es wird Sie nicht betrügen."

Vgl. Carl Zuckmayer, Des Teufels General, Fischer Taschenbuch Verlag Nr. 7019, Frankfurt a. M. 1973, S. 140f.

Es wird heute oft genug erklärt, der Mensch sei nichts anderes als ein Produkt seiner Umwelt, der gesellschaftlichen Verhältnisse. Wie aber ist es möglich, daß sich immer wieder Menschen gegen das Unrecht in ihrer Umwelt erheben? Wir können es nur so erklären, daß der Mensch als einmalige und unwiederholbare Person dem unbedingt Wahren und Guten zugeordnet ist. Solange der Mensch nicht völlig aus dieser Zuordnung herausfällt, behält er ein Gespür für das, was eigentlich sein sollte. Je mehr er sich jedoch selbst verliert, um so weniger vermag er das Rechte vom Unrechten zu unterscheiden. Indem er sich nicht mehr von seiner Wesensmitte her bestimmt, verfällt er den Einflüssen seiner Umwelt. Die Suche nach der eigenen Identität eröffnet denn auch den Raum, in dem ein wirkliches Glaubensgespräch möglich wird. Das macht die Unterredung zwischen dem General und seinem jungen Fliegeroffizier im Drama „Des Teufels General" von Carl Zuckmayer deutlich.

Im General und dem Fliegeroffizier stehen sich zwei unterschiedliche Persönlichkeiten gegenüber. Der Fliegeroffizier war ein ‚gläubiger' Anhänger eines Systems, von dem er sich das Heil versprach. Als ihm die Augen geöffnet wurden, zögert er nicht, auf die Seite des Widerstandes zu treten. Wo aber sollte für ihn nach dieser Enttäuschung das Heil zu finden sein? Diese Frage läßt ihn Ausschau halten nach Gott. Die Ungewißheit jedoch, die solch einem Suchen innewohnt, führt ihn zum General. Der General ist offensichtlich kein Mann der Entscheidungen. Wo er sich wirklich entscheiden müßte, weicht er aus. Das zeigt sich hinsichtlich seines Verhaltens gegenüber jenem teuflischen System, in dessen Dienst er steht. Obwohl er es durchschaut und innerlich instinktiv ablehnt, findet er nicht den Mut, auf die Seite des Rechtes zu treten. So wächst er nicht über das Mitläufertum hinaus. Diese Unentschlossenheit offenbart sich auch in seinem Verhältnis zu Gott. Weil er sich bewußt ist, daß Gott ihn vor Entscheidungen stellen wird, weicht er einer Begegnung mit ihm aus, indem er sich an das Nächstliegende, das Erdenkbare und Erkennbare hält. Er flüchtet in das, was man nachprüfen kann, aber nicht vor die Entscheidung, die Konsequenzen mit sich bringt, stellt. Daher antwortet er auf die Frage, ob er an Gott glaube: „Ich weiß es nicht. Er ist mir nicht begegnet. Aber das lag an mir. Ich wollte ihm nicht begegnen... Ich kenne ihn nicht." Dem Fliegeroffizier hingegen empfiehlt er, Gott und seinem Recht zu vertrauen, obwohl dies sehr schwer sei. Hier zeigt sich, daß es leichter ist, anderen Menschen beizubringen, wie man handeln sollte, als einer dieser Menschen zu sein und der eigenen Lehre zu folgen.

Das Bekenntnis des Generals macht uns auf etwas sehr Wichtiges aufmerksam: Wer Gott begegnen und ihn erkennen will, darf den Entscheidungen, vor die ihn Gott durch das Leben stellt, nicht ausweichen. Nur wer Gottes Hand, die er uns in den konkreten Situationen des Lebens entgegenstreckt, ergreift, kann ihm begegnen. Das heißt: alle wirkliche Gotteserkenntnis erwächst aus der Glaubensentscheidung, die im Vertrauen vollzogen wird, daß Gott und sein Recht den Glaubenden nicht betrügen werden. Mit einer solchen Entscheidung ist der Mensch immer allein, genauso wie er im Sterben allein sein wird. Denn immer ist es der einzelne, den Gott anspricht, um ihm die Hand zu reichen. Ja, erst im Angesprochenwerden durch Gott wird der Mensch zum einzelnen, der sich deutlichen Angesichts von allen anderen unterscheidet. Unter diesem Gesichtspunkt steht immer nur der einzelne vor Gott, weil es immer nur der einzelne ist, den Gott ruft, um ihn von seinen bisherigen Bindungen zu befreien. Das erinnert uns an Mose auf dem Berg. Während das ‚goldene Kalb' – wie vielgestaltig kann es sein! – die Masse des Volkes blendet und gefangenhält, steht Mose als einzelner und Einsamer auf der Spitze des Berges vor Gott. Erst im Alleinsein auf dem Berg wird Mose im Angesichte Gottes ganz er selbst. Vor solchem Alleinsein, welches das Wesen einer jeden Entscheidung des Menschen vor seinem Gott ist, fürchtet sich der Mensch. Deshalb klammert er sich an das Erdenkbare und Erkennbare, an das, was man nachprüfen kann. So flieht er nicht nur vor Gott, sondern auch vor sich selbst. „Er schlägt die Augen nieder... er geht in Dekkung. In dieser Deckung will er seine Entscheidung fällen. Oder richtiger: durch diese Deckung will er seine Unentschiedenheit rechtfertigen. ‚Die Füchse haben ihre Höhlen, die Vögel ihr Nest' (Lk 9,58): das ist der Mensch – schlau wie der Fuchs, wenn es gilt, sich in die Erde einzugraben, sich in die Löcher zu verkriechen, und emsig ängstlich bemüht wie der Vogel, wenn es ihm darum geht, sich einzunisten." [1] Daher ist Gott das Schwert, das scheidet, das zur Entscheidung führt. Weil aber keiner vorausschauen kann, welche Konsequenzen eine solche Glaubensentscheidung mit sich bringt, weil sich Gott nur im bedingungslosen Tun seines Willens als der tragende und bergende offenbart, deshalb ist Glaube zu allen Zeiten schwer gewesen. Von hieraus verstehen wir Augustinus, der sagt: „Suche also nicht zu verstehen, um (dann) zu glauben, sondern glaube, damit du (so) verstehest." Ein solcher Entschluß kann selbstverständlich kein einmaliger sein. Da der Glaube nie ein fester Besitz ist, muß er täglich neu gewagt werden. Wer immer wieder bereit ist, sich von Gott in den Engpaß der Entscheidung hineinrufen zu lassen, dem eröffnet sich eine neue Welt, das Reich Gottes, das ihm hundertfach wiedergibt, was er verlassen hat. „Inwiefern hundertfach? Weil er jetzt in allem Begegnenden Gott findet, auch wenn das Begegnende widrig ist, auch wenn es kreuzigt, weil die Liebe Gottes alles verantwortet, alles darreicht, sobald einer glaubt, die Wahl erwidert, mit der er erwählt ist." [2] So wandelt sich die fragende Ungewißheit in fragendes Staunen.

O Tiefe des Reichtums und der Weisheit und der Erkenntnis Gottes! Wie unerforschlich sind seine Entscheidungen und wie unaufspürbar seine Wege! Denn wer hat den Sinn des Herrn erkannt? Oder wer ist sein Ratgeber gewesen? Oder wer hat ihm zuerst gegeben, daß er es ihm vergelten müßte? Denn aus ihm und durch ihn und für ihn ist alles. Ihm sei Ehre in Ewigkeit! Amen. Römer 11,33–36

22

Radio Maria 4.3.79
Schülgottesdienst Fr. 2.3.79

Aller Glaube ist Wagnis

Eine abenteuerliche Einladung

Mt 14,22–33

In einer Stadt – so erzählt eine Geschichte – hat ein Artist sein Hochseil gespannt und führt vor dem Publikum seine Kunststücke vor, eines spannungserregender als das andere. Die Menschenmenge ist begeistert. Totenstille liegt über dem Platz, als er zum Abschluß auch noch eine Schubkarre über das Hochseil schiebt. Donnernder Applaus anerkennt sein Können.

Der Artist fragt die Menge: „Trauen Sie mir zu, daß ich die Schubkarre auf dem gleichen Weg wieder zurückschieben kann?" Begeistert klatscht man Zustimmung. Der Artist schweigt eine Weile. Die Menge meint, er zaudere. „Weitergehen", rufen ihm einige zu. Der Mann auf dem Hochseil fragt einen der Rufer: „Sie da unten, trauen Sie mir wirklich zu, die Karre zurückschieben zu können?" „Selbstverständlich", ruft der Mann zurück. „Dann", fordert der Artist ihn auf, „kommen Sie doch herauf und setzen sich in die Karre!" Nein – so war die Zustimmung nun doch nicht gemeint.

Obwohl der aufgeforderte Zuschauer dem Artisten eine weitere Steigerung seines Könnens zutraute, war er nicht bereit, sich mit seiner eigenen Person auf das abenteuerliche Wagnis einzulassen. Warum nicht? Er wollte eine Sensation ohne eigenes Risiko und Engagement erleben. Wäre er der Einladung gefolgt, so hätte er sich selbst bedingungslos ausliefern müssen. Dazu fehlten ihm der Mut und das rückhaltlose Vertrauen in die Person des Artisten. Obwohl in dieser

Geschichte alles für nichts gefordert wurde, kann sie uns doch verdeutlichen, was gläubiges Vertrauen eigentlich bedeutet.

Wer sich einem anderen restlos anvertraut, gibt sich selbst ganz aus der Hand und überläßt sich und sein weiteres Schicksal dem andern. Dabei läßt sich nie mit Gewißheit voraussehen, was aus einem selber wird. Nicht im voraus, sondern immer nur im nachhinein läßt sich feststellen, ob uns die vertrauensvolle Übergabe zum Glück oder zum Unglück gereichte. Aus diesem Grund kennt das menschliche Leben verschiedene Stufen des Vertrauens. Im Alltag überlassen wir uns in der Regel nur unter einem gewissen Gesichtspunkt auf einen andern. So vertrauen wir beispielsweise auf die Aufrichtigkeit eines Gesprächspartners, auf die Fahrtüchtigkeit eines Taxifahrers oder auf die Ehrlichkeit einer Angestellten. Die Menschen, denen wir uns vorbehaltlos anvertrauen, sind sehr wenige. Wir wählen sie normalerweise sorgfältig aus. So den Chirurgen, der eine risikoreiche Operation vornehmen muß. Oder den Lebenspartner, an den wir uns durch gesunde und kranke, gute und böse Tage hindurch bis zum Tod binden. Hier wird das bisherige Leben aufs Spiel gesetzt, damit es gesünder, erfüllter und beglückender werde. Die Dinge, die das Leben in Wirklichkeit bereichern, werden dem Menschen nur im Vertrauen zuteil. Im Gegensatz zu unserer Geschichte geht es hier nicht nur um eine Belanglosigkeit, die nichts anderes als ein sensationelles Erlebnis zur Folge hat. Hier geht es vielmehr um eine große Verheißung, auf die hin wir im Vertrauen auf eine bestimmte Person alles wagen.

Um dem Menschen ein Leben anzubieten, das den Tod überdauert, ist Jesus in diese Welt gekommen. Weil es hier um ein völlig neues Leben geht, kommt alles darauf an, daß der Mensch im Vertrauen auf Jesus und sein Wort sein altes Leben verläßt, indem er aus dem Land seiner bisherigen Vorstellungen, Gesinnungen, Träume, Wünsche und Gewohnheiten auszieht und nicht mehr aus sich selbst, sondern aus Gott lebt. Solange wir auf unseren eigenen Wegen gehen, bewegen wir uns im Kreis und kehren immer zu uns selbst zurück. Erst wenn wir uns Gott und seiner Führung überantworten, damit er unsere Wege leitet, kommen wir zu ihm. „Gott leitet uns durch Glück und Unglück – immer nur zu Gott" (D. Bonhoeffer).

Jesus zeigt uns nicht nur den Weg zu Gott; er hat uns ihn vorgelebt. Dieses sein Leben hat zu allen Zeiten viele Bewunderer gehabt. Doch blieben sie mit ihrer Bewunderung im Gegenüber und setzten auf den ihnen gewohnten Wegen ihr altes Leben fort. Der von ihnen Bewunderte bedeutete für sie keine Veränderung ihres Daseins. Weil sie nichts verlieren wollten, verloren sie alles. Jesus hat, wie Sören Kierkegaard schreibt, nie davon geredet, daß er Bewunderer haben wollte. Es ging ihm vielmehr darum, Nachfolgende zu gewinnen. Auf die Frage, was denn der Unterschied zwischen einem Bewunderer und einem Nachfolgenden sei, antwortet er: „Ein Nachfolger *ist* oder strebt, das zu *sein*, was er bewundert; ein Bewunderer hält sich für seine Person aus dem Spiel; bewußt oder unbewußt: er entdeckt nicht, daß das Bewunderte eine Forderung an ihn enthält, die, das Bewunderte zu sein oder doch danach zu streben, es zu sein.“ [1]

Ein gläubiger Nachfolger, der immer wieder herausspürt, daß das Bewunderte eine Aufforderung enthält, ist Simon Petrus. Als der Herr in der Nacht über den See geht und seine Jünger vor Angst erschrecken, ruft Jesus ihnen zu: „Habt Vertrauen; ich bin es, habt keine Angst!“ Weil man dort, wo Jesus ist, in der Tat keine Angst zu haben braucht und deshalb alles wagen kann, sagt Petrus: „Herr, wenn du es bist, so befiehl, daß ich auf dem Wasser zu dir komme.“ Das Wort Jesu: „Komm!“ bewirkt, daß für Petrus alles, was ihn von der Hinwendung zu Jesus abhalten könnte, bedeutungslos wird: die hin- und hergeworfenen Wellen, der Gegenwind, die nächtliche Dunkelheit und selbst die Tiefe des Sees. Nur noch Jesus hat er vor Augen. Wo Jesus steht, ist für ihn Halt und fester Grund. Deshalb verläßt er die Sicherheit des Bootes und geht Jesus entgegen. Erst als seine Glaubenskraft nachläßt und Zweifel sein Vertrauen erschüttern, beginnt er zu sinken. Der innerlich kleiner werdende Glaube wird äußerlich sichtbar in der immer kleiner werdenden Gestalt des Petrus. Der kleingläubig Gewordene wird auf einmal vom Verlangen nach menschlicher Sicherheit überfallen und überantwortet sich nicht mehr voll und ganz der Allmacht seines Herrn, die alles trägt.

Wer sich im gläubigen Vertrauen auf den Weg zu Jesus begibt, der muß sich entscheiden, seine menschliche Sicherheit zu verlassen. Eine solche Entscheidung kann jedoch wegen der Bewegtheit des Lebens nie ein für allemal sein. Sie muß vielmehr angesichts neuer Schwierigkeiten, vor denen wir resignieren und davonlaufen können, immer wieder neu getroffen werden. Wo dies geschieht, geht der Christ auf seinen Christus zu. Ja, er wird selbst zu einem ‚alter Christus‘, zu einem zweiten Christus, der stirbt und lebt. Das ist gemeint, wenn wir sagen, unsere Hinwendung zu Jesus hat für unser Leben Folgen, die nicht vorauszusehen sind. Sie baut unser Leben um, so daß kein Stein mehr auf dem anderen bleibt.

Das Boot war schon mitten auf dem Meer und wurde von den Wellen bedrängt, denn es war Gegenwind. Um die vierte Nachtwache aber kam Jesus auf sie zu, über den See schreitend. Als ihn aber die Jünger über den See schreiten sahen, entsetzten sie sich und meinten, es sei ein Gespenst, und vor Furcht schrien sie auf. Er aber redete sie sogleich an und sprach: „Mut! Ich bin es. Fürchtet euch nicht." Da antwortete ihm Petrus und sagte: „Herr, wenn du es bist, so heiße mich zu dir auf das Wasser kommen." Er aber sprach: „Komm!" Und Petrus stieg aus dem Boot und schritt auf dem Wasser hin und kam auf Jesus zu. Als er aber den Wind sah, fürchtete er sich, und als er zu sinken begann, schrie er: „Herr, rette mich!" Sogleich streckte Jesus die Hand aus, ergriff ihn und sprach zu ihm: „Du Kleingläubiger, warum hast du gezweifelt?" Und als sie ins Boot gestiegen waren, legte sich der Wind. Die Männer aber im Boot fielen vor ihm nieder und sagten: „Wahrhaftig, du bist Gottes Sohn." *Mattäus 14,22–33*

23

Gott ist immer im Kommen

S. Beckett: Warten auf Godot

Mt 25,14–30

Der in Paris lebende Dichter und Dramatiker Samuel Beckett hat mit seinem Stück „Warten auf Godot" eine weltweite Diskussion ausgelöst. Worum es in diesem Schauspiel geht, läßt sich in wenigen Sätzen zusammenfassen: Berufslos, familienlos und wohnungslos sitzen die beiden älteren Männer Wladimir und Estragon an einer Landstraße und vertreiben sich die Zeit, indem sie sich Geschichten erzählen, sich mit einem merkwürdigen Fremden, der ein menschliches Wrack an einer Leine mit sich führt, unterhalten, einander beschimpfen, mit einem Hut zum Lachen reizende Spiele treiben oder einander vorschlagen, sich aufzuhängen. Keiner weiß, wie lange sie schon hier sind und wie lange sie noch hier sein werden. Sie warten und warten auf einen Herrn Godot. Wer ist Godot? Einer, an den sich die beiden Landstreicher mit einer Bitte gewandt haben und der ihnen sagen ließ, er würde mal sehen, weil er noch seine Familie, seine Freunde, seine Agenten und Korrespondenten, seine Register und sein Bankkonto befragen müßte. Später nimmt dieser Godot die Konturen eines vergreisten Gutsbesitzers mit langem weißem Bart an. Auf ihn setzen die beiden ihre Hoffnung, denn er vermag ihnen Nahrung, Arbeit und Unterkunft zu geben. Doch Godot scheint ihrer nervösen Erwartung gleichgültig gegenüberzustehen. Immer wieder schickt er einen Jungen, der sie mit der Botschaft vertröstet: „Herr Godot kommt nicht heute abend. Aber er wird morgen kommen." So warten die beiden weiter. Sie warten und warten. Aber sie warten vergebens. Godot kommt nicht.

Samuel Beckett, Warten auf Godot, suhrkamp taschenbuch I, Frankfurt a.M. 1972.

Das Stück von Samuel Beckett veranschaulicht das zerfallende Leben einer toten Welt, in der es nichts Neues gibt, weil nichts Wesentliches geschieht. Untätig sitzen Wladimir und Estragon herum und leiden an einer ihr Leben tötenden Langeweile. Die Straße, eigentlich zum Vorwärtskommen gedacht, wird zu einem bloßen Warteplatz, zu einem Teufelskreis, in dem das Ende hoffnungslos in den Ausgangspunkt zurückläuft. Zu einer vernünftigen Unterhaltung kommt es nicht. „Was haben wir also gestern abend getan?" fragt Wladimir im 2. Akt und erhält die Antwort: „Ja, es fällt mir wieder ein, gestern abend haben wir dummes Zeug gequatscht. Das tun wir ja schon ein Leben lang." Die beiden brauchen das fortwährende Gerede, weil sie Pausen nicht ertragen können. „Sag doch bitte etwas", bittet einer den andern, wenn das Wortgeplänkel ins Stocken kommt. Nur durch Handeln könnten sie ihre Situation verändern. Doch die beiden gehen das Risiko einer Entscheidung nicht ein. Sie verharren in ihrer Passivität und warten auf einen Entscheid, der auf dem Amtsweg zu ihnen kommen soll. Weil sie in dieser Weise nichtstuend die Zeit an sich vorbeilaufen lassen, gibt es für sie weder eine Vergangenheit noch eine Zukunft. Damit hängt zusammen, daß ihr Erinnerungsbewußtsein zunehmend verblaßt, so daß sie nicht einmal mehr wissen, welchen Inhalt ihre Bitte an Godot eigentlich hatte.

Wer aber ist Godot, auf den die beiden warten? Im 1. Akt gewinnt man den Eindruck, Godot sei ein Amtsinhaber, der unverbindlich und ausweichend auf die vage Bitte der Wartenden antwortet. Zwischen seinem und ihrem Verhalten lassen sich unschwer mehrere Parallelen finden. Im 2. Akt scheint er eine vergreiste Vaterfigur zu sein, die Wladimir und Estragon dadurch am Leben hindert, daß sie die beiden nicht aus dem Zustand des Wartens befreit. Vom Namen her gesehen, entlarvt sich Godot „als Miniaturausgabe all dessen, was mit ‚Gott' gemeint sein kann (god-ot), und zugleich als ein – weil die erfrischenden Quellen *dieser* Erde von den Wartenden verachtet werden – ausbleibender Wasserguß (god-eau)" [1]. Wladimir und Estragon, die den Warteplatz nicht verlassen, weil sie sich offenbar vor dem Leben fürchten, benutzen ‚Godot' als Fluchtpunkt, von dem her sie ihr törichtes Verhalten rechtfertigen, ohne sich mit diesem ihrem Verhalten auseinanderzusetzen. In ihrer Entwicklung steckengeblieben, kommen sie weder zu Godot noch zu sich selbst. Die beiden Wartenden stehen für den Menschen, der sich nicht von der Stelle zu rühren getraut, der in der Untätigkeit verharrt und das Unfaßbare – Godot – für seinen Zustand und den Zustand der Welt verantwortlich macht.

Das Warten ist eines der zentralen biblischen Worte. Hier bedeutet es die Erwartung der Ankunft des Reiches Gottes. Jesus spricht in mehreren Gleichnissen davon. Immer wieder macht er uns darauf aufmerksam, daß es auch ein falsches Warten gibt. Wer Gott wirklich versteht, der weiß, daß er *war* und *ist* und sein *wird*. Deshalb kam er und kommt und wird kommen. Weil also Gott immer im Kommen ist und weil er plötzlich und unerwartet „wie ein Dieb in der Nacht" kommt, deshalb muß man ständig auf ihn warten. Man muß wach, gespannt und gerüstet sein. Die Gefahr des Wartens liegt darin, daß man das Kommen Gottes in das unbestimmte Morgen verlegt und dabei übersieht, wie Gott ständig in dem kommt, was *jetzt* zu tun ist. So läßt man seine augenblickliche Ankunft außer acht und vernimmt seinen gegenwärtigen Schritt nicht. Auf das Kommen Gottes ist also nur gefaßt, wer ihm im ‚tätigen Warten' entgegengeht und mit Phantasie und Vertrauen furchtlos tut, was jetzt getan werden muß. Aus diesem Grund lehnt der wirkliche Christ es ab, einerseits einem blinden Aktivismus zu verfallen und andererseits ein stillsitzendes und nichtstuendes Warten zu praktizieren. In der Gewißheit der Ankunft seines Gottes arbeitet er mit seinen kleinen oder großen Talenten, um den Willen Gottes tagtäglich in der Welt und auch gegen die Welt zu verwirklichen. Das ist es, was durch das folgende Gleichnis anschaubar gemacht werden soll.

(Jesus erzählte seinen Jüngern dieses Gleichnis:) Es ist wie bei einem Mann, der, als er verreisen wollte, seine Knechte rief und ihnen sein Vermögen übergab. Dem einen gab er fünf Talente, dem andern zwei, dem dritten eines, jedem nach seiner Fähigkeit. Dann reiste er ab. Sogleich ging der, der fünf Talente erhalten hatte, hin und arbeitete mit ihnen und gewann fünf andere dazu. Ebenso gewann der mit den zweien zwei andere dazu. Der aber das eine erhalten hatte, ging hin, grub ein Loch in die Erde und verbarg das Geld seines Herrn.
Nach langer Zeit nun kam der Herr jener Knechte und rechnete mit ihnen ab. Da trat der, der die fünf Talente erhalten hatte, herzu, brachte fünf weitere Talente und sagte: „Herr, fünf Talente hast du mir gegeben. Siehe, noch fünf weitere Talente habe ich gewonnen." Da sprach sein Herr zu ihm: „Recht so, du guter und getreuer Knecht, du bist über weniges treu gewesen, ich will dich über vieles setzen. Geh ein in die Freude deines Herrn!"
Auch der mit den zwei Talenten trat herzu und sagte: „Herr, zwei Talente hast du mir übergeben. Siehe, noch zwei weitere Talente habe

ich gewonnen.“ Da sprach sein Herr zu ihm: „Recht so, du guter und getreuer Knecht, du bist über weniges treu gewesen, ich will dich über vieles setzen. Geh ein in die Freude deines Herrn!“
Da trat auch der herzu, der das eine Talent erhalten hatte, und sagte: „Herr, ich wußte, daß du ein harter Mann bist; du erntest, wo du nicht gesät, und sammelst, wo du nicht ausgestreut hast. Und ich fürchtete mich, ging hin und verbarg dein Talent in der Erde. Da hast du, was dir gehört.“
Sein Herr aber antwortete und sprach zu ihm: „Du schlechter und fauler Knecht. Du wußtest, daß ich ernte, wo ich nicht gesät, und sammle, wo ich nicht ausgestreut habe? Dann hättest du mein Geld auf der Bank anlegen sollen, und ich hätte bei meinem Kommen das Meine mit Zins zurückerhalten. Nehmt ihm also das Talent, und gebt es dem, der die zehn Talente hat. Denn jedem, der hat, wird gegeben werden, und er wird Überfluß haben. Wer aber nicht hat, dem wird auch das, was er hat, genommen werden. Und den unnützen Knecht werft hinaus in die Finsternis draußen; da wird Heulen und Zähneknirschen sein.“ *Mattäus 24,14–30*

24

Wie können wir vor Gott bestehen?

J. Anouilh: Einladung ins Schloß

Lk 18,9–14

In der Komödie „Einladung ins Schloß“ vom französischen Dramatiker Jean Anouilh (geb. 1910) beginnt der dritte Akt mit einer Unterhaltung zwischen der liebenswürdigen alten Dame Madame Desmermortes, die an einen Rollstuhl gefesselt ist, und ihrer humorlosen, vertrockneten und häßlichen Gesellschafterin Mademoiselle Capulat. Während das Fest in vollem Gang ist und Mademoiselle mit einem Seufzer bedauert, in solchen Nächten nicht mit von der Partie sein zu können, schaut die alte Dame den Tanzenden gelangweilt zu und tröstet ihre Gesellschafterin mit dem Hinweis: „Ihnen bleibt immer noch der liebe Gott... Sie werden in einem bequemen Sessel zu seiner Rechten sitzen, während ich zunächst einmal zwei oder drei Jahre auf kleinem Feuer geröstet werde.“ Capulat entgegnet ihr: „Gottes Barmherzigkeit ist ohne Grenzen, Madame.“ Davon ist auch die alte Dame überzeugt: „Das versteht sich von selbst, daß er seine Versprechungen hält“, sagt sie, „sonst wären ja die Gerechten, die sich auf ihn verlassen haben, verraten und verkauft.“ Lächelnd fährt sie fort: „Ich habe oft vom Tage des Jüngsten Gerichts geträumt und das empörte Geschrei der Glückseligen gehört: ‚Unerhört, er verzeiht ja den anderen auch!‘ Das trieb ihnen derart die Galle heraus, brachte sie so in Wut, daß sie nicht mehr an sich halten konnten. Sie stießen schreckliche Verwünschungen aus. Und was war die Folge? Sie kamen selber in die Hölle. Es war zu hübsch!“

Vgl. Jean Anouilh, Einladung ins Schloß, in: Meisterdramen, Langen-Müller-Verlag, München – Wien 1967, S. 202.

Zwei Personen unterschiedlichen Standes führen während einer Ballnacht am Rand einer überfüllten Tanzfläche eine merkwürdige Unterhaltung. Während sich die Wogen des Lebens im Mittelraum hin- und herbewegen, überkommt die von der Natur offensichtlich benachteiligte Gesellschafterin das Gefühl, in dieser Welt zu den Zukurzgekommenen zu gehören. Das Glück und die Freuden des Daseins gehen an ihr vorbei. Daher bemitleidet sie sich selbst. Die alte Dame, durch das Alter ihrer Bewegungsfreiheit beraubt, vermißt angesichts des lustigen und fröhlichen Treibens nichts. Aus Tanzen hat sie sich nie viel gemacht. Seitdem sie an ihren Rollstuhl gefesselt ist, findet sie es geradezu albern. In ihrem früheren Leben hat sie nichts versäumt. Deshalb ist sie mit ihrem jetzigen Los einverstanden. Mit humorvollen Augen sieht sie dem Ablauf der Dinge zu. Das macht sie sympathisch. Sie weiß um Gottes ausgleichende Gerechtigkeit. Daher tröstet sie ihre einsame Gesellschafterin: „Sie haben gar nicht schlecht abgeschnitten. Ihnen bleibt immer noch der liebe Gott... Sie werden in einem bequemen Sessel zu seiner Rechten sitzen, während ich zunächst einmal zwei oder drei Jahre auf kleinem Feuer geröstet werde." Für die gutherzige Gesellschafterin wird sich also – wie sie meint – das unbequeme Leben in ein bequemes verwandeln. Da sie sich selbst nicht zu den Gerechten zählt, sieht sie für sich einige unbequeme Jahre voraus.

Auffallend ist aber vor allem das scharfe Auge, mit der sie die Gerechtigkeit und Frömmigkeit vieler „Gerechter" durchschaut. Während nämlich der gerechte Gott zugleich auch der barmherzige ist, geht den „Gerechten" diese Barmherzigkeit vielfach ab. Aufgrund ihres gerechten Lebens glauben sie, die ewige Glückseligkeit von Gott als Lohn fordern zu können. Deshalb halten sie seine Barmherzigkeit den anderen gegenüber für eine Ungerechtigkeit sich selbst gegenüber. Das finden sie unerhört. Sie können nicht mehr an sich halten und stoßen aus Haß Verwünschungen aus: „Hätten wir das gewußt...!" Damit haben sie sich selbst disqualifiziert. Die verzeihende Barmherzigkeit Gottes, die auch die Ungerechten aufnimmt, bleibt ihnen versagt, weil sie nicht erkannt haben, daß sie nichts mitbringen, was sie nicht empfangen hätten. Es braucht hier nicht betont zu werden, daß der in die ewige Glückseligkeit aufgenommene Mensch diese nicht wieder verlieren kann. Wichtig aber ist, sich einmal bewußtzumachen, daß es eine Gerechtigkeit und Frömmigkeit gibt, die sich selbst verurteilen. Das hat die alte Dame mit instinktiver Sicherheit herausgespürt. Jesus, der uns nicht nur die Botschaft von der Liebe Gottes verkündet, sondern auch die eingeschliffenen menschlichen Fehlhaltungen aufdeckt, macht uns gerade darauf mit Nachdruck aufmerksam. Man denke beispielsweise an das Gleichnis vom Pharisäer und Zöllner. Warum heißt es dort vom sündigen Zöllner: „Dieser, nicht der andere, kehrte als ein Gerechter nach Hause zurück"?

Ob wir von Gott angenommen werden oder nicht, hängt von unserer Blickrichtung ab, hängt davon ab, mit wem wir uns vergleichen. Die Blickrichtung des Pharisäers ist verkehrt. Deshalb stimmt sein ganzes Leben nicht. Indem er sich mit dem Zöllner vergleicht, schaut er „nach unten" und hält sich selbst notwendigerweise für den Besseren. Wie oft unterliegen wir selbst einem solchen Verfahren? Das aber ist es, wodurch wir überheblich und lieblos werden. Wahre Gerechtigkeit und Frömmigkeit sind nur dem zu eigen, der seinen Blick „nach oben" wendet und sich mit der Größe Gottes vergleicht. In einem solchen Vergleich bricht der unendliche Abstand zwischen unserer Gerechtigkeit und der Gerechtigkeit Gottes auf. Wo dieser Abstand erlebt und erlitten wird, erfahren wir Gottes Barmherzigkeit und werden selbst barmherzig. Das ist das Besondere am Zöllner. Er schaut nicht auf den Pharisäer, obwohl er sich doch hätte sagen können: „Mit Gewißheit gibt es auch in seinem Leben dunkle Punkte." Nur Gott ist sein Maßstab. Daher findet sich keine Spur von Selbstgerechtigkeit und Überheblichkeit an ihm. Vielmehr schlägt er sich an die Brust und betet: „Gott, sei mir Sünder gnädig!" Weil er im Blick „nach oben" den Unterschied zwischen seiner Gerechtigkeit und der Gerechtigkeit Gottes erkennt, wird ihm Gottes Barmherzigkeit zuteil.

Zu einigen, die sich selbstsicher für gerecht hielten und die übrigen verachteten, sagte er dieses Gleichnis: „Zwei Menschen gingen hinauf in den Tempel, um zu beten: Der eine war ein Pharisäer und der andere ein Zöllner. Der Pharisäer stellte sich auf und betete bei sich so: ‚Gott, ich danke dir, daß ich nicht bin wie die übrigen Menschen: Räuber, Ungerechte, Ehebrecher, auch nicht wie dieser Zöllner da. Ich faste zweimal in der Woche, und ich gebe den Zehnten von allen meinen Einkünften.' Der Zöllner aber stand weit entfernt und wollte nicht einmal die Augen zum Himmel erheben, sondern schlug an seine Brust und sprach: ‚Gott, sei mir Sünder gnädig.' Ich sage euch: Dieser ging gerechtfertigt nach Hause, anders als jener. Denn jeder, der sich selbst erhöht, wird erniedrigt werden; wer sich selbst aber erniedrigt, wird erhöht werden." *Lukas 18,9–14*

25

Wer erlöst die Welt?

I. Bachmann: Alles

Offb 21,1–4

Ein junger Vater steht vor der schwierigen Aufgabe, sein neugeborenes Kind in die Welt einzuführen. Seine Frau Hanna hat er nur geheiratet, weil sie von ihm das Kind bekam. Während Hanna dem Kleinen zu trinken gibt, ihn wickelt und bettet und so immer nur mit dem Nächstliegenden beschäftigt ist, geht im Vater etwas ganz anderes vor sich. Er sieht in seinem Kind den ersten Menschen, durch den die Welt von ihren Unzulänglichkeiten erlöst und von Grund aus erneuert werden soll. Der Vater sagt sich: „Die Welt ist ein Versuch, und es ist genug, daß dieser Versuch in derselben Weise mit demselben Ergebnis wiederholt worden ist. Das Ergebnis war bisher: ein Leben in Schuld, Liebe und Verzweiflung. Ich aber könnte ihm die Schuld, die Liebe und jedes Verhängnis ersparen und es für ein anderes Leben frei machen." Um das Kind in eine andere Welt einzuwurzeln, versucht er, ihm am Wasser die Wassersprache, auf steinigen Wegen die Steinsprache und im Wald die Blättersprache beizubringen. Da er selbst aber kein Wort aus all diesen Sprachen beherrscht, gelingt es ihm nicht, das Kind über die Grenzen der üblichen Sprache und Denkgewohnheiten hinauszuführen.

Je älter der Junge wird, desto mehr verliert er die Unschuld seiner ersten Tage, desto mehr ist er auf Nachahmung aus. Zu seinem Entsetzen erkennt der Vater immer deutlicher, wie der Sohn die Wege seiner Eltern und der Menschen allgemein einschlägt. Er bemächtigt sich der Dinge, untersucht sie, findet Gefallen an ihnen oder zerstört sie. So wächst im Vater die Überzeugung, daß auch sein Sohn zu allem fähig ist, nur nicht dazu, den Teufelskreis, der die Welt gefangenhält, zu brechen. Auch in dem Jungen steckt das Böse wie eine Eiterquelle. Die Hoffnungen des Vaters, die Welt durch seinen Sohn in eine andere Richtung treiben zu können, schwinden dahin. Enttäuscht läßt er ihn aus seiner Liebe fallen. Sein Haß überträgt sich auf alles, was von Menschenhand gemacht worden ist: auf die Straßenbahnlinien, die Hausnummern, die Titel, die Zeiteinteilung, die Müllabfuhr, die Standesämter und auf alle sonstigen gesellschaftlichen Einrichtungen, gegen die keiner anzurennen vermag. Er wütet gegen sich selbst, weil er das Kind in die Welt gesetzt hat.

All das hat ein Ende, als der Junge bei einem Schulausflug ums Leben kommt. Er hatte sich von der Klasse gelöst, rutschte auf einem Felsen aus und stürzte auf den darunterliegenden. Der Vater erkennt seine Schuld. Er ist bereit, weiteren Kindern das Leben zu schenken. Doch will er sie erziehen, „wie die Zeit es erfordert, halb für die wölfische Praxis und halb auf die Idee der Sittlichkeit hin...".

Vgl. Ingeborg Bachmann, Alles, in: Das dreißigste Jahr, Deutscher Taschenbuch Verlag Nr. 344, München 1970, S. 49–65.

Ingeborg Bachmann verstarb im Oktober 1973 mit nur 47 Jahren. „Ihr Sterben, drei Wochen lang, war schrecklich, aber wer Mut hat, der ahnt, daß es zu ihr gehörte. Schwierig wurde ihr alles, nun auch der Tod. Ingeborg Bachmann ist niemals bereit oder fähig gewesen, das eingegrenzte Maß menschlichen Daseins zu akzeptieren... Ihre eigene Einsamkeit wurde ihr Tod. In der furchtbaren Nacht, als ihr Sterben so erbärmlich begann, kam Hilfe viel zu spät. Sie war allein mit ein paar Tabletten und der letzten, verhängnisvollen Zigarette, über der sie dann einschlief."[1] Die Unfähigkeit, „das eingegrenzte Maß menschlichen Daseins zu akzeptieren", bestimmt auch die Thematik und Problematik der Erzählung „Alles".

Der junge Vater sieht in seinem Sohn den „neuen Adam". Von ihm erhofft er sich die Erlösung und Erneuerung der Welt. Durch einen allseitigen Umbruch soll er ein neues Zeitalter der Menschheit einleiten. Dem Vater geht es also nicht nur um eine Änderung gängiger Gewohnheiten des Lebens oder überlieferter Spielregeln menschlichen Daseins. Vielmehr gilt es, das menschliche Leben in seiner sozialen, ethischen und religiösen Verfassung radikal zu durchbrechen. Gerade weil der Sohn noch ein Kind ist, auf das die Schlechtigkeit der Welt noch keinen Einfluß genommen hat, erwartet er von ihm, daß er einen total neuen Anfang setzt und die Menschheit für ein schlechthin anderes Leben frei macht. Daher dreht sich in seinem Kopf *alles* nur um die eine Frage, wie man es anfangen kann, mit diesem Kind von vorn zu beginnen.

Am Anfang – so denkt er sich – muß eine neue Sprache stehn. Sie soll ein neues Bewußtsein des Menschen herbeiführen. Ingeborg Bachmann äußerte einmal: „Eine neue Sprache muß eine neue Gangart haben, und diese neue Gangart hat sie nur, wenn ein neuer Geist sie bewohnt." Aus diesem Grund versucht der Vater, sein Kind vor dem Geist der gängigen Welt zu schützen. Die Enttäuschung läßt nicht lange auf sich warten. Der Versuch scheitert, weil der Vater selbst nicht über den neuen Geist verfügt und damit auch die neue Sprache nicht beherrscht. Außerdem steckt das Böse dieser Welt tief in seinem Kind. Weil es die Welt in allem nachzuahmen beginnt und sich von ihr durch nichts unterscheidet, haßt der Vater nicht nur die staatliche Ordnung und die menschliche Gesellschaft, in die jeder durch seine Geburt hineingezwungen wird, sondern auch seinen eigenen Sohn. Indem er ihm seine Liebe vorenthält, wird er an ihm schuldig. Das bringt ihm der plötzliche Tod zu Bewußtsein. Seine Schuld liegt in seinem irrtümlichen Glauben, die menschlichen Daseinsgrenzen total durchbrechen zu können, um das für den Menschen Unmögliche möglich zu machen. Diese Schuld bezahlt er mit dem Leben seines Sohnes. Jetzt erkennt er, daß er in der Ordnung bleiben muß und daß es den Austritt aus der Gesellschaft nicht gibt. Resigniert entschließt er sich, weiteren Kindern das Leben zu schenken und sie zu erziehen, „wie die Zeit es erfordert, halb für die wölfische Praxis und halb auf die Idee der Sittlichkeit hin..." Genau in dieser Mischung lebt die unerlöste Welt.

Mit Nachdruck stellt sich hier die Frage: Wer überwindet diese unerlöste Welt? Die Erzählung von Ingeborg Bachmann sagt uns deutlich: Der Mensch überwindet sie nicht! Was von der Welt gezeugt wird, ist von der Welt und kann sie deshalb nicht über ihre Grenzen hinausführen. An dieser Tatsache scheitern alle menschlichen Erlösungsversuche. Daher wiederholt sich unsere Frage: Wer besiegt die Welt? Im ersten Brief des Apostels Johannes lesen wir: „Alles, was aus Gott geboren ist, besiegt die Welt. Und der Sieg, der die Welt besiegt hat, ist unser Glaube. Wer sonst besiegt die Welt außer dem, der glaubt, daß Jesus der Sohn Gottes ist?" (5,4f.) Hier hängt alles an einem einzigen Namen: an dem Namen Jesus Christus. Auch er wuchs als Kind auf; auch sein Vater wollte durch ihn die Welt zum Besseren wenden; auch er kam auf außergewöhnliche Weise ums Leben. Aber nicht dies ist das Auffallende an ihm. Das „Weltbewegende" liegt vielmehr in folgendem: Er ist nicht von dieser Welt; er ist „aus Gott" geboren. Sein Vater ist nicht ein Mensch, sondern Gott selbst. Schon als Kind unterschied er sich durch sein Interesse, seine Weisheit und seine Reden von allen anderen. Als er ins Licht der Öffentlichkeit trat, sprach er wie einer, der Macht hat. Er entwertete alles, was in den Augen des Volkes galt, und hob hervor, was ihnen unwert erschien. Nicht um die Abschaffung von Gesetzen und Traditionen ging es ihm, sondern um eine „bessere Gerechtigkeit". Er überwältigte keinen, sondern stellte vor die Entscheidung. Wenn etwas radikal an ihm war, dann nur die Erfüllung des Willens seines Vaters und die Liebe zu allen Menschen. Er war ohne jede Schuld und Sünde. Deshalb hatte der Tod keine Macht über ihn. Seine Auferweckung wurde zu einem Ereignis, mit dem keiner gerechnet hatte. Sie ist sein endgültiger Sieg über diese Welt.

Was befähigte Jesus zu diesem außergewöhnlichen Leben? Es ist die ganze Fülle und die ganze Kraft von Gottes Geist, der in ihm wirkte. Der Geist Gottes zeugte ihn. Durch ihn kam er in diese Welt. „Heiliger Geist wird über dich kommen", sagte der Engel zu Maria, „und die Kraft des Höchsten wird dich überschatten. Deshalb wird auch das Kind heilig und Sohn Gottes genannt werden" (Lk 1,35). Bei Mattäus lesen wir: „Maria, seine Mutter, war mit Josef verlobt; noch bevor sie in der Ehe zusammenlebten, zeigte sich, daß sie ein Kind erwartete – durch das Wirken des Heiligen Geistes" (Mt 1,18). „Das Kind, das sie erwartet, ist vom Heiligen Geist", erklärt der Engel Josef. Bei seiner Taufe kam die Fülle des Heiligen Geistes auf ihn herab. Lukas schreibt: „Erfüllt vom Heiligen Geist verließ Jesus die Jordangegend" (4,1). Durch den Heiligen Geist wurde Jesus in allen Phasen seines irdischen Lebens bestimmt. „Wenn wir das Leben Jesu verfolgen, sehen wir, daß sich alles mit einer großen Sicherheit abspielt. Sein Leben verläuft ohne Abweichungen, wie ein Pfeil auf sein Ziel zuschnellt. Es gibt kein Schwanken, kein Zögern und keine Unentschiedenheit. Auf ihm und in ihm war der Geist, der Bote Gottes, der Führer und Lenker seines Lebens."[2]

Dieser Geist ist es, der dem Christen durch Jesus Christus in der Taufe geschenkt wird. Was Taufe bedeutet, wird anschaulich, wenn wir uns das griechische Wort für „taufen" vergegenwärtigen. Es heißt „baptizein", zu deutsch: eintauchen oder untertauchen. Man verwendet dieses Wort auch für das Eintauchen von Stoffen und Kleidern, die gefärbt werden. Der Christ ist also der durch Jesus Christus in den Geist eingetauchte Mensch, der Mensch, der ganz und gar vom Geist durchdrungen ist. Durch den Geist bekommt er eine andere Farbe, ein neues Leben. Es ist das Leben des Glaubens in der Nachfolge Jesu Christi. Ihn hat er vor Augen. Seinen Weg geht er nach. Wie Jesus wendet er sein Empfinden, Denken, Wollen und Leben in die Richtung auf Gott. Es geht also nicht darum, menschliche Ordnungen aufzuheben. Entscheidend ist der Gesinnungswandel. Daraus wird sich alles andere ergeben. Durch den Heiligen Geist gehört der Christ zu Jesus Christus. Deshalb hat er auch Anteil an seinem Sieg über die Welt.

Der Ruf in die Nachfolge, durch die der Christ am Sieg Christi über die Welt teilnimmt, bedeutet das Herausgerufenwerden aus der Unmittelbarkeit zur Welt. Selbst zu Vater und Mutter, Bruder und Schwester, Mann und Frau gibt es in der Nachfolge keine unmittelbare Beziehung. „Christus steht dazwischen. Nur durch ihn hindurch geht der Weg zum Nächsten.“[3] Eine Unmittelbarkeit gibt es nur zu ihm. Ihm allein sind wir verpflichtet. So wird der Christ durch den Ruf in die Nachfolge notwendigerweise ein einzelner. Er wird es deshalb, weil der Weg der Nachfolge kein Weg zu weltlicher Macht und Herrlichkeit ist, sondern der Kreuzweg Christi. Aber auf diesem Weg bleibt er nicht allein: „Jeder tritt allein in die Nachfolge, aber keiner bleibt allein in der Nachfolge. Dem, der es wagt, einzelner zu werden auf das Wort hin, ist die Gemeinschaft der Gemeinde geschenkt.“[4] Ihr ist das neue Leben gegeben. Verborgen wächst es heran, bis es am Tage Christi offenbar wird. Es ist der Tag, an dem sich vollenden wird, was mit der Menschwerdung Jesu Christi begonnen hat.

Und ich sah einen neuen Himmel und eine neue Erde; denn der erste Himmel und die erste Erde sind vergangen, auch das Meer ist nicht mehr. Und die heilige Stadt, das neue Jerusalem, sah ich herabsteigen aus dem Himmel von Gott her, bereitet wie eine Braut, die für ihren Mann geschmückt wird. Und ich hörte eine mächtige Stimme vom Throne her sprechen: „Siehe, das Zelt Gottes unter den Menschen. Er wird bei ihnen sein Zelt aufschlagen, und sie werden seine Völker sein, und er selbst, Gott mit ihnen, wird ihr Gott sein. Er wird abwischen jede Träne von ihren Augen, und es wird keinen Tod mehr geben, auch keine Trauer, keinen Klageschrei, keine Mühsal wird es mehr geben; denn das Frühere ist vorbei.“ *Offenbarung 21,1–4*

26

Wer ist ein Christ?

J. Niederer: Ein Christ

Eph 5,8–17

Ein Christ hatte eines Tages eine Erleuchtung. Er versuchte, sein Christsein radikal ernst zu nehmen, bemerkte dabei aber nicht, wie unerleuchtet seine Erleuchtung war. Indem er sich bemühte, radikal „Licht der Welt“ zu sein, blendete und brannte er die anderen. Indem er versuchte, radikal „Salz der Erde“ zu sein, versalzte er gründlich das Leben seiner Mitmenschen. Auch mißlang sein Versuch, radikal „Sauerteig“ zu sein; er versauerte den Alltag derer, die es mit ihm zu tun bekamen.

Glücklicherweise hörte der unerleuchtete Christ an einem Sonntag eine geisterfüllte Predigt, die bei ihm auf fruchtbaren Boden fiel. Der Prediger sagte etwa so: „Wir können im Alltag zuweilen so radikal ‚christlich‘ sein, daß wir dabei radikal unchristlich werden.“ Der Christ, der sich ausnahmsweise persönlich angesprochen fühlte, wandte diese Wahrheit heilsam auf sich selber an.

Und siehe da: Er wurde mehr und mehr auf eine Weise „Licht der Welt“, daß andere sich im milden Schein seiner Liebenswürdigkeit und Güte erwärmten und erfreuten. Er wurde so „Salz der Erde“, daß er das Leben seiner Mitmenschen würzte. Er wurde auf eine so liebe- und geheimnisvolle Weise „Sauerteig“, daß immer mehr Menschen durch ihn gestärkt wurden. Dahin gelangte der Christ jedoch nur, weil er sich immer wieder öffnete, um einen anderen die Wandlungsworte über sich sprechen zu lassen.

Vgl. Johannes Niederer, Ein paar Zeilen zum Verweilen, Verlag Schweizer Kongregationszentrale, Zürich 1973, S. 7.

Es ist leicht zu erkennen, daß das Leben dieses Christen drei unterschiedliche Phasen durchlief. In der ersten Phase bestand kein wesentlicher Unterschied zwischen ihm und seinen Mitmenschen. Er lebte in der Welt und *wie* die Welt. Er mag am Sonntag zur Kirche gegangen sein; doch der sonntägliche Gottesdienstbesuch hatte keinen tiefgreifenden Einfluß auf sein alltägliches Leben, das im Strom der übrigen dahinfloß. Er dachte und handelte, wie man eben in der Welt zu denken und zu handeln pflegt, um vorwärts zu kommen. Die „öffentliche Meinung" bestimmte seine Maßstäbe. So war er weder „Licht" noch „Salz", noch „Sauerteig". Wer wird bestreiten, daß es eine ständige Gefahr aller Christen ist, aus Angst, von der Welt abgeschrieben zu werden, das eigene Verhalten dem gängigen Trend anzupassen? Mit solcher Anpassung schwindet das „Unterscheidend-Christliche" und damit die Glaubwürdigkeit des Christen und der Kirche. Im Römerbrief (12,2) des Apostels Paulus lesen wir den Satz: „Gleicht euch nicht dieser Welt an, sondern wandelt euch und erneuert euer Denken, damit ihr prüfen und erkennen könnt, was der Wille Gottes ist: was ihm gefällt, was gut und vollkommen ist." Mit Sicherheit hätte Paulus diese Worte nicht geschrieben, wenn die Christen der Weltstadt Rom immer in jener Distanz zur Welt gelebt hätten, in welcher der Wille Gottes erkannt und getan werden kann.

Dieses oder ähnliches muß jenem Christen zu Bewußtsein gekommen sein, als er anfing, sein Christsein radikal ernst zu nehmen. Es ging ihm auf, daß von einem lebendigen und kraftvollen Glauben nur dann die Rede sein kann, wenn sich der Christ immer wieder aus den Bindungen dieser Welt herausrufen läßt. Er ließ sich herausrufen, um das Besondere und Außerordentliche des Christlichen zu tun. Worin besteht es? Darin, „Licht der Welt", „Salz der Erde" und „Sauerteig" zu sein. So bot er alle Kraft auf, dies alles zu werden. Dabei fiel er jedoch in ein anderes Extrem. Er wurde zu einem rücksichtslosen, hartherzigen und verständnislosen Fanatiker. Es lebte in ihm eine Idee, die er unter allen Umständen und mit allen Mitteln der Welt aufzuzwingen suchte. Mit Recht setzte man sich dem zur Wehr. Kein Wunder, daß der unerleuchtete Christ seine Mitmenschen blendete und brannte, ihnen das Leben gründlich versalzte und den Alltag versauerte. Kein Wunder, daß man ihm aus dem Weg ging. Hätte er in diesem Zustand seiner inneren Vereinsamung nicht jene geisterfüllte Predigt gehört, er wäre sicherlich in seine frühere Gleichgültigkeit zurückgefallen. In seiner Ratlosigkeit war er für das Wort des Predigers disponiert: „Wir können im Alltag zuweilen so radikal ‚christlich' sein, daß wir dabei radikal unchristlich werden." Dieses Wort befreite ihn aus seiner Verschlossenheit. Es öffnete ihn für Gottes Wirklichkeit, die nicht in einer fanatischen Idee, sondern in einer die Menschen und die Welt liebenden Person unter uns lebte.

Aus einem Aktivisten wurde in der dritten Phase ein Empfangender. Bevor er die anderen verwandeln konnte, mußte er selbst verwandelt werden. Das war die wahre Erleuchtung des unerleuchteten Christen. Sie wurde ihm zuteil, indem er sich immer wieder öffnete, damit Jesus Christus die Wandlungsworte über ihn spreche – die Worte: „Gott liebt dich!" Allein diese Worte sind es, die den Menschen aus den Bindungen der Welt und von der krankhaften Unruhe des Fanatikers, der sich nicht geliebt weiß, befreien. „Gott liebt dich!" Wer die verwandelnde Kraft dieser Worte in sich entfalten läßt, weiß sich von seiner Bedeutungslosigkeit und Namenlosigkeit erlöst; er fühlt sich bejaht und angenommen. Wodurch unterscheidet sich denn der Christ vom Nichtchristen? Der Christ hat erfahren, daß Gott ihn liebt. Diese Erfahrung macht ihn liebenswürdig und gütig: er gibt weiter, was er empfangen hat. So wird das Handeln des Christen nicht bestimmt durch das Handeln der Menschen, sondern durch das Handeln Gottes an ihm. Seine Offenheit für alle Nöte des Nächsten wird zu einem Zeichen für Gottes Menschenfreundlichkeit und Liebe.

Betrachten wir an dieser Stelle die Bilder, die Jesus gebraucht, um das Besondere und Außerordentliche des Christlichen zu veranschaulichen. Immer macht er es ja so, daß er von den Dingen ausgeht, die zur menschlichen Alltagswelt gehören. Dann aber lenkt er unseren Blick auf das, was wir noch nicht bedacht haben.

Christen sind „das Licht der Welt". Lichter sind Orientierungspunkte. Man denke an die Straßenbeleuchtung in der Dunkelheit oder an die Ampeln im Verkehr. Sie helfen uns, den rechten Weg zu finden, und bewahren uns vor Gefahren. Ähnlich sollen die Christen durch ihre Güte und ihre Liebenswürdigkeit den richtigen Weg zeigen und auf tödliche Gefahren aufmerksam machen. Das gilt nicht nur innerhalb der Kirche. „Christentum, das nur bis zur Kirchentür reicht, nützt nicht allzuviel, es sollte überall in unserem Alltagsleben sichtbar werden. Als Christen sollte man uns daran erkennen, wie wir mit Verkäufern, Kellnern, Angestellten oder Vorgesetzten umgehen, an der Art, wie wir ein Spiel betreiben oder Autofahren, an der Art, wie wir sprechen, und schließlich auch an dem, was wir lesen ... Jesus hat nicht gesagt: ‚Ihr seid das Licht der *Kirche*', sondern: ‚Ihr seid das Licht der *Welt*'" (William Barclay).

Christen sind „das Salz der Erde". Das Salz gibt den Speisen die Würze. Ohne Salz bleibt das beste Essen fad. Warum haben heutzutage viele Menschen die Freude am Leben verloren? Warum zweifeln sie am Sinn ihres Daseins? Warum schmeckt ihnen ihre Arbeit nicht mehr? Liegt es am Leben; liegt es an der Arbeit? Oder liegt es nicht vielmehr daran, daß sie all dem keine Würze zu geben vermögen? Die Frage ist: *Für wen* leben wir? Wer nur für sich selber lebt, muß den Geschmack am Leben bald verlieren. Erst im Für-die-anderen-Dasein erschließen sich Sinn und Freude des Lebens. Das Dasein für andere gibt dem Leben seine Würze. Genau das ist es, was am Leben der Christen offenbar werden soll.

Christen sind „Sauerteig". Die Eigentümlichkeit des Sauerteigs ist seine verwandelnde Kraft. Brot ohne Sauerteig ist wegen seiner Härte ungenießbar. Erst durch den Sauerteig wird es weich und locker. Das heißt: Wie der Sauerteig das Brot verwandelt, so sollte durch die Christen eine Verwandlung des Lebens geschehen. Durch die Christen sollte das Leben glücklicher, froher und befreiter werden. Hier wiederholt sich die Frage: Wodurch unterscheiden sich bürgerliche und christliche Existenz? Inwiefern ist der Christ herausgetreten aus den Ordnungen der Welt? Was ist also das Außerordentliche, das Besondere des Christlichen? „Es ist die Existenz der Seliggepriesenen, der Nachfolgenden, es ist das leuchtende Licht, die Stadt auf dem Berge, es ist der Weg der Selbstverleugnung, völliger Liebe, völliger Reinheit, völliger Wahrhaftigkeit, völliger Gewaltlosigkeit; es ist hier die ungeteilte Liebe zum Feind, die Liebe zu dem, der keinen liebt und den keiner liebt; die Liebe zum religiösen, zum politischen, zum persönlichen Feind. Es ist in all dem der Weg, der seine Erfüllung fand am Kreuze Jesu Christi."[1]

Es bleibt nun noch etwas zu berücksichtigen, das wesentlich zum Christsein gehört. Obwohl die Welt die guten Werke des Christen sieht, der Christ selbst erkennt sie nicht. Sein Blick geht ja gerade von ihm weg. Es ist hier wie mit dem Auge. Das Auge sieht sich nicht selbst. Es ist auf den anderen gerichtet. Weil das Gute aus Gott getan wurde, bleibt es auch in Gott verborgen. Paulus nennt den Grund dafür: „Denn ihr seid gestorben, und euer neues Leben ist mit Christus verborgen in Gott. Wenn Christus, unser Leben, offenbar wird, dann werdet auch ihr mit ihm offenbar werden in Herrlichkeit" (Kol 3,3f.).

Einst wart ihr Finsternis, jetzt aber seid ihr Licht im Herrn; wandelt als Kinder des Lichtes. Die Frucht des Lichtes besteht nämlich in lauter

Güte und Gerechtigkeit und Wahrheit. Prüft, ob etwas dem Herrn wohlgefällig ist, und habt nichts gemein mit den unfruchtbaren Werken der Finsternis, bringt sie vielmehr ans Licht. Denn was von jenen im geheimen getrieben wird, das (nur) zu nennen ist eine Schande. Alles aber, was ans Licht gebracht wird, wird vom Licht erhellt; denn alles, was erhellt wird, ist Licht. Deshalb heißt es: „Wach auf, du Schläfer, steh auf von den Toten, und Christus wird dir aufleuchten." So seht denn genau zu, wie ihr wandelt, nicht wie Toren, sondern wie Weise. Kauft die Zeit aus, denn die Tage sind böse. Seid darum nicht unverständig, sondern lernt verstehen, was der Wille des Herrn ist. *Epheser 5,8–17*

27

Warum glauben Sie an Gott?

David Ben Gurion und Martin Buber

Joh 16,23–28

Der frühere israelische Ministerpräsident David Ben Gurion (1886–1973) gab einmal einen Empfang, zu dem auch der Religionsphilosoph Martin Buber (1878–1965) geladen war. Bei dieser Gelegenheit fragte ihn der Regierungschef: „Professor Buber, warum glauben Sie eigentlich an Gott?“ Buber erwiderte ihm: „Wenn es ein Gott wäre, *von* dem man reden kann, dann würde ich auch nicht glauben. Weil es aber ein Gott ist, *zu* dem man reden kann, darum glaube ich an ihn.“

Um die Antwort des Religionsphilosophen tiefer zu verstehen, greifen wir auf eines seiner Werke zurück, das den Titel „Ich und Du“ trägt. Darin ist die Rede von den menschlichen Grundworten, die nicht Einzelworte, sondern Wortpaare sind. Das eine Wortpaar lautet: „Ich – Es“, das andere: „Ich – Du“. Nehmen wir als Beispiel ein Haus. Solange ich dieses nur als Außenstehender betrachte, ist es für mich ein Es, ein Ding, ein Gegenstand, ein Objekt, zu dem ich keine persönliche Beziehung habe. Trete ich aber ein, versuche ich mich darin einzurichten, fühle ich mich darin wohl, dann wird es für mich in gewisser Weise zu einem Du, das irgendeinen Einfluß auf mich und mein alltägliches Leben nimmt. Weil ich mich in ihm geborgen fühle, kehre ich immer wieder gerne zurück. Um wieviel mehr gilt dies für eine vertraute Beziehung zu einem geliebten Menschen. Bevor ich ihn näherhin kennenlernen konnte, war auch er gewissermaßen ein bloßes

Es, ein Objekt, über das ich ohne innere Anteilnahme so manches sprechen konnte. Seitdem er sich mir aber offenbarte, seitdem ich ihn in vielen persönlichen Gesprächen schätzen und lieben lernte, rede ich ganz anders von ihm. Nicht anders ist es mit unserem Verhältnis zu Gott. Wem Gott nicht viel oder gar nichts bedeutet, wer weder seinen Willen sucht noch erfüllt, für den ist auch er ein Es, ein namenloses Wesen, das ihm nichts sagt, über das man diskutieren kann, um sich dann bald wieder aktuelleren Themen zuzuwenden. Versucht man jedoch, sich auf jenes Geheimnis, das wir „Gott" nennen, einzulassen, öffnet man sich seinem Wort und handelt danach, so wird man seine beglückende und befreiende Gegenwart erfahren dürfen. Aus dem Ich-Es-Verhältnis ist ein Ich-Du-Verhältnis geworden. Wo dies geschieht, da wird der Mensch aufgrund seines persönlichen Gottesverhältnisses spontan sprechen müssen, was der Psalmist mit folgenden Worten ausdrückt: „Ich will Dich lieben, Herr, meine Stärke, Herr, meine Felsenburg, mein Retter, mein Gott, mein Fels, auf den ich baue... Ja, Du, Herr, bist mein Licht, Du erhellst mein Dunkel" (Ps 18,2f.29). Ob es einen wahren Glauben gibt, der nicht von einer solchen Erfahrung getragen wird, die aus einem Ich-Du-Verhältnis zwischen Gott und dem Menschen erwächst? Übersehen wir aber nicht, daß auch Gott, wie jedes Du, wieder zu einem bloßen Es werden kann. Das ist der Fall, wenn wir uns nicht mehr dem Du zuwenden, um es immer wieder neu zu entdecken, sondern unsere eigenen Wege gehen.

Das Reden *mit* Gott ist nicht nur die Seele eines lebendigen Glaubens; es ist darüber hinaus die Seele einer überzeugenden Rede *von* Gott. Geht unserem Sprechen von Gott nicht das persönliche Gespräch mit Gott voraus, so werden unsere Worte unwahr. „Gott ist ja nicht vor allem ein Gegenstand unseres Fragens und Nachdenkens, der sich nicht rührt, sondern der lebendige ‚Mit-uns', der Schauende, Liebende, Rufende, Wartende, Schenkende, der uns trägt und führt, der sich uns immer mehr eröffnen und uns mit seiner Liebe erfüllen und sättigen will. Darum gehört zum Sprechen von Gott immer das Sprechen mit Gott."[1]

Das Sprechen mit Gott fällt dem heutigen Menschen sehr schwer. Wir haben Gott aus den Augen verloren. Wo ist er, fragen wir. Ist er oben oder unten, in der Höhe oder in der Tiefe? Ist er jenseits oder diesseits, in der Vergangenheit oder in der Zukunft? Wohin also sollen wir uns wenden, wenn wir beten? Könnte es aber nicht sein, daß uns Gott deshalb entschwunden ist, weil wir uns selbst entglitten sind? Muß nicht ein Mensch, der sich selbst verloren hat, konsequenterweise auch Gott verlieren? Müßte daher nicht dem Sprechen mit Gott das Sprechen des Menschen mit sich selbst vorausgehen? Man könnte dies Selbstbesinnung oder innere Sammlung nennen: „Wer bin ich – vor Gott?“ Könnte uns diese Frage und ihre ehrliche Beantwortung nicht zu Bewußtsein bringen, daß das Schicksal jenes „verlorenen Sohnes“, von dem Jesus in einem Gleichnis erzählt, unser eigenes Schicksal geworden ist? Dieser junge Mann sprach doch auch zuerst mit sich selbst, bevor er das Gespräch mit seinem Vater suchte: „Da begann er nachzudenken und sagte: Wie viele Tagelöhner meines Vaters haben mehr als genug zu essen, und ich komme hier vor Hunger um. Ich will zu meinem Vater gehen und zu ihm sagen: Vater, ich habe gegen Gott im Himmel und gegen dich gesündigt. Ich bin nicht mehr wert, dein Sohn zu sein; mach mich zu einem deiner Tagelöhner“ (Lk 15,17–19). Solch ein ehrliches Gespräch mit sich selbst hilft dem Menschen seine bisherige unklare und verschwommene Situation präzis ins Auge und ins Wort zu fassen. Daraus erwächst uns die Energie, das aufrichtige Gespräch mit Gott zu suchen. Vom „verlorenen Sohn“ heißt es am Ende des Gespräches mit sich selbst: „Dann brach er auf und ging zu seinem Vater.“ Was dann geschah, ist schnell erzählt: Der Vater sah ihn schon von weitem kommen und hatte Mitleid mit ihm. Er lief ihm entgegen, fiel ihm um den Hals und küßte ihn. Nachdem der Sohn ihm gesagt hatte, was er im Gespräch mit sich selbst formuliert hatte, tat der Vater, was der Sohn sich nicht einmal erträumt hatte. So ist Gott. Wo der Mensch im Bewußtsein seiner Armseligkeit und Hilfsbedürftigkeit den gleichen Weg geht und sich im kindlichen Vertrauen in die Hände Gottes legt, da wächst er über sich hinaus und verläßt die Einsamkeit seines Alleinseins. Welcher Mensch wäre denn stark genug, die Lasten des Lebens und die quälenden Sorgen ganz allein zu tragen, ohne dabei einen seelischen Schaden zu erleiden? Jeder Psychiater wird uns sagen, wie verhängnisvoll es für uns ist, wenn wir unsere Seelenqualen mit uns selbst herumschleppen, und wie heilsam, wenn wir jemand haben, dem wir unsere Sorgen und Ängste anvertrauen können. Sollten wir niemanden haben, dem wir uns mitteilen können, Gott ist immer für uns da.

Manch einer wird nun sagen: Wie oft habe ich schon gebetet, und es ist mir nicht geholfen worden! Mir scheint, es gibt einige Gründe, diese Aussage anzuzweifeln. Das Gebet hat immer eine Wirkung, selbst wenn diese anders ist, als wir sie uns zunächst erwünschten. Das verdeutlicht ein Text, der im Wartesaal eines Spitals von New York auf einer Bronzetafel zu lesen ist:

Herr, ich habe dich um Kraft gebeten, um Erfolg zu haben;
Du hast mich schwach werden lassen, damit ich gehorchen lerne.
Ich habe dich um Gesundheit gebeten, um große Dinge zu tun;
ich habe die Krankheit erhalten, um Besseres zu tun.
Ich habe dich um Reichtum gebeten, um glücklich zu sein;
ich habe die Armut erhalten, um weise zu sein.
Ich habe dich um Macht gebeten, um von den Menschen geschätzt zu werden;
ich habe die Ohnmacht erhalten, um Verlangen nach dir zu verspüren.
Ich habe dich um Freundschaft gebeten, um nicht allein leben zu müssen;
Du hast mir ein Herz gegeben, um alle meine Brüder zu lieben…
Ich habe nichts gehabt von dem, was ich erbeten hatte;
ich habe alles gehabt, was ich erhofft hatte.
Fast gegen meinen Willen sind meine ungesagten Gebete erhört worden.
Ich bin der Beschenkteste aller Menschen.
Dank dir, Herr![2]

Das Gebet als Sprechen mit Gott ist ja ein Vorgang zwischen zwei Polen: der eine ist ganz klein und schwach – das menschliche Ich, das kaum die eigene Situation überblickt; der andere ist ganz groß und mächtig – das göttliche Du, das nicht nur meinen gegenwärtigen Augenblick, sondern das Ganze meines Lebens, vor allem aber mein ewiges Heil im Auge hat. Wenn ich also bete: „Erlöse mich von dem Bösen", wie kann ich wissen, was für mich wirklich böse und heilsam ist? Könnte es nicht sein, daß mir gerade das zum Heile dient, was ich als böse erachte, und das von mir erwünschte Gute gar nicht gut für mich ist? Dies einzusehen fällt uns oft sehr schwer. Auch die Jünger Jesu hatten damit ihre Not. Daher sagte der auferstandene Herr zu den beiden Weggenossen, mit denen er nach Emmaus ging: „Begreift ihr denn nicht? Wie schwer fällt es euch, alles zu glauben, was die Propheten gesagt haben! Mußte nicht der Messias all das erleiden und so in seine Herrlichkeit eingehen?" (Lk 24,25 f.). Hier wird auch deutlich, wie wir die Zusage Jesu zu verstehen haben, daß jeder, der den Vater in seinem Namen bittet, auch empfängt, worum er bittet. Worum bitten wir denn in all unseren Gebeten? Geht es uns nicht immer um ein glückliches, unzerstörbares Leben? Dieses wird Gott dem ihn Bittenden „fast gegen seinen Willen" mit Gewißheit schenken. Erwarten wir es aber augenblicklich, so übersehen wir, daß der Weg zu jenem Leben der Kreuzweg ist. Wir wollen das Ziel, ohne den unbequemen Weg zum Ziel zu durchlaufen. – Aber noch etwas anderes ist hier wichtig. Wir vergessen sehr leicht, daß Gott der Vater aller Menschen ist. Daher darf der Betende nicht nur seine eigene Situation berücksichtigen; er muß auch um die anderen besorgt sein. Rücksichtnahme auf die anderen verwandelt und reinigt unser Beten, denn es ist doch durchaus möglich, daß unter gewissen Umständen den anderen zum Schaden sein kann, was ich für mich von Gott erbitte. Was wäre denn aus dem Heil der Menschen geworden, hätte der Vater im Himmel die Bitte Jesu am Ölberg erfüllt: „Vater, wenn du willst, nimm diesen Kelch von mir!"? Weil aber Jesus selbst in seiner Todesnot nicht nur auf sich schaute, sondern an alle Menschen dachte, gab er sich dem Willen seines Vaters frei. Unmittelbar fügte er seiner Bitte hinzu: „Aber nicht mein, sondern dein Wille geschehe" (Lk 22,42). Damit ist gesagt: erst vor dem Kreuz Christi werden alle unsere Bitten echt; nur vor seinem Kreuz stehend, können wir den Vater in seinem Namen bitten. „Indem wir (also) das, was uns bedrängt, was uns in Sorge verstrickt, uns unfrei und unfroh macht, indem wir unser Wünschen, Begehren, Wollen, Verlangen weder einfach in Aktion umsetzen noch bloß in uns selber herumtragen, sondern in Gebet umwandeln, vor Gott aussprechen und besprechen, gerät es in einen Maßstab hinein, der es mustert, richtet, reinigt. Der uns dazu zwingt, von einigem Abschied zu nehmen oder wenigstens es gelassen freizugeben."[3]

An jenem Tage werdet ihr mich nichts fragen. Wahrlich, wahrlich, ich sage euch: Wenn ihr den Vater um etwas bitten werdet, wird er es auch in meinem Namen geben. Bis jetzt habt ihr um nichts in meinem Namen gebeten. Bittet, und ihr werdet empfangen, damit eure Freude vollkommen sei. Dies habe ich in Bildern zu euch gesprochen. Es kommt die Stunde, da ich nicht mehr in Bildern zu euch sprechen, sondern euch unverhüllt vom Vater künden werde. An jenem Tage werdet ihr in meinem Namen bitten. Und ich sage nicht zu euch, daß ich den Vater für euch bitten werde. Denn der Vater selbst liebt euch, weil ihr mich geliebt und geglaubt habt, daß ich von Gott ausgegangen bin. Ich bin vom Vater ausgegangen und in die Welt gekommen. Nun verlasse ich die Welt wieder und gehe zum Vater.

Johannes 16,23–28

28

Keinem Menschen bleiben Dummheiten erspart

St. Andres: Die Dumme

Mt 10,16–17

In seinem Roman „Die Dumme“ schildert Stefan Andres (1906–1970) eine Wegstrecke aus dem Leben des jungen und hübschen, aber auch gutgläubigen und naiven Mädchens Lina. Eines Tages erliegt es dem Charme und den schönen Reden des fünfzehn Jahre älteren, angesehenen und reichen Fabrikanten Joseph Himmerich. Für ihn ist die „Dumme“ eine bequeme Geliebte, eine – wie er sagt – „Falle der Natur“. Nicht um sie selber geht es ihm, sondern um ihren Rücken, ihre Waden, ihre Brust. Lina spürt es. Die Unersättlichkeit seiner Liebe, seine Gier und rücksichtslose Heftigkeit machen ihr Angst. Es kommt ihr vor, als wolle er sich „durch ihren Körper hindurchfressen“. Wenn er dann aber anderntags mit ausgebreiteten Armen auf sie zutänzelt, sie im Kreise schwingt und irgend etwas für sie aus der Tasche zieht, sinkt jener andere, von dem sie bei Nacht Abschied genommen hatte, in nichts zusammen und plötzlich findet sie alles wieder schön. Als sie ihm dann gesteht, daß sie ein Kind erwartet, gefällt ihm nichts mehr an ihr. „Gut, ich werde für alles Notwendige sorgen“, sagt er ihr und liefert sie den Machenschaften eines ihm befreundeten Arztes aus. Kaum ist sie genesen, schiebt er sie zu seinem Freund Kuhn nach Ostberlin ab.

Hier lernt Lina Dirk kennen. Sie ist glücklich, jetzt ihn zu haben, um nicht so allein zu sein und wieder neu anfangen zu können. Bevor sie von Kuhns wegzieht, um Dirk den Haushalt zu führen, erklärt Herr Kuhn: „Wer nichts aus seinen Erfahrungen lernt, der ist wirklich dumm!" Später redet ihr Frau Kuhn ins Gewissen: „Dumm sind wir alle mal – dann und wann. Aber Dummheit ist doch kein Beruf. Du bist wieder mal dabei, dich nackt auszuziehen, sagen wir lieber: dich zum Bettvorleger zu machen, und ich kenne kaum einen Mann, der das nicht gnädig annimmt... Du mußt von diesem Dirk fort, weil du ein liebes, zärtliches Balg bist, immer bereit, mehr zu geben, als du darfst." Auch ihr Beichtvater legt ihr nahe, den Dienst bei Dirk aufzugeben, einfach „weil wir unserer Natur keine Situation zumuten dürfen, die wir nicht bestehen können". Er bietet ihr eine Stelle im Pfarrdienst an, wo es – so sagt er ihr – viele Möglichkeiten für ein junges Mädchen gebe. Doch all diese Ratschläge findet Lina zu nüchtern und zu streng. Sie überläßt sich lieber ihren schönen Träumen, Gedanken und Gefühlen: „Bei Dirk bleiben, das willst du, sonst nichts."

Dirk lebt getrennt von seiner Frau und ist kommunistischer Funktionär. Für ihn zählt nur die menschliche Vernunft. „Weißt du", sagt er zu Lina, „ich habe ein Bild von mir und bete zu mir selbst, zu meiner Vernunft." Sie habe ihm schon oft geholfen. Alles Religiöse weist er ab. Es sei „ein Produkt der Unwissenheit" und „der geistigen Unsauberkeit" und bedeute eine „Verunreinigung des geistigen Klimas". Er ist sich sicher, „daß es keine übersinnliche Welt gibt – und damit auch keine Hoffnung auf sie und keinen Beistand durch sie". Der Mensch müsse selber die Verantwortung für die Welt und für den Menschen übernehmen, auf allen Gebieten, in allen Lebenslagen, zu jeder Stunde. Lina weiß, daß Dirk über eine ganze Menge Vernunft verfügt, aber sie spürt auch, daß er seine Seele verloren hat. Alles, was er äußert, erscheint ihr fremd und gemacht. Allmählich sieht sie ein, daß mit Dirk kein wirkliches Zusammenleben möglich ist. Oft fragt sie sich: „Ach, Dirk, du armer Kerl, wer wird gut zu dir sein?" Als sie von ihm fortgeht, sagt sie ihm:

„Wie macht ihr das, die Welt zu regieren – allein mit der Vernunft? Als ich da an dieser Maschine saß und nähte, jeden Tag zehn Stunden, manchmal auch mehr, sonntags, werktags, zwei Jahre lang – da wußte ich wohl, warum ich das tat. Und wie es zu machen sei. Vernünftig war ich also schon. Aber woher nahm ich die Kraft? Das hab ich mich oft gefragt. Ich sah den Faden vom Zwirnröllchen herablaufen – bis an die Nadel. Aber ich wußte: da gab es noch einen andern, einen unsichtbaren Faden, der nähte von unten mit." Dann sprach sie mit erklärendem Ton: „Wenn nämlich einer dieser beiden Fäden reißt, näht die Maschine nur zum Schein. Ja, ich weiß", fuhr sie fort, „in deinen Augen ist das alles, wie du sagst: Wahn. Nach deiner Ansicht habe ich mir das alles nur so zusammengedacht, weil ich Hilfe brauchte. Aber meine Kraft, sagen wir: die Kraft aus der unteren Spule, die stammt nicht aus meinen Tränen. Dann könnte man ja einfach losheulen, und man wäre stark. Die Nähte gerieten manchmal daneben, ich durfte nicht mehr weinen! Aber seit der Zeit, als ich die Sache mit den zwei Spulen erkannt hatte, ging alles besser. Ich wußte: da in der Nadel zwischen den zwei Fäden, da geschieht es... So ging's – gelt, es ging?"

Murmelnd erwidert ihr Dirk: „Du hast viel für mich getan, ich bleibe in deiner Schuld. Du bist ein – ein guter – ich will sagen: in seinem Handeln durchaus vernünftiger Mensch, aber dein Denken ist – altmodisch, du kannst dich nun einmal nicht lösen von deiner Vergangenheit... von der zweiten Spule! Ich versteh nichts von Nähmaschinen, aber sei gewiß: Eines Tages wird man mit *einer* Spule auskommen; vielleicht ist diese Maschine sogar schon auf dem Markt!"

Nach diesem Gespräch kehrt Lina in den Westen zurück, um noch einmal – nicht für sich selbst – als Bittstellerin den Fabrikanten Joseph Himmerich aufzusuchen. Spät am Abend kommt sie an. Noch in derselben Nacht verläßt sie wieder das Haus und läuft in einen neuen Tag.

Stefan Andres, Die Dumme, dtv 798, München ²1973; siehe vor allem: Seite 118f.

„So ist nun mal der Mensch gemacht: er merkt nie beim Anhören oder Lesen einer Geschichte, daß er selber gemeint ist. Erst wenn's passiert ist, erst dann – er geht hinaus und weint bitterlich und klagt meistens auch noch darüber, daß ihn keiner gewarnt hat."[1] Diese Worte, die im Roman Frau Kuhn dem jungen Mädchen sagt, deuten auf eine Form allgemein menschlicher Dummheit hin, der auch wir beim Anhören oder Lesen des Romans von Stefan Andres anheimfallen können. Wir können nämlich diesen Roman lesen oder von ihm hören, ohne zu bemerken, daß es hier nicht um irgend jemanden –, sondern um uns selber geht. Der Roman handelt also von dir und mir! Wer sich dessen bewußt wird, hat eine der vielen Möglichkeiten menschlicher Dummheit überwunden; wer es nicht merkt, der hat die eigentliche „Lektion" des Romans nicht begriffen und ist nicht klüger geworden; er wird es vielleicht erst, wenn's passiert ist, wenn er auf irgendeine Weise hereingefallen ist und sich einen Schaden zugezogen hat. Erst durch den Schaden wird er klug. Gut, wenn ihm dann noch zu helfen ist.

So ist es übrigens nicht nur hinsichtlich dieses Romans. Es gilt für jede gute Geschichte; es gilt vor allem für jene Geschichten, die die

Bibel erzählt. Wir können sie achtlos „überfliegen", weil sie – wie wir meinen – uns nichts angehen, für uns nicht zutreffen, bis dann der Augenblick kommt, da wir dieser Dummheit überführt werden und wie Petrus hinausgehen, um bitterlich über uns selbst zu weinen: „Wie konnte uns das nur widerfahren?" Daß Dummheit aber ohne Grenzen sein kann, zeigt sich daran, daß wir oft selbst in diesem Augenblick nicht die ganze Wahrheit auf uns zukommen lassen wollen. Anstatt die gemachte Dummheit einzusehen, machen wir andere dafür verantwortlich. Wir klagen sie an, weil sie uns nicht gewarnt haben. Schauen wir uns also die wichtigsten Personen des Romans etwas näher an, um mehr über uns selbst zu erfahren.

Lina, das „dumme" Mädchen, bewegt sich zwischen zwei „gescheiten" Männern, dem kapitalistischen Pragmatiker Joseph Himmerich und dem kommunistischen Ideologen Dirk. Gescheit ist Joseph Himmerich insofern, als er besser lügen und Theater spielen kann. Er weiß, wie man es machen muß, um zu seinem eigenen Vorteil zu gelangen. Er ist schlau, listig, hinterhältig, raffiniert. Seine Menschenkenntnis hilft ihm, die Dummheit der andern, die ihn nicht durchschauen, auszunutzen. Echte mitmenschliche Beziehungen liegen ihm fern. Der andere ist für ihn im besten Fall „so eine Art Mottenkugel", die alles Unangenehme von ihm fernzuhalten hat. Auch Lina ist für ihn nur eine Mottenkugel. In einem Gespräch sagt er ihr: „Wenn ich mir Gäste einlade, meinst du, weil sie mich interessieren? Nein! Mottenkugeln! Die vertreiben mir die Zeit und die dummen Gedanken ... Ja, und die Mottenkugeln, die Gäste zum Beispiel ... Ich bilde mir doch nicht ein, daß auch nur einer einmal zehn Minuten über mich nachdächte ..., ich denke ja auch meinerseits nicht über die andern nach. Was meinst du wohl, wenn diese Damen und Herren mir an so einem Abend die Hand geben und fragen: wie geht es Ihnen – oder selbst: wie geht es dir? – was die, während sie das sagen, in Wirklichkeit denken? – wer weiß! – auf jeden Fall besser, es sich nicht auszumalen!"[2] In Lina sieht er nicht die Person, sondern „die Falle der Natur". Er liebt nicht sie selber, sondern nur dieses und jenes an ihr. Als der Augenblick kommt, für sie Verantwortung zu übernehmen, gefällt ihm nichts mehr an ihr und schiebt sie ab. Jesus warnt uns ausdrücklich vor solchen Menschen. Er nennt sie Heuchler und vergleicht sie mit Gräbern, deren Äußeres nicht zu erkennen gibt, was im Inneren geschieht. Die Dummheit von Joseph Himmerich besteht darin, daß er nicht bemerkt, wie zerstörend für ihn ist, was er als nützlich erachtet. Was er für seinen Vorteil und seinen Gewinn hält, ist in Wirklichkeit sein Nachteil und Verlust. Joseph Himmerich ruiniert sich selbst und merkt es nicht. Das ist seine Dummheit.

Dirk hält die menschliche Vernunft für einen Schlüssel, der jede Tür öffnet. „Eine Tür aber, die sich mit diesem Schlüssel nicht öffnen läßt, lassen wir geschlossen, denn sie führt sicherlich in irgendeinen Wahn."[3] Eine solche Anschauung bezeichnet die Bibel immer wieder als „Torheit". Torheit bedeutet weit mehr als nur einen intellektuellen Mangel. Ihr Bogen reicht von der Unüberlegtheit bis hin zur Gottesleugnung und Gottlosigkeit. Der älteste Wortstamm im Hebräischen ist „welken, zerfallen". Ein Mensch, der sich von seiner tiefsten Lebensquelle löst, welkt und zerfällt. Im Leben von Dirk gibt es manche Anzeichen dafür. Er ist liebesunfähig und bleibt deshalb ungeliebt. „Ach, Dirk, du armer Kerl, wer wird gut zu dir sein?" fragt sich Lina, als sie ihn besser kennt. Arm ist Dirk, weil er seine Seele vergessen hat. Deshalb ist alles, was von ihm ausgeht, verkrampft. Er vergewaltigt seine Natur. Als seine Seele beim Abschied von Lina lebendig werden will, tötet er ihre Regungen sofort ab: „Du bist ein – ein guter – ich will sagen: in seinem Handeln durchaus vernünftiger Mensch" – so als wäre „gut" und „vernünftig" restlos dasselbe. Auch hier gilt das Wort von Blaise Pascal: „Das Herz hat seine Vernunft, die der Verstand nicht kennt. Man weiß das aus tausend Beispielen."

Das Verhalten Linas gibt dem Roman seinen Titel. Doch ihre Dummheit ist ganz anderer Art als die von Joseph Himmerich und Dirk. Lina ist unwissend, naiv, gutgläubig, vertrauensselig und einfältig. Zu lange braucht sie, bis sie aus ihren schlechten Erfahrungen lernt und Konsequenzen zieht. Bis sie zur Vernunft gelangt, hat sie viel weggegeben und verloren. Haben Joseph Himmerich und Dirk zuwenig Herz, Lina hat zuviel davon. Deshalb durchschaut sie nur langsam manche Situation. Wo andere die Wirklichkeit unmittelbar erfassen, da hat Lina nur eine Ahnung, die sich mit der Zeit verdichtet und sie – oft sehr spät – zur Entscheidung nötigt. So lesen wir im Roman an zwei bedeutsamen Stellen: „Seit diesem Gespräch ahnte Lina, daß die Zeit in Josephs Haus wahrscheinlich nicht mehr lange dauerte. Die Ahnung war nicht neu, aber jetzt kam sie ihr täglich näher." Hinsichtlich ihres Verhältnisses zu Dirk sagt sie selbst: „Ich habe es geahnt, aber nicht glauben wollen." Erst nachdem sie viel Lehrgeld hat zahlen müssen, erkennt sie, daß Joseph „kein guter Mann" ist und daß Dirk „seine Seele vergessen hat". Aber Lina macht einen – wenn auch langsamen – Lernprozeß durch. Wurde sie von Joseph abgeschoben, so kann sie bezüglich Dirk sagen: Ich machte mich von ihm los, ehe er sich losgemacht hatte von mir. Spät, aber nicht zu spät, fängt und rettet sich Lina durch ihren Glauben an Gott. Aufgrund ihres arglosen Herzens offenbart sich Gott der Näherin als der „unsichtbare Faden", der von unten mitnäht. „Wenn einer dieser beiden Fäden reißt, näht die Maschine nur zum Schein." Es kommt nicht zu ihrer Verknüpfung in der Nadel. So ist es im Leben von Joseph und Dirk. Sie führen nur ein Scheinleben. Anders bei Lina. Bei ihr sind zwar manche Nähte daneben geraten, aber der Faden war nicht gerissen. Was sagt dieses Bild? Das menschliche Leben hat nur Bestand, wenn wir in unseren vielfältigen Entscheidungen und Verhaltensweisen die uns gewährte Zeit verknüpfen mit Gottes Ewigkeit. Seit der Zeit, da Lina die Sache mit den zwei Spulen erkannt hat, geht alles besser. Von diesem Zeitpunkt an weiß sie: „Da in der Nadel zwischen den beiden Fäden, da geschieht es."

Befragen wir nun die Bibel, wie wir uns als Christen in der Welt verhalten sollen, so finden wir bei Mattäus eine Antwort. Dort sagt Jesus, daß im Umgang mit den Menschen Schlangenklugheit und Taubeneinfalt miteinander verbunden werden müssen. Diese Verbindung ist von großer Wichtigkeit. Schlangenklugheit ohne Taubeneinfalt führt zu listiger Verschlagenheit; Taubeneinfalt ohne Schlangenklugheit hingegen zu blinder Vertrauensseligkeit und unbedachtem Wagemut. Nur wo Schlangenklugheit und Taubeneinfalt sich miteinander verbinden, gelangt der Christ zu umsichtiger Besonnenheit und lauterer Geradheit. Wer kommt von heute auf morgen dorthin? Wem gelingt es, ohne daß er seinen Lebensfaden mit dem mitlaufenden Faden Gottes verknüpft? Aber auch dann bleibt es keinem erspart, dann und wann eine Dummheit zu begehen, durch die er klüger wird und reift, wenn er bereit ist, aus seinem begangenen Fehler zu lernen, denn „es ist dem Menschen nur möglich, mehr er selbst zu werden, wenn er vorher durchlebt, wie wenig er selbst ist" (Rudolf Affemann). Von hier aus gesehen, haben selbst unsere Dummheiten einen tiefen Sinn.

Seht, ich sende euch wie Schafe mitten unter die Wölfe. Seid also klug wie die Schlangen und ohne Falsch wie die Tauben. Nehmt euch aber in acht vor den Menschen. *Mattäus 10,16–17*

29

Haben Sie einen Charakter?

J. Anouilh: Der Herr Ornifle

Mt 3,1–6; 14,3–10

In seiner Charakterkomödie „Der Herr Ornifle" stellt der französische Dramatiker Jean Anouilh einen modernen Don Juan dar, der ständig vor sich selbst auf der Flucht ist und Betäubung sucht, um sich nicht bewähren zu müssen. Durch Betrug und Bluff schafft er den Aufstieg vom erfolglosen Lyriker zum gewandten, gut honorierten Chansontexter und Allesschreiber. Selbst Gott wird als Geschäftspartner einkalkuliert. Ohne Schwierigkeiten verfaßt er zwischen zwei Schäferstündchen einen frivolen Schlager für das Showgeschäft und einige rührende Strophen über das Jesuskind. Ist er einer Geliebten überdrüssig, so gibt er sie samt Baby an einen anderen weiter.

Eines Tages taucht sein unehelicher Sohn Fabrice, ein junger Arzt, auf und will seinen Vater mit einem Revolver erschießen, weil er seine Mutter sitzenließ. Da die Braut des Sohnes die Kugel noch rechtzeitig unbemerkt entfernen konnte, kommt es nicht so weit. Doch angesichts der vorgehaltenen Pistole bricht Ornifle unter einem Herzanfall zusammen. Während sich Fabrice mit seiner ärztlichen Kunst um ihn bemüht, hat sein Vater bereits einen Plan fertig, um selbst die Braut seines Sohnes zu erobern. Als er zum Stelldichein eilt, löscht ein plötzlicher Herzschlag sein Leben aus.

Jean Anouilh, Der Herr Ornifle, Dramen Bd. II, Langen-Müller Verlag, München – Wien 1970.

Charakterlos nennen wir einen Menschen, der sich durch alle Situationen des Lebens hindurchlaviert. Er ist unbestimmt und uneindeutig, unaufrichtig und verschlagen. Ein solcher Mensch steht nicht zu sich selbst und seinen Überzeugungen, weil er keine hat. Weil er keine ethischen Normen anerkennt, setzt er bedenkenlos seine Tat. Seinen Entschlüssen wird er ebenso rasch untreu, wie er sie gefällt hat. Wo es um einen persönlichen Vorteil geht, fällt er um. Von jedem Reiz wird er gefangengenommen. Dabei ist „Charakterlosigkeit" etwas viel Schwerwiegenderes als ein „fehlerhafter Charakter". Charakterlosigkeit ist der Verlust der personalen Einheit.

Ein solch charakterloser Mensch ist Herr Ornifle. Keinerlei Verantwortungsbewußtsein ist ihm zu eigen. Daher ist er zu jeder Hintergehung und zu jeder Gemeinheit fähig. Man kann immer wieder nur staunen, wie gewandt und geschickt er ist, um sich eine Situation nutzbar zu machen. Erkennt er einen Vorteil, so hat er seinen Plan bereits gefaßt. Alle und alles dienen ihm nur als Mittel zum Zweck seiner unersättlichen Selbstsucht. Jeder spürt, daß man einen solchen Menschen niemals zum Freund haben kann. Deshalb lebt der charakterlose Mensch stets in einer tiefen Vereinsamung. Weil er es aber bei sich selbst nicht auszuhalten vermag, ist er ständig auf der Flucht. Entweder besinnt er sich auf neue Widerwärtigkeiten, oder aber er sucht den Rausch und die Betäubung, die ihm das Leben erträglich machen sollen. Indem Herr Ornifle nichts anderes tut, als seine Triebnatur auszuspielen, bricht seine personale Einheit auseinander. Wie jeder charakterlose Mensch ist er zu jeder Zeit in der Lage, haltlos in sich selbst zusammenzubrechen.

Es stellt sich hier die Frage, was denn nun ein „Charakter" ist und wer einen Charakter hat. Charakter bedeutet das verantwortungsbewußte, verläßliche und folgerichtige Verhalten, durch das sich ein Mensch vor seinen Mitmenschen, vor sich selbst und vor Gott bewährt. Orientiert einer sein Denken, Wollen und Handeln an ethischen Werten; sagt er, was gesagt werden muß; hat er seine Überzeugung, zu der er sich auch in ungelegenen Situationen bekennt; durchzieht sein Leben eine gerade Linie; kann man sich auf ihn verlassen, dann sagen wir: „Das ist ein Mensch mit Charakter." Er ist und bleibt in einem gewissen Sinn, der er ist und war. Hat man einen solchen Menschen zum Freund, dann steht er zu einem und verrät einen nicht für wenige Silberlinge. Hat man ihn zum Feind, dann ist er wenigstens ein offener Gegner, der Hinterhältigkeit und Intrigen verabscheut.

In jenen Tagen trat Johannes der Täufer auf und predigte in der Wüste von Judäa: „Kehrt um, denn das Himmelreich ist nahe gekommen." Dieser nämlich ist es, von dem gesprochen wurde durch den Propheten Jesaja: „Eine Stimme ruft in der Wüste: Bereitet den Weg des Herrn! Macht seine Straßen eben!" Er aber, Johannes, trug einen Mantel aus Kamelhaaren und einen ledernen Gürtel um seine Hüfte. Und seine Nahrung waren Heuschrecken und wilder Honig. Da zog Jerusalem und ganz Judäa und die ganze Jordangegend zu ihm hinaus, und sie ließen sich von ihm im Jordan taufen und bekannten dabei ihre Sünden.

Herodes hatte (später) Johannes festnehmen und fesseln und ins Gefängnis setzen lassen wegen der Herodias, der Frau seines Bruders Philippus. Denn Johannes hatte zu ihm gesagt: „Es ist dir nicht erlaubt, sie zu haben." Und er hätte ihn gerne töten lassen, fürchtete aber das Volk, weil man ihn für einen Propheten hielt. Als nun Herodes Geburtstag hatte, tanzte die Tochter der Herodias vor den Gästen und gefiel dem Herodes so gut, daß er unter einem Eid versprach, ihr alles zu geben, was immer sie begehre. Die aber sagte, angestiftet von ihrer Mutter: „Gib mir hier auf einer Schüssel das Haupt Johannes' des Täufers." Da wurde der König betrübt, aber wegen seiner Schwüre und wegen der Gäste befahl er, ihn ihr zu geben. Er sandte hin und ließ Johannes im Gefängnis enthaupten.

Mattäus 3,1–6; 14,3–10

30

Sind Sie liebesfähig?

B. Brecht: Die unwürdige Greisin

Lk 10,25–28

In einem badischen Städtchen lebte eine Frau, die zweiundsiebzig Jahre zählte, als ihr Mann starb. Viele Jahrzehnte hindurch hielt sie allein das alte Haus in Ordnung. Ohne Hilfe kochte sie für ein Dutzend Personen und ernährte sich selbst von den Resten. Sie kannte nichts anderes als Pflicht und Arbeit. Von sieben Kindern, denen sie das Leben schenkte, hatte sie fünf großgezogen. Von all dem war sie mit den Jahren klein geworden.

Mit dem Tod ihres Mannes änderte sich das Leben dieser alten Frau. Ihre Kinder, die inzwischen das Haus verlassen hatten, unterstützten sie mit einer kleinen monatlichen Summe, nachdem man den kleinen Betrieb ohne Gewinn verkaufen mußte. Die alte Frau gestattete sich jetzt Freiheiten, von denen sie früher nicht einmal geträumt hatte. Jeden zweiten Tag ging sie in ein Gasthaus essen. Sie besuchte Kinos, in denen nur Halbwüchsige und Liebespaare zusammenkamen. Sie spielte Karten und begann den Rotwein zu lieben. Öfters in der Woche besuchte sie in einem verrufenen Gäßchen die Werkstatt eines Flickschusters, in der, besonders am Nachmittag, allerlei nicht gerade respektable Existenzen herumsaßen. Hier wurde viel gelacht und zwischendurch über die würdigen Autoritäten der Stadt losgezogen.

Mit ihrem früheren Familienleben schien die alte Frau abgeschlossen zu haben. Obwohl sie das große Haus allein bewohnte, nahm sie die sehr beengt wohnende Verwandtschaft nicht auf. Selbst ihren von auswärts kommenden Sohn wies sie ab und schickte ihn in ein Hotel. Dafür unterstützte sie andere Leute, die sie sich nach ihrem Gutdünken aussuchte. Auf ihren Ausflügen nahm sie ein junges Mädchen mit, eine halb Schwachsinnige, die in dem Gasthaus arbeitete, wo sie zu speisen pflegte. Diesem „Krüppel", wie die Verwandtschaft das Mädchen nannte, kaufte sie einen großen Hut mit Rosen drauf, während sie ihrem Enkel das Kommunionkleid versagte. Den Pfarrer, der sie besuchen kam, lud sie, wie allgemein behauptet wurde, ins Kino ein.

Die alte Frau, deren Lebenswandel von manchem für unwürdig gehalten wurde, fühlte sich keineswegs vereinsamt. Sie sah gesund aus und erfreute sich einer ausgeglichenen Stimmung. Im Sommer stand sie zuweilen morgens früh um drei Uhr auf und spazierte durch die leeren Straßen der Stadt, die sie auf diese Weise für sich alleine hatte. An einem Herbstnachmittag starb sie unerwartet, auf einem Stuhl am Fenster sitzend. Bei ihr war der „Krüppel", den sie für den Abend ins Kino eingeladen hatte. Sie war vierundsiebzig Jahre alt geworden.

Vgl. Bertolt Brecht, Die unwürdige Greisin, in: Geschichten, Gesammelte Werke 11, Suhrkamp Verlag, Frankfurt a. M. 1967, S. 315–320.

Gegen Ende dieser Kurzgeschichte schreibt Bertolt Brecht (1898 bis 1956) drei Sätze, die den Schlüssel zu ihrem Verständnis enthalten: „Genau betrachtet lebte sie hintereinander zwei Leben. Das eine, erste, als Tochter, als Frau und als Mutter, und das zweite einfach als Frau B., eine alleinstehende Person ohne Verpflichtungen und mit bescheidenen, aber ausreichenden Mitteln. Das erste Leben dauerte etwa sechs Jahrzehnte, das zweite nicht mehr als zwei Jahre." Wie haben wir diesen Hinweis zu verstehen? In ihrem ersten Leben hatte sie nur für andere dazusein: als Tochter für die Eltern, als Ehefrau für ihren Mann, als Mutter für ihre Kinder. Die ständige Eintönigkeit von Pflicht und Arbeit ließ sie innerlich so verkümmern, daß sie selbst die wenigen Gelegenheiten zu einem Familienausflug „mit einer wegwerfenden Handbewegung" abgelehnt hatte. Wenn man berücksichtigt, daß sie es später vermied, das Grab ihres Mannes zu besuchen, und auch von ihren Kindern nicht mehr allzuviel wissen wollte, verdeutlicht sich, wie wenig sie in all den Jahren unter den gegebenen Umständen wirklich Frau und Mutter war. Nicht nur körperlich, sondern auch seelisch war sie zusammengeschrumpft. In der ihr abverlangten Selbstlosigkeit hatte sie sich selbst verloren.

Mit dem Tod ihres Mannes trat die große Wende ein. Sie verließ die ihr vorgeschriebenen Bahnen und entledigte sich der ihr aufgenötigten Verpflichtungen, um endlich Mensch zu werden. An die Stelle der Eintönigkeit traten jetzt Eigeninitiative, Spontaneität und Phantasie. Was bedeutet Phantasie? In seinem Buch „Das Fest der Narren“ schreibt Harvey Cox: „Phantasie ist Humus. Daraus erwächst des Menschen Fähigkeit, zu erfinden und zu erneuern. Die Phantasie ist die reichste Quelle menschlicher Schöpfungskraft... Wie Gott, so schafft der Mensch in seiner Phantasie ganze Welten ex nihilo, aus dem Nichts... Die Phantasie kennt keine Hindernisse. Wir setzen nicht nur die Regeln des sozialen Benehmens außer Kraft, sondern auch die ganze Struktur der alltäglichen ‚Wirklichkeit‘. In der Phantasie verwandeln wir uns nicht nur in unser ideales Selbst, sondern in völlig andere Menschen.“[1] All dies trifft wörtlich für das zweite Leben jener alten Frau zu. In ihm entdeckte sie sich selbst, womit sich ihr Dasein von Grund auf erneuerte. Indem sie jetzt unbekümmert ihr eigenes Leben begann und nicht nur die Regeln des sozialen Benehmens außer Kraft setzte, sondern auch die ganze Struktur der alltäglichen „Wirklichkeit“, wurde sie in ihrem Verhalten „sozial auffällig“, was ihre Umwelt als „unwürdig“ erachtete.

Die „Unwürdigkeit“ der alten Frau bestand also darin, daß sie es wagte, aus den gesellschaftlich anerkannten Normen und Traditionen auszubrechen. In solcher „Traditionsstörung“ liegt der für Bertolt Brecht typische „Verfremdungseffekt“. Für diesen ist es entscheidend, daß sich die Greisin nicht bewegen ließ, ihr „abnormes“ Verhalten aufzugeben und in die vorgegebene Ordnung zurückzukehren. Denn nur dadurch, daß die Rückkehr nicht vollzogen wird, bleibt der Widerspruch bestehen und mit ihm die Erschütterung und Verwirrung des in der Tradition verharrenden Menschen. Der Kreislauf des kindlich-komischen Verhaltens (Norm – Abnorm – Norm; Integration – Emanzipation – Integration) wird hier nicht vollzogen. „So ist die Verfremdung der bewußt abgebrochene Rückgang zum Komischen des Kindes, die absichtliche Negation von Sicherheit und herkömmlicher Ordnung durch Belassen des Fremden als Stachel im Fleisch der unreflektierten stagnierenden Beruhigung. Der Befremdete ist aufgerufen zum kritischen Durchdenken der soziokulturellen Situation. Die Verfremdung erweist sich damit als Vorstufe der Begründung einer neuen gesellschaftlichen Ordnung, die sich des Reaktionären entledigt.“[2]

Das Durchdenken der Situation jener Frau zeigte bereits, daß ein Menschenleben notwendigerweise seelisch absterben muß, wenn es nur in Dienst genommen wird. Andererseits kann nicht übersehen werden, daß auch in ihrem zweiten Leben nicht alles stimmte. Vor allem ihr Verhalten den eigenen Kindern gegenüber macht uns nachdenklich. So muß von ihren beiden extremen Verhaltensweisen her ein neuer Weg erschlossen werden. Dieser Weg geht von der Selbstfindung und der Selbstverwirklichung aus, um die anderen am eigenen Lebensglück teilhaben zu lassen. Wenn nämlich Liebe bedeutet, daß der Mensch nicht irgend etwas, sondern sich selbst gibt, dann ist die Selbstfindung die Voraussetzung zu jeder Selbsthingabe; denn das Verhältnis des Menschen zu seinem Mitmenschen gründet immer im Verhältnis des Menschen zu sich selbst. Hat einer den Weg zu sich selbst gefunden, so wird es ihm nicht schwerfallen, auch den Weg zu seinen Mitmenschen zu finden. Damit also ein Mensch liebesfähig werden kann, muß ihm jener Freiheitsraum gewährt werden, der es ihm ermöglicht, zu sich selbst zu kommen. Aus diesem Grund sagt ein Schriftwort nicht einfach: „Liebe deinen Nächsten!", sondern: „Liebe deinen Nächsten *wie dich selbst*!" Wer sich selbst nicht liebt, wird auch nicht seinen Nächsten lieben können.

Und siehe, ein Gesetzeslehrer trat auf, um ihn auf die Probe zu stellen, und sagte: „Meister, was muß ich tun, um das ewige Leben zu erlangen?" Er aber sprach zu ihm: „Was steht im Gesetz geschrieben? Wie liest du?" Jener antwortete: „Du sollst den Herrn, deinen Gott, lieben mit deinem ganzen Herzen und mit deiner ganzen Seele und mit deiner ganzen Kraft und mit deinem ganzen Denken, und deinen Nächsten wie dich selbst." Da sprach er zu ihm: „Du hast recht geantwortet. Tu das, und du wirst leben." *Lukas 10,25–28*

31

Was tun Sie für die Gemeinschaft?

S. v. Radecki: Der Spiegel

1 Kor 12,4–7.12–13.26–27

Ein wohlhabender und selbstsüchtiger Mann besuchte einen weisen Rabbiner. Der Rabbi ging mit ihm zum Fenster und fragte ihn: „Was siehst du da draußen?" „Menschen", antwortete ihm der Selbstsüchtige. Darauf führte er ihn zu einem Spiegel. „Was siehst du nun?" fragte der Rabbi. „Ich sehe mich selbst", antwortete der Gefragte. Da sprach der Rabbi: „Merke auf – das Fenster ist aus Glas, und der Spiegel ist aus Glas. Was den Spiegel vom Fenster unterscheidet, ist nur die dünne Silberschicht auf seiner Rückseite. Das heißt: Kaum kommt etwas Silber hinzu, so hörst du auf, andere Menschen zu sehen, und siehst nur noch dich selbst."

Vgl. Sigismund v. Radecki, Der Spiegel, in: ABC des Lachens, rororo Taschenbuch, Bd. 84/85, Reinbek bei Hamburg 1970, S. 98.

Eine Frage sei vorausgeschickt: Brauchen wir nicht alle „etwas Silber", um uns selbst zu sehen, um zu einem gesunden Selbstbewußtsein zu erwachen? Die Psychologie zeigt uns ja deutlich genug, welche Bedeutung ein gesundes Selbstbewußtsein zum Gelingen unseres Lebens hat. Sie zeigt uns, wie ein Leben auf schiefe Bahnen kommen kann, wenn das Selbstbewußtsein in seiner Entfaltung durch sogenannte Minderwertigkeitsgefühle gehemmt wird. Geld und Eigentum fördern aber nicht nur unser Selbstbewußtsein; sie sind auch ein Garant unserer Freiheit. Frei und unbefangen fühlt sich nur, wer bis zu einem gewissen Grad unabhängig ist; unfrei und abhängig ist dagegen, wer ständig auf andere angewiesen ist. Besitz und Vermögen ermöglichen somit jene Selbstliebe, ohne die es keine wahre Nächstenliebe gibt. Wie es aber keine wirkliche Nächstenliebe ohne Selbstliebe gibt, so gibt es auch umgekehrt keine wahre Selbstliebe ohne Nächstenliebe. Hier dürfte wohl der kritische Punkt liegen, der den Rabbiner veranlaßte, dem Besucher eine anschauliche Lektion zu erteilen.

Das Silber jenes Besuchers war wie eine Wand zwischen ihm und seine Mitmenschen getreten, so daß er diese völlig aus den Augen verlor und nur noch sich selber sah. Auf diese Weise verkehrt sich Selbstliebe in Selbstsucht. Solche Selbstsucht offenbart ihr Gesicht in Gewinnsucht, Raffgier, Habsucht und Geiz. Was selbstsüchtigen Menschen fehlt, ist Güte, Mitgefühl, Einfühlungsvermögen, Rücksichtnahme, Einsatzbereitschaft und Begeisterungsfähigkeit. „Es bedarf kaum ausführlicher Begründung, daß der Selbstsüchtige auch in hohem Maße zu Neid und Mißgunst neigt ... Aber nicht nur in persönlicher, sondern auch in sachlicher Hinsicht fehlt es ihm an Hingabebereitschaft und Verbindlichkeitsbewußtsein; wenn er etwas tut, dann nur in Hinblick auf den zu erwartenden subjektiven Gewinn“ (Heinz Remplein). Von hier aus fällt es nicht schwer, sich vorzustellen, wie unglücklich selbstsüchtige Menschen im Grunde ihres Herzens sind. Weil sie im Gegensatz zur Gemeinschaft stehen, sind sie innerlich vereinsamte Menschen, die sich den Weg zu ihrer Selbstverwirklichung, die sich nur in der Gemeinschaft vollzieht, verbauen. Wie wir unser Leben aus der Gemeinschaft empfangen haben, empfangen wir es immer wieder neu, wenn wir in ihr ein lebendiges Glied sind.

Menschsein bedeutet Glied-sein. Es entfaltet sich nur insofern, als wir uns mit allem, was wir sind und haben, in das Gemeinschaftsleben eingliedern. Dabei können wir nicht nur von unseren eigenen Maßstäben ausgehen. Wir müssen uns vor allem fragen, was die Gemeinschaft berechtigterweise von uns fordert. Trefflich sagt Albert Einstein: „Was ein Mensch für seine Gemeinschaft wert ist, hängt in erster Linie davon ab, inwieweit sein Fühlen, Denken und Handeln auf die Förderung des Daseins anderer gerichtet ist.“ Ist also das, was uns zu eigen ist – wozu neben den materiellen Gütern auch unsere geistigen und seelischen Kräfte und Fähigkeiten gehören –, für uns nur ein Spiegel, der uns auf uns selbst zurückweist, oder Tore, die uns zum anderen führen? Das bedeutet nicht, daß wir uns selbst untreu werden müßten, denn Gliedsein meint nicht nur Offensein für andere; es schließt auch unsere Besonderheit gegenüber den anderen ein. In jeder Gemeinschaft muß der Mensch etwas Eigenes und Besonderes sein.

Wir sollen anders als die anderen sein. Genauso ist es ja auch bei den Gliedern eines jeden Leibes. Aber dieses Eigene und Persönliche muß in den Dienst des Gesamten gestellt werden. Gerade weil die Gemeinschaft die Verbundenheit verschiedener Glieder ist, die alle einander brauchen, ist sie so fruchtbar.

Wenden wir das Gesagte nun zunächst auf die Familiengemeinschaft an. „Die Familie ist die Grundschule aller Erziehung zur Gemeinschaft" (Ernst zur Nieden). Sieht in einer Familie jeder nur auf seinen eigenen Vorteil, so muß dies zu einer Existenzbedrohung aller ihrer Mitglieder – und zur Erschütterung des ganzen Familienlebens führen. Hier fällt den Eltern eine besondere Aufgabe zu. Verstehen sie sich in ihrer Ehe nicht mehr, haben sich zwischen ihnen Wände erhoben, so kann es sein, daß ihre Kinder dieses ihr zerstörtes Verhältnis zeitlebens zu durchleiden haben. Weil das heranwachsende Kind sehr oft das Verhalten seiner Eltern nachahmt, ist es wichtig, daß sie sich selbst in ihrer sorgenden und liebenden Hingabe als lebendige Glieder für alle in der Familiengemeinschaft verantwortlich fühlen. Sie sollen das Selbstbewußtsein ihrer Kinder stärken, sie aber zugleich im Namen der gesamten Familiengemeinschaft zur Erfüllung ihrer Pflichten rufen, damit sie ein die Gemeinschaft förderndes Glied werden.

Ähnlich wie in der Familiengemeinschaft ist es auch in der Glaubensgemeinschaft der Kirche Jesu Christi. Der Apostel Paulus vergleicht sie ausdrücklich mit den vielen Gliedern des Leibes, die trotz ihrer Vielheit eine Einheit bilden. Es gibt keine arbeitslosen Glieder; ein jedes hat seinen besonderen Auftrag. Erfülle ich ihn nicht, weil ich nur meine eigenen Interessen, Wünsche und Ziele verfolge, dann kann die Kirche ihre Sendung in dieser Welt nicht so verwirklichen, wie es möglich wäre, wenn auch ich als ein lebendiges Glied in ihr wirksam würde. Glaube ich hingegen, ich könnte als Christ außerhalb der Glaubensgemeinschaft meinen Glauben leben, so wird dieser Glaube erfahrungsgemäß bald seine Lebenskraft verlieren. „Eine glühende Kohle, aus dem Bereich der Glut herausgenommen und allein gelegt, verlischt. Legt man sie aber wieder zu den anderen im Ofen, so vermag sie glühend zu werden ... Was Kirche ist, erleben wir in ihrer beglückenden und Gemeinschaft stärkenden Kraft erst dann, wenn wir in ihr wirklich Glieder sind."[1] Diese die Kirche durchdringende Kraft ist der Heilige Geist Gottes. Er ist jener innere Antrieb, der uns aus dem Gefängnis unserer Selbstsucht ausbrechen läßt. Wo wir uns von diesem Geist ergreifen lassen, da ist wahrhaft gesundes

Leben, das von allen Krankheiten des Ichs befreit ist. Bin ich mir also im klaren, welche Funktion ich in meiner Kirche aufgrund meiner Gaben und Fähigkeiten habe? Nehme ich am Gemeinschaftsleben der Kirche teil, oder bleibt mein Platz unbesetzt? Führe ich in Familie und Beruf ein wirklich christliches Leben, das sich am Vorbild Jesu Christi bemißt? Nehme ich teil an der Verkündigung seiner frohen Botschaft, indem ich Zeugnis für sein Evangelium gebe? Bin ich bereit, mein Hab und Gut mit den notleidenden Brüdern zu teilen? Wer sich diese Fragen stellt, wird wahrscheinlich sprechen müssen: „Herr, erbarme dich. Ich habe meine Freude ohne dich gesucht. Ich habe an mich geglaubt und dabei die Hoffnung verloren. Christus, ich habe dich nicht im Bruder wiedererkannt. Ich bin meinem täglichen Kreuz ausgewichen und habe dich nicht angenommen. Herr, ich habe deine Gabe für mich behalten. Ich habe mit meinem Leben kein Zeugnis für dein Evangelium gegeben."[2]

Es gibt Verschiedenheiten in den Gnadengaben, aber nur einen *Geist. Und es gibt Verschiedenheiten in den Ämtern, aber nur* einen *Herrn. Und es gibt Verschiedenheiten in den Wunderkräften, aber nur* einen *Gott, der alles in allen wirkt. Jedem aber wird die Offenbarung des Geistes verliehen, damit sie allen nützt.*

Wie nämlich der Leib nur einer ist, jedoch viele Glieder hat, alle Glieder des Leibes aber trotz ihrer Vielheit einen einzigen Leib bilden, so ist es auch mit Christus. Denn in dem einen Geist sind auch wir alle zu einem Leib getauft worden.

Wenn darum ein Glied leidet, leiden alle Glieder mit; wenn ein Glied ausgezeichnet wird, freuen sich alle Glieder mit. Ihr seid der Leib Christi, und jeder einzelne ist ein Glied an ihm.

1 Korinther 12,4–7.12–13.26–27

32

Ohne dieses Kapitel ist kein Mensch ein Mensch

A. Solschenizyn: Matrjonas Hof

1 Kor 13,4–8

Ignatytsch erhielt eine Anstellung als Mathematiklehrer in Torfoprodukt und quartierte sich in einem nahegelegenen Dorf bei der alleinstehenden Witwe Matrjona Wassiljewna ein. Es war ein altes, graues, vermodertes Haus. Hinter den verblichenen Tapeten rumorten, kratzten und piepsten die Mäuse. Dennoch fühlte sich Ignatytsch hier wohl, denn beide hatten sich schnell aneinander gewöhnt, und so lebten sie einträchtig zusammen.

Im Verlauf ihrer sechzig Jahre hatte man Matrjona vielerlei Unrecht angetan. Obwohl sie krank war, rechnete man sie nicht zu den Invaliden. Ein Vierteljahrhundert hatte sie im Kolchos gearbeitet. Trotzdem stand ihr keine Rente zu. Ihr Mann war seit dem Krieg verschollen. Da es ihr nicht möglich war, von den verschiedenen Stellen all die Bescheinigungen beizubringen, ging sie auch hier ohne Unterstützung aus. Sechs Kinder hatte sie geboren. Sie starben alle sehr früh. Matrjona klagte nicht. In ihren Augen fand sich immer ein strahlendes Lächeln. Wenn sie morgens gegen vier oder fünf Uhr aufstand, hatte sie die Reihenfolge ihrer Arbeit genau im Kopf. Sie kochte, sammelte alte Baumstümpfe, pflückte im entlegenen Wald Preiselbeeren, hackte Kartoffeln und versorgte ihre einzige, schmutzigweiße Ziege mit Heu. Jede Arbeit begann sie „mit Gott". Wurde sie von Nachbarn gebraucht, so half sie dort. Hatte sie getan, was sie sich vorgenommen hatte, dann lächelte sie freundlich und zufrieden und war mit allem ausgesöhnt.

Von der Krankheit ausgelaugt, hatte Matrjona angesichts ihres baldigen Todes entschieden, daß ihre Pflegetochter, die sie zehn Jahre lang wie ihr eigenes Kind betreute, den kalten Teil des Hauses bekommen sollte. Nun ergab es sich, daß die inzwischen verheiratete Pflegetochter nur dann ein Stück Land bekommen und behalten konnte, wenn darauf ein Haus errichtet würde. Da es nicht möglich war, anderswoher Bauholz zu bekommen, stimmte Matrjona zu, den kalten Teil des Hauses schon jetzt in seine Bestandteile zu zerlegen und zu jener Stelle zu schaffen, wo das Haus errichtet werden sollte. Ihre drei Schwestern, die es auf das Kernstück des Hauses abgesehen hatten, kamen und beschimpften sie als dumme Trine. Matrjona begleitete den Transport. Es war schon dunkel, als sie zum unbeschrankten Bahnübergang kamen. Hier riß der Strick. Der Anhänger blieb auf dem Bahnübergang stecken. Während man das Dilemma zu beheben suchte, wurden Matrjona und zwei Arbeiter von zwei aneinandergekoppelten Lokomotiven, die rückwärts und ohne Licht fuhren, erfaßt und zerquetscht.

Nach diesem Unglücksfall wurde das Haus von Matrjona bis zum Frühjahr zugenagelt. Ignatytsch zog in die Nähe zu einer ihrer Schwägerinnen. Diese kam öfters auf Matrjona zu sprechen und ließ ihn die Tote von einer ganz anderen Seite sehen. „Sie wurde", so erklärte sie ihm, „von ihrem Mann nie geliebt. Da sie nichts brauchte, vertrank er, was übrigblieb. In der Stadt hatte er sich einmal eine andere angeschafft und war entschlossen, nicht mehr zu Matrjona zurückzukehren." Alles, was sie zu sagen hatte, sprach gegen die Verstorbene. Selbst ihre schlichte Herzlichkeit unterzog sie einer verächtlichen Kritik. Vor allem sei sie so dumm gewesen, anderen umsonst zu helfen. Erst die mißbilligenden Äußerungen verhalfen Ignatytsch, Matrjona zu sehen, wie sie wirklich war. Obwohl sie unverstanden blieb, sechs Kinder verlor und von ihrem Mann verlassen wurde, hatte sie ihr liebenswürdiges und hilfsbereites Wesen nicht eingebüßt. Ihre Schwestern und Schwägerinnen hielten sie für eine lächerliche Person. Ignatytsch aber erkannte plötzlich: „Wir alle haben neben ihr gelebt und nicht begriffen, daß sie jene Gerechte war, ohne die, wie das Sprichwort sagt, kein Dorf bestehen kann. Und keine Stadt. Und nicht unser ganzes Land."

Vgl. Alexander Solschenizyn, Matrjonas Hof, in: Im Interesse der Sache, Luchterhand Verlag, Neuwied und Berlin [4]1970, S. 5–56.

Ob wir uns an einem Ort wohl fühlen, hängt nicht in erster Linie vom äußeren Komfort ab, sondern von den Menschen, mit denen wir zusammenleben. Erleben wir es nicht häufig genug, wie das übertriebene Streben nach materiellem Wohlstand die menschlichen Kräfte lähmt und die Mitglieder einer Familie eher auseinandertreibt als zusammenführt? Ein Palast mit allen Reichtümern kann die Menschen, die darin herzlos und selbstsüchtig miteinander umgehen, mit Widerwillen erfüllen. Dagegen können Leute, die friedlich und einträchtig zusammenleben, in einem alten, grauen und vermoderten Haus, hinter dessen Tapeten die Mäuse rumoren, alle häuslichen Unannehmlichkeiten vergessen. Solche Leute waren die Witwe Matrjona Wassiljewna und der Mathematiklehrer Ignatytsch. Hier leuchten Werte auf, die den Weg zu wirklicher Mitmenschlichkeit oder – wenn wir es christlich sagen – zur Nächstenliebe weisen.

An Leid fehlte es im Leben von Matrjona nicht. Vielfältiges Unrecht war ihr widerfahren. Hinzu kamen Armut und Krankheit, das Fehlen ihres Mannes und der Tod ihrer sechs Kinder. Trotzdem klagte und stöhnte sie nicht. Ihre Stirn blieb nicht lange umwölkt. „Ich merkte", so sagt Ignatytsch, „sie hatte ein sicheres Mittel, um wieder guter Laune zu werden: Arbeit. Sogleich ergriff sie den Spaten oder hackte Kartoffeln oder ging mit dem Sack unter dem Arm nach Torf oder mit dem Spankorb nach Beeren in den entlegenen Wald. Und da verneigte sie sich nicht mehr vor Amtstischen, sondern vor den Sträuchern des Waldes, und kehrte, gebeugt unter der schweren Last, nach Hause zurück, freundlich lächelnd, zufrieden, mit allem ausgesöhnt." Woran liegt es, daß Arbeit eine solch heilsame Wirkung auf den Menschen ausüben kann, wenn er voller Kummer und Sorgen ist? Nie können wir in einem konkreten Augenblick mehreren Herren dienen. Wir können uns immer nur einer Sache widmen. Das ist das Geheimnis einer jeden „Beschäftigungstherapie". Sie sorgt dafür, daß wir keine Zeit für nutzlose Grübeleien haben. Diese höhlen uns nur aus, lähmen unsere Tatkraft und Willensstärke und führen uns in die Verzweiflung. Auch abends nach dem Tagewerk überließ sich Matrjona nicht den heimtückischen Angriffen der Sorgen. Da teilte sie sich die Arbeiten des kommenden Tages ein. Wenn sie dann morgens gegen vier oder fünf Uhr aufstand, hatte sie die Reihenfolge genau im Kopf und wußte immer, womit heute ihr Tag ausgefüllt sein würde. Solche Tageseinteilung verschafft ein ungeheures Gefühl der Herrschaft über sich selbst.

Obwohl Matrjona sich ihre Arbeit genau einteilte, war sie zu jeder Zeit bereit, den Forderungen des Kolchos zu entsprechen oder die Bitten ihrer entfernten Verwandten und anderer zu erfüllen. Weil sie niemandem eine Bitte abschlagen konnte, unterbrach sie die Reihenfolge ihrer eigenen Arbeit und ging beispielsweise zur Nachbarin, um ihr zu helfen, die letzten Kartoffeln herauszuholen. Kam sie dann nach Hause, so sagte sie ohne eine Spur von Neid: „Ach, Ignatytsch, hat die aber große Kartoffeln! Hab' gern gehackt, wollt' gar nicht weggehen, weiß Gott, wirklich wahr!“ Kein Acker wurde ohne ihre Hilfe gepflügt. Geld nahm sie dafür nicht. Man mußte ihr schon heimlich etwas zustecken. Aus allem, was sie sagte oder tat, sprach eine tiefe Selbstlosigkeit, die sich immer bekundet in Bescheidenheit, Bedürfnislosigkeit, Güte, Mitgefühl, Rücksicht, Warmherzigkeit, Pflichtgefühl, Gewissenhaftigkeit, Einsatz- und Opferbereitschaft. Aus all diesen Tugenden erwuchs ihr zufriedenes, freundliches, entschuldigendes oder entwaffnendes Lächeln. Was ein solches Lächeln wert ist, sagen uns folgende Worte: „Ein Lächeln ... Es kostet nichts und bringt viel ein. Es bereichert den Empfänger, ohne den Geber ärmer zu machen. Es ist kurz wie ein Blitz, aber die Erinnerung daran ist oft unvergänglich. Keiner ist so reich, daß er darauf verzichten könnte, und keiner so arm, daß er es sich nicht leisten könnte. Es bringt Glück ins Heim ... und ist das Kennzeichen der Freundschaft. Es bedeutet für den Müden Erholung, für den Mutlosen Ermunterung, für den Traurigen Aufheiterung und ist das beste Mittel gegen den Ärger. Man kann es weder kaufen noch erbitten, noch leihen oder stehlen, denn es bekommt erst dann einen Wert, wenn es verschenkt wird ... Niemand braucht so bitternötig ein Lächeln wie derjenige, der für andere keines mehr übrig hat!“[1] Diese Aussagen bestätigen sich, wenn wir auf Matrjona und ihren schlichten Umgang mit Menschen schauen.

Ein Geheimnis bleibt indes, aus welchen Quellen sie letztlich die Kraft für dieses ihr Leben schöpfte, denn inbrünstig gläubig war sie nicht. Ignatytsch, der in ihrer Nähe lebte, sagt von ihr: „Solange ich bei ihr wohnte, habe ich sie nie beten sehen, kein einziges Mal hat sie sich bekreuzigt. Jede Arbeit aber begann sie ‚mit Gott', und zu mir sagte sie immer ‚Mit Gott!', wenn ich zur Schule ging. Vielleicht betete sie auch, aber so, daß ich es nicht zu sehen bekam – sei es, daß sie sich genierte, sei es, daß sie mich nicht belästigen wollte. In der Stube hingen Heiligenbilder. Wochentags hingen sie unbeleuchtet, aber zur Zeit der Abendmessen und feiertags vom Morgen an zündete Matrjona das Öllämpchen davor an. Freilich, Sünden hatte sie weniger als ihre lahme Katze. Die biß Mäuse tot ...“ Wer erinnert sich hier nicht an die Worte des Herrn: „Wenn du betest, geh in deine Kammer und schließ die Tür zu; dann bete zu deinem Vater, der im Verborgenen ist. Dein Vater, der auch das Verborgene sieht, wird es dir vergelten" (Mt 6,6). Wieviel wäre bereits gewonnen, wenn der Mensch jede Arbeit „mit Gott" beginnen würde? Dieses „Mit Gott" ist die Methode, wie sein Leben unser Leben wird.

Ihre selbstlose Einsatz- und Opferbereitschaft kosteten Matrjona schließlich das Leben. Das Urteil ihrer Hinterbliebenen über sie war nicht das beste. Wen kann es wundern? Immer sehen und beurteilen wir den anderen in dem Licht, das in uns selber ist. Wer in seinem Herzen eifersüchtige, habsüchtige und neidische Gefühle hegt, Gefühle der Bitterkeit und des Hasses, wird nichts Gutes am anderen lassen können. Unsere eigene Herzensbildung, unser Charakter und unsere Geisteshaltung entscheiden darüber, was wir sehen. Dessen wurde sich Ignatytsch bewußt, und er erkannte plötzlich: „Wir alle haben neben ihr gelebt und nicht begriffen, daß sie jene Gerechte war, ohne die, wie das Sprichwort sagt, kein Dorf bestehen kann. Und keine Stadt. Und nicht unser ganzes Land." Diese Gerechten sind das „Salz der Erde". Ohne dieses Salz kann die Welt nicht fortbestehen. Um dieser Gerechten willen, die die Welt verstößt, kann die Erde weiterleben. Matrjona wurde eine jener Gerechten, weil in ihrem selbstlosen Leben das 13. Kapitel des ersten Korintherbriefes seine Verwirklichung gefunden hat. Von diesem Kapitel schrieb Helmut James von Moltke (1906–1944) in einem seiner letzten Briefe vor seiner Hinrichtung an seine Frau: „Ohne dieses Kapitel ist kein Mensch ein Mensch."

Die Liebe ist langmütig,
die Liebe ist gütig,
die Liebe ist nicht eifersüchtig,
sie prahlt nicht, sie ist nicht aufgeblasen.
Sie handelt nicht taktlos, sie sucht nicht den eigenen Vorteil,
sie läßt sich nicht erbittern,
sie trägt das Böse nicht nach.
Sie freut sich vielmehr mit an der Wahrheit.
Alles deckt sie zu, alles glaubt sie, alles hofft sie, alles erträgt sie.
Die Liebe hört niemals auf. *1 Korinther 13,4–8*

33

Was heißt „Stellvertretung"?

S. Lenz: Nacht im Hotel

Joh 5,1–9

Herr Schwamm ist vom Land in die Stadt gekommen. Da im Hotel kein Einzelzimmer mehr zu haben ist, entschließt er sich zögernd, mit einem Fremden, der sich auf Krücken durch das Leben schleppt, ein Doppelzimmer zu teilen. Der Fremde liegt bereits zu Bett und bittet Herrn Schwamm, kein Licht zu machen. Damit der Ankömmling nicht über seine Krücken und den Koffer fällt, dirigiert er ihn durch die Dunkelheit. Zögernd sagt Herr Schwamm nach einer Weile seinen Namen. Damit beginnt zwischen den beiden ein Gespräch.

„Sind Sie zu einem Kongreß hierhergekommen?" fragt der andere. „Nein", sagt Herr Schwamm. „Wahrscheinlich habe ich den merkwürdigsten Grund, den je ein Mensch hatte, um in die Stadt zu fahren." „Wollen Sie in der Stadt Selbstmord begehen?" Mit banger Fröhlichkeit in der Stimme erwidert ihm Schwamm, daß Gott ihn davor bewahren möge; er habe einen Sohn, einen kleinen Lausejungen, und seinetwegen sei er hier. Der Junge sei zwar gesund, aber äußerst sensibel. Er reagiere bereits, wenn ein Schatten auf ihn falle. Daher sei er sehr bedroht. „Warum begeht er nicht Selbstmord?" fragt der andere, der seinen Namen nicht nennt. „Aber hören Sie, ein Kind wie er, ungereift, in solch einem Alter", entgegnet ihm Schwamm. „Warum sagen Sie das? Nein, mein Junge ist aus folgendem Grunde gefährdet: Jeden Morgen, wenn er zur Schule geht – er geht übrigens immer allein dorthin –, jeden Morgen muß er vor einer Schranke stehenbleiben und warten, bis der Frühzug vorbei ist. Er steht dann da, der kleine Kerl, und winkt, winkt heftig und freundlich und verzweifelt ... Dann geht er in die Schule, und wenn er nach Hause kommt, ist er verstört und benommen, und manchmal heult er auch. Er ist nicht imstande, seine Schularbeiten zu machen, er mag nicht spielen und nicht sprechen: das geht nun schon seit Monaten so, jeden lieben Tag. Der Junge geht mir kaputt dabei!" Da der Fremde noch nicht durchschaut, was den Jungen zu solchem Verhalten veranlaßt, fährt Schwamm fort: „Sehen Sie ...: Der Junge winkt, und – wie er traurig sieht – es winkt ihm keiner der Reisenden zurück ... Er winkt, und keiner winkt zurück; man kann die Reisenden natürlich nicht dazu zwingen, und es wäre absurd und lächerlich, eine diesbezügliche Vorschrift zu erlassen, aber ..." Der Fremde beginnt zu erahnen, was den Zimmergenossen in die Stadt bewegt hat: „Und Sie, Herr Schwamm, wollen nun das Elend Ihres Jungen aufsaugen, indem Sie morgen den Frühzug nehmen, um dem Kleinen zu winken?" Herr Schwamm bejaht. „Mich", fuhr der Fremde fort, „gehen Kinder nichts an. Ich hasse sie und weiche ihnen aus, denn ihretwegen habe ich – wenn man's genau nimmt – meine Frau verloren. Sie starb bei der ersten Geburt." Herr Schwamm nimmt diese Worte mit Anteilnahme auf und spürt, daß er jetzt würde einschlafen können. Doch bevor es dazu kommt, fragt ihn der andere: „Und Ihnen kommen keine Bedenken bei Ihrem Vorhaben? Offener gesagt: Sie schämen sich nicht, Ihren Jungen zu betrügen? Denn, was Sie vorhaben, Sie müssen es zugeben, ist doch ein glatter Betrug, eine Hintergehung." Schwamm ist empört: „Was erlauben Sie sich!" Mit diesen Worten bricht er das Gespräch ab, verschwindet unter der Decke und schläft bald ein.

Als er am anderen Morgen erwacht und sich im Zimmer umsieht, bemerkt er, daß er allein ist. Verwundert schaut er auf die Uhr. Da überfällt ihn der Schrecken. Es ist ihm klar, daß er den Frühzug heute nicht mehr erreichen wird. Da er es sich nicht leisten kann, eine weitere Nacht zu bleiben, kehrt er am Nachmittag niedergeschlagen und enttäuscht nach Hause zurück. Sein Sohn öffnet ihm die Tür. Er ist außer sich vor Freude. Überglücklich wirft er sich dem Vater entgegen und hämmert mit den Fäusten gegen seinen Schenkel. „Einer hat gewinkt, einer hat ganz lange gewinkt", rief er. „Mit einer Krücke?" fragt der Vater. „Ja, mit einem Stock. Und zuletzt hat er sein Taschentuch an den Stock gebunden und es so lange aus dem Fenster gehalten, bis ich es nicht mehr sehen konnte."

Vgl. Siegfried Lenz, Nacht im Hotel, in: Jäger des Spotts, Geschichten aus dieser Zeit, dtv Nr. 276, München 1972, S. 133–136.

Die unerwartete Überraschung des Vaters wird zur unerwarteten Überraschung des Lesers. Weder der Vater noch der Leser haben mit diesem Ausgang rechnen können, nachdem das Gespräch zwischen den beiden Zimmergenossen abgebrochen worden war. Was hat diese Veränderung der Situation bewirkt? Um auf diese Frage antworten zu können, müssen wir die Personen dieser Geschichte etwas genauer ansehen. Sie alle leiden an dem Problem mitmenschlicher Begegnung.

Den Sohn nennt der Vater einen „kleinen Lausejungen“, ein Ausdruck dafür, daß er ein guter Junge ist, der ihm dennoch große Sorgen macht. Er ist, wie betont wird, äußerst sensibel. Aufgrund dieser Sensibilität braucht er in besonderer Weise die Liebe seiner Mitmenschen. Da er jedoch die liebende Begegnung nicht erfährt, ist er voller Resignation und Depression. Er leidet an jener inneren Vereinsamung, die jeden Menschen überfällt, wenn er vor Schranken steht. Obwohl der „Zug des Lebens“ tagtäglich sehr viele Menschen an uns vorbeifahren läßt, bleiben wir einander oft fremd, bleibt der Weg zueinander versperrt. Das erfährt der Junge jeden Morgen. Daher befürchten seine Eltern seinen seelischen Ruin.

Im Verhalten des Vaters erscheint immer wieder ein Zögern. Für das Doppelzimmer entschließt er sich erst, als ihm keine andere Wahl mehr bleibt. Vor der Zimmertür verlangsamt er seine Schritte, um eventuelle Geräusche des Fremden zu vernehmen. Als er im Bett liegt, spürt er, daß er vorerst nicht wird einschlafen können. Nur zögernd sagt er nach einer Weile seinen Namen. Warum dieses fortwährende Zögern im Verhalten von Herrn Schwamm? Er fürchtet sich vor der Begegnung mit dem andern. Weil er den Fremden nicht kennt, weiß er nicht, mit wem er es zu tun bekommt. Wer sich aber neben einen anderen schlafen legt, vermag dies nur zu tun, wenn es zwischen ihnen ein Vertrauen gibt. Als Herr Schwamm gewahr wird, daß auch der Unbekannte die Last des Lebens zu tragen hat, empfindet er ein gewisses Mitleid und hat das Gefühl, daß er jetzt wird einschlafen können. In dem Augenblick aber, da der andere seinen „merkwürdigsten Grund“ als einen glatten Betrug und eine Hintergehung deutet, weiß er sich in seiner väterlichen Sorge und Liebe nicht verstanden und bricht das Gespräch ab. So bleibt ihm der Fremde letztlich fremd. Herr Schwamm erweist sich als ein Vater, der zum Merkwürdigsten bereit ist, um seinen Sohn aus seiner Vereinsamung zu befreien. Da er niemanden zur Menschenfreundlichkeit und Güte zwingen kann, will er ihm *stellvertretend* für die Reisenden dieses Zeichen der Liebe geben. Doch halten ihn seine väterliche Sorge und Liebe so gefangen, daß er nicht fähig ist, das leidvolle Schicksal des anderen tiefer auf sich wirken zu lassen. Das Bewußtsein, daß der Fremde ihm des Nachts nichts Böses antun wird, läßt ihn bald neben ihm einschlafen.

Vom Fremden wird gesagt, daß er eine dunkle und energische Stimme hat. Damit werden zwei seiner wesentlichsten Charakterzüge angedeutet. Vieles von ihm bleibt im dunklen. Zunächst bittet er darum, das Licht nicht anzumachen. So bleibt er ungesehen. Seinen Namen nennt er nicht. Auch schweigt er sich über den Grund seines Aufenthaltes in der Stadt aus. Dennoch erfahren wir, daß er an Krücken geht und auf tragische Weise seine Frau verloren hat. All das hat ihn verbittert. Die herumliegenden Krücken und der Koffer in der Mitte des Zimmers weisen darauf hin, daß er dem Leben widerwillig gegenübersteht. Selbstmordabsichten sind ihm offensichtlich nicht fremd. Der Fremde ist ein Mensch, der alle Hoffnung verloren hat. Am Morgen bricht er frühzeitig auf. Warum? Um unerkannt zu bleiben? Dies mag mitgespielt haben. Doch kommt etwas Wesentliches hinzu. Er bricht auf, um dem Jungen *stellvertretend* jene Liebe zu schenken, die ihm der Vater nicht mit lauterem Herzen schenken kann. Der Fremde winkt mit ganzer Hingabe. Schließlich greift er zur Krücke und bindet sein Taschentuch daran. So wird aus der Krücke des Leidenden eine Fahne der Freude. Was veranlaßte ihn dazu? Die Sehnsucht des Kindes, aus der Einsamkeit befreit zu werden, und das Bemühen des Vaters, dies zu besorgen, lassen ihn seine Begegnungsfeindlichkeit und damit seine eigene Verlassenheit überwinden und aus der Dunkelheit ins Helle treten. So wird die helfende Liebe zu einem Licht, das den Menschen aus seiner Sinnlosigkeit und Verlassenheit, aus seiner Einsamkeit und Verbitterung erlöst.

Hierauf war ein Fest der Juden. Und Jesus zog nach Jerusalem hinauf. Nun befindet sich in Jerusalem am Schafteich die Anlage, die auf hebräisch Betzata heißt, mit fünf Säulenhallen. In diesen lag eine Menge von Kranken: Blinde, Lahme, an Auszehrung Leidende. Dort befand sich aber ein Mann, der schon achtunddreißig Jahre an seiner Krankheit litt. Als Jesus diesen daliegen sah und erfuhr, daß er schon lange krank sei, sagt er zu ihm: „Willst du gesund werden?" Der Kranke antwortete ihm: „Herr, ich habe keinen Menschen, um mich, sobald das Wasser in Bewegung gerät, in den Teich zu bringen. Während ich aber hinkomme, steigt schon ein anderer vor mir hinab." Jesus sagt zu ihm: „Steh auf, nimm dein Bett und geh umher." Und sofort wurde der Mann gesund. Und er nahm sein Bett und ging umher.

Johannes 5,1–3.5–9

34

Ist das Glück eine Illusion?

A. Solschenizyn: Der erste Kreis der Hölle

Joh 15,9–12

Wegen angeblich politischer Vergehen sind der Dozent für Philologie Lew Rubin und der ihm befreundete Mathematiker Gleb Nershin unter der stalinistischen Regierung im gleichen Monat verhaftet und zu zehn Jahren verurteilt worden. In einem Spezialgefängnis in der Nähe von Moskau haben sie an einem neuen technischen Verfahren zu arbeiten, mit dessen Hilfe unbekannte Stimmen bei Telefongesprächen identifiziert werden sollen. Während sie auf diese Weise im ersten, das heißt im besten und vornehmsten Kreis der Hölle sitzen, kommt es zwischen den beiden zu einem Gespräch über das *Glück* im menschlichen Leben.

Nach mancherlei Erörterungen erzählt Rubin, der sich als Materialisten bezeichnet, von einem kleinen Zwischenfall, den er während einer seiner letzten Vorlesungen vor dem Krieg erlebte: „Ich entwikkelte die elegische (= wehmütige) Idee, daß es kein Glück gebe, daß es entweder unerreichbar oder illusorisch sei. Plötzlich übergab man mir eine Notiz. Der Zettel, auf dem sie stand, war aus einem Millimeterheft herausgerissen: ‚Aber ich liebe. *Ich bin glücklich!* Was sagen Sie dazu?'" „Und was hast du gesagt?" interessierte sich Nershin. Ratlos antwortete ihm Rubin: „Was kann man darauf sagen?"

Vgl. Alexander Solschenizyn, Der erste Kreis der Hölle, S. Fischer Verlag, Frankfurt a.M. 1968, S. 45.

Das Frappierende an diesem Vorfall ist folgendes: Ein Dozent für

Philologie, der sich als Materialisten bezeichnet, seine Zuhörer aber trotzdem „mit geistiger Nahrung" (15) stopft, versucht, den Nachweis zu erbringen, daß es in dieser Welt kein Glück gebe. Gegenüber dieser Behauptung meldet einer der Studenten mit einer schlichten und einfachen Feststellung seine Bedenken an und fragt den Dozenten, wie er sich das erkläre: „Aber ich liebe. Ich bin glücklich! Was sagen Sie dazu?" So gescheit die Ausführungen des Lehrers gewesen sein mögen, so kopflos steht er mit seiner Idee vor einer erfahrbaren Wirklichkeit: „Was kann man darauf sagen?" Als Materialist kann man darauf in der Tat nichts mehr sagen.

Der erfahrbare Zusammenhang von Liebe und Glück gehört zur Lebensweisheit aller Zeiten: „Es ist ein merkwürdiges, doch einfaches Geheimnis der Lebensweisheit aller Zeiten, daß jede kleinste selbstlose Hingabe, jede Teilnahme, jede Liebe uns reicher macht, während jede Bemühung um Besitz und Macht uns Kräfte raubt und ärmer werden läßt. Das haben die Inder gewußt und gelehrt, und dann die weisen Griechen, und dann Jesus, und seither noch Tausende von Weisen und Dichtern, deren Werke die Zeiten überdauern, während Reiche und Könige ihrer Zeit verschollen und vergangen sind. Ihr möget es mit Jesus halten oder mit Plato, mit Schiller oder mit Spinoza, überall ist das die letzte Weisheit, daß weder Macht noch Besitz, noch Erkenntnis selig macht, sondern allein die Liebe. Jedes Selbstlossein, jeder Verzicht aus Liebe, jedes tätige Mitleid, jede Selbstentäußerung scheint ein Weggeben, ein Sichberauben, und ist doch ein Reicherwerden und Größerwerden, und ist doch der einzige Weg, der vorwärts und aufwärts führt."[1] In diesen Sätzen kommt das durch den bloßen Verstand nicht zu erfassende Geheimnis von Liebe und Glück zum Vorschein. Der verstandesmäßigen Logik nach müßten Besitz und Macht den Menschen reicher und größer, Verzicht und Selbstlosigkeit hingegen ihn ärmer und kleiner machen. Viele setzen auf dieses Kalkül. Doch zeigt sich bald, daß sie die Rechnung ohne die Wirklichkeit des Lebens gemacht haben. Sie lehrt uns das genaue Gegenteil: Jede Selbstentäußerung und Weggabe, die aus Liebe geschieht, macht nicht ärmer, sondern reicher, nicht kleiner, sondern größer.

Wann ist man also glücklich? Wenn man sich selbst in Liebe verloren hat und auf diese Weise rein, absichtslos und offen geworden ist, frei von aller berechnenden und besitzergreifenden Begierde, die den andern beherrschen und ausnutzen will. Solch selbstlose Liebe, die nicht nur ein Auge auf das Aussehen, die Gesundheit, die Berufschancen oder das gesellschaftliche Ansehen des anderen wirft, sondern vor allem seine unverwechselbare Einmaligkeit und Einzigartigkeit erschaut, ist immer von einer tiefen Ehrfurcht beseelt. Ehr-furcht besagt ein Doppeltes: In der liebenden Verehrung öffnet sich der Mensch und nimmt den anderen an; die Furcht aber bewahrt ihn davor, seinem göttlichen Geheimnis zu nahe zu treten. Was Gott in der brennenden Feuerflamme dem sich nähernden Mose geboten hat, gilt auch dort, wo Menschen einander in Liebe begegnen: „Bleibe stehen, ziehe die Schuhe aus, denn die Stätte, auf der du stehst, ist heiliger Boden" (Ex 3,5). Hingebende Zurückhaltung macht also das Wesen wirklicher Liebe aus. Sie umschließt jenes „Paradies", in dem allein der Mensch das Glück erlangt. Von hier aus können wir verstehen, daß es immer das selbstsüchtige Ich ist, das uns aus dem Paradies vertreibt und uns in ein Land voller Dornen und Disteln treibt. Wie alle Süchtigen ist auch der Selbstsüchtige innerlich unsicher, haltlos und verzweifelt.

Wie mich der Vater geliebt hat, so habe ich euch geliebt. Bleibt in meiner Liebe. Wenn ihr meine Gebote haltet, werdet ihr in meiner Liebe bleiben, wie ich die Gebote meines Vaters gehalten habe und in seiner Liebe bleibe. Das habe ich zu euch geredet, damit meine Freude in euch sei und eure Freude vollkommen werde. Das ist mein Gebot, daß ihr einander liebt, wie ich euch geliebt habe.

Johannes 15,9–12

35

Kennen Sie Ihre Feinde?

Karel Čapek: Der Mordversuch

Jes 53,7–12

Herr Thomsa saß eines Abends in einem Zimmer, das im Erdgeschoß lag, und lauschte vergnügt einer Radiomusik, als es plötzlich zweimal knallte und über seinem Kopf das Fensterglas zersplitterte. Nachdem er einen Augenblick still verharrte, schaute er nach, was geschehen war. Erschrocken stellte er fest, daß das Fenster zwei Schußstellen aufwies. Eine der Kugeln entdeckte er im Holz der gegenüberliegenden Tür. „Hallo, schicken Sie mir sofort jemand her; soeben ist ein Mordanschlag auf mich verübt worden", schrie er durch das Telefon. „Die Sache muß so streng wie möglich untersucht werden!" „Gut, ich werde Ihnen jemand hinschicken", hatte ihm die Polizei versichert.

Wütend vor Ungeduld wartete Herr Thomsa zwanzig Minuten, bis ein Polizeiinspektor bei ihm eintraf und gewissenhaft die Spuren prüfte. „Wen haben Sie in Verdacht?" fragte der Inspektor, da er überzeugt war, daß Herr Thomsa getroffen werden sollte. „Was heißt Verdacht?" erwiderte Thomsa gereizt. „Ich habe diesen Lumpen ja nicht gesehen ... Wenn ich wüßte, wer er gewesen ist, so brauchte ich Sie nicht hierher zu bemühen." Der Inspektor versuchte, besänftigend auf ihn einzuwirken, indem er ihm entgegnete: „Vielleicht fällt Ihnen jemand ein, der von ihrem Tod einen Nutzen hätte oder sich an Ihnen für irgend etwas rächen will." Herr Thomsa, der sich für einen harmlosen Bürger hielt, war bestürzt. Von dieser Seite hatte er den Vorfall noch nicht betrachtet. „Ich habe keine Ahnung", brachte er zögernd hervor. „Ich wüßte nicht, daß ich auch nur einen einzigen Feind hätte!

Das ist vollkommen ausgeschlossen." Der Inspektor empfahl ihm jedoch, die Sache bis zum Morgen zu überdenken, damit die Nachforschungen in Gang gebracht werden könnten.

„Nein", sagte sich Herr Thomsa, als er wieder allein war. „Warum sollte jemand auf mich schießen ... Ich erledige meine Arbeit im Amt und gehe nach Hause – ich habe doch eigentlich mit niemand etwas zu tun ... Was gibt es doch für unergründliche Bosheit unter den Menschen ... Wem könnte ich wohl etwas getan haben ... Vielleicht handelt es sich um einen Irrtum ... Es muß eine Verwechslung vorliegen. Der Mann hat mich sicher für jemand gehalten, auf den er es abgesehen hatte." Doch plötzlich besann er sich auf ein dummes Wort, das ihm herausgerutscht war, als er mit seinem Freund sprach und dabei eine sehr taktlose Anspielung auf seine Frau machte. Es kam ihm weiter zu Bewußtsein, wie er einen sehr hilflosen und kranken Menschen, der fünfzehn Jahre für ihn gearbeitet hatte, mit einer unwahren Begründung abgewiesen hatte. „Herr Kolinsky", sagte er zu ihm. „Schauen Sie, es geht nicht ... Ich war nicht zufrieden mit Ihnen." Auch erinnerte er sich, wie er als Vorgesetzter seine Untergebenen behandelt hatte. Ein junger Mann, den er erniedrigt hatte, stand ihm vor Augen. Und dann tauchte in seinem Geist noch ein anderes Bild auf: das bleiche und aufgedunsene Gesicht eines Kollegen, den er rücksichtslos übergangen hatte, weil er ihn für einen schwerfälligen Dummkopf hielt. Auch jener Kellner, der ihn um ein paar Groschen prellen wollte, tauchte plötzlich wieder in seinem Gedächtnis auf. „Sie Dieb", hatte er ihn angefaucht. „Ich werde dafür sorgen, daß Sie in keinem Lokal mehr beschäftigt werden!" Und der Mann ging, ohne ein Wort zu sagen. Den Kopf in die Hände gestützt, dachte Thomsa an alle Menschen, die ihm irgendwann einmal begegnet waren und die er für zu gering erachtete, als daß er ihnen einen Gedanken geschenkt oder sich ihnen genähert hätte.

Bleich und verlegen ging er am Morgen zum Polizeirevier. Erneut fragte ihn der Inspektor: „Ist Ihnen jemand eingefallen, der Sie vielleicht hassen könnte?" „Ich weiß nicht", sagte Thomsa unsicher und kleinlaut. „Es gibt nämlich so viele, die mich hassen könnten ... Man weiß niemals, wie vielen Leuten man etwas in den Weg gelegt hat ... Ich bin gekommen, um Sie zu bitten, die Angelegenheit auf sich beruhen zu lassen."

Vgl. Karel Čapek, Der Mordversuch, in: Ein erwachender Zweig, hrsg. von Rudolf Malik, Verlag J. Pfeiffer, München 1964, S. 144–149.

Nicht wenige Menschen sind der Überzeugung, daß sie überall gern gesehen und gelitten sind, daß man sie schätzt und daß es niemanden gibt, der etwas gegen sie haben könnte. Da sie sich für liebenswerte Leute halten, merken sie nicht, wie leicht sie sich etwas vormachen und wie wenig das Bild, das sie von sich haben, der Wirklichkeit entspricht. Es bleibt ihnen unbewußt, wie selbstsicher und herrschsüchtig, wie egoistisch und arrogant, wie rücksichtslos und beleidigend sie in ihren mitmenschlichen Beziehungen sein können. Ein solcher Typ dürfte wohl auch Herr Thomsa gewesen sein, der eines Abends aus seiner Selbsttäuschung herausgeschossen wurde.

Bis zu jenem Zeitpunkt konnte sich Herr Thomsa nicht vorstellen, daß er Feinde hatte. Da er sich für einen braven, anständigen und harmlosen Bürger hielt, glaubte er sogar an eine Verwechslung. Das Gespräch mit dem Polizeiinspektor vermittelt aber einen anderen Eindruck. Hier kommt sein wahrer Charakter bereits unverkennbar zum Vorschein. Während sich der Inspektor sachlich, ruhig und besänftigend gibt, erweist sich Thomsa wütend vor Ungeduld. In seinen Antworten ist er ungehalten, ausfallend und verletzend. Dies läßt uns erahnen, wie schonungslos er auch seine Mitmenschen im Alltagsleben behandelt haben mußte. Kein Wunder, daß sich seine vorgetäuschte Selbstsicherheit in Bestürzung auflöste, als er gefragt wurde, ob es einen gebe, der sich an ihm rächen wollte. Die Tatsache, daß Thomsa nicht auf den Gedanken gekommen war, den Vorfall von dieser sich nahelegenden Seite zu betrachten, zeigt, wie wenig er bislang sich selbst und sein mitmenschliches Verhältnis kritisch überprüft hatte. Erst die Fragen des Inspektors brachten ihn zur Selbstbesinnung und Selbsterkenntnis. So wurde aus dem Selbstsicheren mehr und mehr ein Zögernder, der die Bosheit, die er bisher nur in anderen erblickte, in sich selbst entdeckte. Donnerte er anfangs lautstark: „Die Sache muß so streng wie möglich untersucht werden“, so erklärte er am Schluß kleinlaut: „Ich bin gekommen, um Sie zu bitten, die Angelegenheit auf sich beruhen zu lassen.“ Seine Begründung: „Man weiß niemals, wie vielen Leuten man etwas in den Weg gelegt hat.“

Unsere Geschichte erscheint uns deshalb so wertvoll, weil sie das fünfte der zehn Gebote „Du sollst nicht töten“ in ein neues Licht rückt. Viele Menschen meinen, solange sie keinen umgebracht haben, seien sie keine schlechten Leute. Sie bedenken offenbar nicht, daß man dem andern auch ohne Schußwaffe das Leben nehmen kann. Wer wüßte denn nicht, daß bereits kleine Dosierungen von Lieblosigkeit und Gemeinheit tödlich treffen können? Rücksichtslosigkeit und Geringschätzung, Verachtung und Verleumdung, Ungerechtigkeit und geheime Unterdrückung – all das kann die Lebenskraft eines Menschen zerstören und töten. Was der eigentliche Sinn des Gebotes „Du sollst nicht töten" ist, wird deutlich, wenn wir es ins Positive wenden. Dann lautet es: „Du sollst das Leben deines Nächsten schonen."[1] Dabei beinhaltet dieser Anruf Gottes nicht nur, daß wir nichts unternehmen, was den andern verletzt, sondern auch, daß wir seine Lebenskraft fördern und seinen Lebenswillen stärken und so einander zur Fülle des Lebens verhelfen. Schauen wir in diesem Zusammenhang auf Jesus. Er ist der Mensch, der sich ungeteilt dem geplagten und verletzlichen Menschen zuwendet und durch schöpferische Kraft wahrhaft menschliches Leben hervorruft. Was also ist Liebe? Sie ist eine schöpferische Kraft, die Leben schafft. Wird daher der andere durch unsere Liebe ärmer anstatt reicher, so ist es eine tödliche Liebe.

Viele Menschen, denen wir Böses zugefügt haben – und wie vielfältig kann dies geschehen! –, schlagen nicht zurück, sei es, daß sie uns nicht gewachsen sind, sei es, daß sie über eine Herzensgröße verfügen, die sich nicht wehrt. Im Bild des Gekreuzigten stehen sie uns gegenüber und schauen uns an; denn im Gekreuzigten versammelt sich alles Unrecht, das wir anderen getan haben. Der Gekreuzigte wehrt sich nicht. Er ist, wie Dietrich Bonhoeffer sagt, ein Gott des Tragens. Er trägt unsere Schuld und schafft durch sein Tragen Versöhnung. Daher ist auch sein Nachfolger zum Tragen berufen. „Wie Christus unsere Last trägt, so sollen wir die Last der Brüder tragen. Das Gesetz Christi, das erfüllt werden muß, ist das Kreuztragen. Die Last des Bruders, die ich zu tragen habe, ist nicht nur dessen äußeres Geschick, dessen Art und Veranlagung, sondern sie ist im eigentlichen Sinne seine Sünde. Ich kann sie nicht anders tragen, als indem ich sie ihm vergebe, in der Kraft des Kreuzes Christi, dessen ich teilhaftig geworden bin. So stellt der Ruf Jesu zum Kreuztragen jeden Nachfolgenden in die Gemeinschaft der Sündenvergebung."[2] Ein Zweifaches ist es also, was der Anblick des Gekreuzigten im stillen Betrachter bewirkt: Er läßt uns all jene erkennen, die wir in irgendeiner Weise tödlich getroffen haben. Auf diese Weise führt er uns zur Selbstbesinnung und Selbsterkenntnis. Darüber hinaus bewegt er uns, all denen, die an uns schuldig geworden sind, zu vergeben, wie auch uns vergeben wird.

Er wurde mißhandelt, doch er beugte sich. Er öffnet nicht seinen Mund. Wie ein Lamm, das man zur Schlachtbank führt, wie ein Schaf vor dem Scherer verstummt, öffnet er nicht seinen Mund.

Durch Gewalt und Gericht ward er ergriffen; wer kümmert sich um seinen Rechtsfall? Er ward herausgerissen aus dem Land der Lebendigen; unserer Sünden wegen ward er zu Tode getroffen. Bei Verbrechern bestimmte man sein Grab und bei Reichen seine Gruft, obgleich er niemals Unrecht tat und kein Trug in seinem Munde war. Jahwe gefiel es, ihn durch Leiden zu zermalmen, der sein Leben als Schuldopfer hingab.

Durch sein Leiden wird mein Knecht viele rechtfertigen, indem er ihr Verschulden auf sich nimmt. Darum will ich ihm die Vielen als Anteil geben, und die Mächtigen fallen ihm als Beute zu dafür, daß er sein Leben in den Tod dahingegeben hat und unter die Übeltäter gezählt ward, während er doch die Schuld der Vielen trug und für die Sünder eintrat. *Jesaja 53,7–12*

36

Die Spiegelbilder unseres Verhaltens

Ein indisches Märchen

Lk 24, 13–16. 25–31

Ein indisches Märchen erzählt von einem Hund, der in einem Zimmer umherirrte, in dem alle Wände Spiegel waren. Er sah plötzlich viele Hunde. Da wurde er wütend, fletschte die Zähne und knurrte. Alle Hunde im Spiegel wurden ebenso wütend, fletschten die Zähne und knurrten. Der Hund erschrak und fing an, im Kreis herumzulaufen. Schließlich brach er tot zusammen. – Hätte er nur ein einziges Mal gewedelt, hätten ihm alle seine Spiegelbilder das freundliche Bild zurückgeworfen.

Aus: Stephan Pálos, Lebensrad und Bettlerschale, Buddha und seine Lehre, Südwest Verlag, München 1968, S. 80.

Diese indische Fabel läßt gewiß verschiedenartige Interpretationen zu. Gehen wir restlos fehl, wenn wir sie so deuten: Wie die Wände in jenem Zimmer immer das Spiegelbild des Hundes zurückwarfen, so ist das Verhalten unserer Mitmenschen im alltäglichen Leben oft genug das Spiegelbild unseres eigenen Verhaltens? Meist bemerken wir dies genausowenig wie der Hund. Warum sind also viele unfreundlich, knurrend oder gar wütend, wenn sie es mit uns zu tun bekommen? Könnte es nicht auch daran liegen, daß wir ihnen vorausgehend in dieser Weise begegnet sind? Nehmen wir die Situation eines Gesprächs, in dem wir die Initiative ergreifen. Ein Wort ergibt das andere. Unser Gesprächspartner stellt sich mehr und mehr auf uns ein. Werden wir lauter, so können wir in der Regel dasselbe bei ihm bemerken; beginnen wir zu schimpfen, wird er zurückschimpfen; werden wir ausfallend, so wird er in einer entsprechenden Weise reagieren. Treiben wir es so mit allen andern, dann werden sie uns im Kreis herumtreiben, bis wir nicht mehr können und physisch und psychisch am Ende sind. Auf diese Weise ist das Schicksal des Hundes unser Schicksal geworden.

Die Fabel sagt uns aber darüber hinaus, daß es auch anders gehen kann. Hätte nämlich der Hund nur ein einziges Mal mit dem Schwanz gewedelt, hätten ihm alle seine Spiegelbilder das freundliche Bild zurückgeworfen. Das heißt: Sind wir freundlich, aufmerksam, hilfsbereit, ausgeglichen, sachlich, zuvorkommend, verständnisvoll, nachsichtig, haben wir Sinn für Humor, dann wird all dies ebenfalls seine Rückwirkungen haben: man wird gern mit uns zusammensein und auch uns vielfältige Zeichen der Freundlichkeit schenken. Es ist doch ein Unterschied, ob ein Ehemann seiner Frau, die sich ein bestimmtes Kleid wünscht, erklärt: „Du weißt doch, was ich verdiene. Das kommt für dich nie in Frage!" Oder ob er ihr sagt: „Ich wünschte, ich könnte es dir kaufen. Es würde dir sicherlich gut stehen!" Obwohl in beiden Fällen im Grunde dasselbe ausgesagt wird, ist die jeweilige Rückwirkung seitens des Partners eine grundverschiedene. In diesem Zusammenhang verstehen wir das Wort der sympathischen Therese von Lisieux, das sie in einem ihrer Briefe geschrieben hat: „Man kann eine Bitte so liebenswürdig abschlagen, daß die Verweigerung ebensoviel Freude bereitet wie die Erfüllung."

Die Tatsache, daß das Verhalten des anderen vielfach das Echo unseres eigenen Verhaltens ist, bezeichnet man als ‚feedback' [1]. Dieses Wort hat seinen Ursprung in der sogenannten Regeltechnik und bedeutet hier jede Art von Rückmeldung innerhalb eines Systems. Die Sozialpsychologie hat es von hier übernommen, um damit ähnliche Vorgänge im zwischenmenschlichen Verhalten zu beschreiben. Das Wissen um solche Vorgänge im Verhalten des einen zum anderen bietet uns eine gute Möglichkeit zur Selbsterkenntnis. Wir müßten nur einmal genau darauf achten, wie andere unser Verhalten wahrnehmen, verstehen und erleben. Normalerweise werden sie uns nicht ausdrücklich darauf aufmerksam machen. Dennoch geben sie uns unbewußt vielfältige Signale, die uns vor die Frage stellen: „Wie kommt es, daß der andere so auf mein Verhalten reagiert?" Gehen wir dieser Frage nach, dann können wir der Wahrheit über uns selbst ein Stückchen näherkommen. Wo Menschen aber immer wieder einander ausdrücklich sagen, wie einer den anderen erlebt, da kann es zu einem gemeinsamen Lernprozeß kommen, der für alle Beteiligten sehr hilfreich ist. Geschieht dies unter gläubigen Christen, so vollzieht sich innerhalb eines solchen Lernprozesses jene ‚Umkehr‘, die uns sowohl vor Gott als auch vor unseren Mitmenschen ehrlicher, redlicher und wahrhaftiger werden läßt. Dabei umfaßt das Feedback einerseits die Anerkennung und Förderung des positiven Verhaltens und andererseits die Hilfe, negativ erlebte Verhaltensweisen zu bewältigen. Bei allem ist zu beachten, daß wir uns zu keiner Äußerung hinreißen lassen, die den anderen in irgendeiner Weise endgültig festzulegen sucht. Das wäre beispielsweise der Fall, würden wir ihm sagen: „Du bist so und so!“ Vielmehr sollten wir ihm mitteilen, wie sein Verhalten auf uns gewirkt hat.

Zitieren wir hier noch einige Spielregeln, die uns helfen, das Gesagte glücklich in die Tat umzusetzen: „Beziehe dich bei deinen Äußerungen über das Verhalten des anderen auf konkrete Einzelheiten ...; gib deine Informationen auf eine Weise, die wirklich hilft; gib sie sobald als möglich, vermeide moralische Bewertungen; biete deine Informationen an, zwinge sie nicht auf; sei offen und ehrlich; gib zu, daß du dich möglicherweise irrst ... Die so auf dem Weg sind und sich einander so mitteilen, sind nicht ohne jenen geheimnisvollen Begleiter, der die Wahrheit zu finden hilft, ob sie nun durch ‚die Wüste‘ gehen oder ‚nach Emmaus‘ oder ob sie der Weg in ein ‚weites Land‘ führt.“[2]

Am gleichen Tag gingen zwei von den Jüngern in ein Dorf namens Emmaus, das sechzig Stadien von Jerusalem entfernt ist. Sie sprachen miteinander über all das, was sich ereignet hatte. Und während sie miteinander sprachen und überlegten, nahte sich Jesus selbst und ging mit ihnen. Doch sie waren wie mit Blindheit geschlagen, so daß sie ihn nicht erkannten ...

Da sagte er zu ihnen: „Begreift ihr denn nicht? Wie schwer fällt es euch, alles zu glauben, was die Propheten gesagt haben! Mußte nicht der Messias all das erleiden und so in seine Herrlichkeit eintreten?“ Und Jesus legte ihnen dar, ausgehend von Mose und allen Propheten, was in der ganzen Schrift über ihn geschrieben steht. So erreichten sie das Dorf, zu dem sie unterwegs waren. Jesus tat, als wolle er weitergehen, aber sie drängten ihn und sagten: „Bleibe bei uns, denn es will Abend werden, der Tag hat sich schon geneigt.“ Da ging er hinein, um bei ihnen zu bleiben. Und als er sich mit ihnen zum Essen niedergesetzt hatte, nahm er das Brot, sprach den Segen, brach es und gab es ihnen. da gingen ihnen die Augen auf. *Lukas 24, 13–16. 25–31*

37

Vom Geist bestimmt

Bruce Marshall: Der Pfarrer von Ars

Röm 8,8–9.12–17

Jean Vianney, der spätere Pfarrer von Ars, war aufgrund seines niedrigen „Intelligenzquotienten" das Kreuz vieler Lehrer. Eines Tages verlor selbst der zwölfjährige Klassenkamerad Matthias Loras, der ihm bei der Schularbeit zu helfen suchte, angesichts der geistigen Beschränktheit Vianneys die Geduld und ohrfeigte den Einundzwanzigjährigen im Beisein der übrigen Schüler. Statt zurückzuschlagen, sank Jean Vianney vor dem zwölfjährigen Jungen in die Knie und bat ihn, ihm zu verzeihen, daß er so langsamen Geistes sei. Der Junge war auf diese unerwartete Reaktion nicht gefaßt. Er schämte sich so sehr, daß er in Tränen ausbrach und Vianney um Nachsicht bat.

Vgl. Bruce Marshall, Der Pfarrer von Ars, Jakob Hegner Verlag, Köln – Olten 1958, S. 15.

Ob wir für andere ein Licht sind oder nicht, wird in der Regel in unseren „Alltagsgeschichten" offenkundig. Unter Alltagsgeschichten verstehen wir hier jene Begebenheiten alltäglichen Lebens, in denen wir uns in irgendeiner Weise mit unseren Mitmenschen auseinandersetzen. Sie haben immer einen konkreten *Anfang*, der sehr schnell eine *kritische Phase* heraufbeschwören kann. Aus ihr erwächst der *Höhepunkt*, dem das gute oder böse *Ende* folgt. Anfang, kritische Phase, Höhepunkt und Ende sind also die vier Bauelemente einer Alltagsgeschichte. Ob es sich dabei um eine gute oder eine böse handelt, entscheidet sich in der kritischen Phase. Hier zeigen wir unser wahres Gesicht.

Zwischen Matthias Loras und Jean Vianney spielte sich eine Alltagsgeschichte ab. Sie hat einen konkreten Anfang: der eine versucht dem anderen zu helfen. Dieses Bemühen führt alsbald zur kritischen Phase: der Zwölfjährige verliert die Nerven und ohrfeigt den Einundzwanzigjährigen. Wie reagiert dieser? Er bittet den jüngeren, ihm zu verziehen, daß er so langsamen Geistes sei. Der Höhepunkt: Matthias Loras ist aufgrund des unerwarteten Verhaltens von Jean Vianney über sich selbst erschrocken und bittet den Geschlagenen um Nachsicht. Und das Ende dieser Geschichte: die beiden verstehen sich tiefer als zuvor. Übersehen wir aber nicht, daß der innere Entwicklungsgang dieser Geschichte auch ganz anders hätte verlaufen können. Hätte sich Jean Vianney in der kritischen Phase einfach seinem Trieb überlassen, dann wäre es auf dem Höhepunkt nicht zur Aussöhnung, sondern zum Machtkampf gekommen, aus dem am Ende ein Sieger und ein Besiegter hervorgegangen wäre, die vorerst nichts mehr miteinander zu tun gehabt hätten. Zweifellos hätte Jean Vianney diesen Machtkampf wegen seiner körperlichen Überlegenheit gewonnen. Durch seine demütige Erniedrigung gelang es ihm jedoch, einen Sieg ganz anderer Art zu ermöglichen, einen Sieg, in dem es keinen Sieger und keinen Besiegten gab, sondern zwei Brüder, die einander die Hand reichten.

Zu seinem demütigen Verhalten wurde Jean Vianney durch die Kraft des Geistes, durch die Kraft des Heiligen Geistes ermächtigt. Denn Versöhnung durch Selbsterniedrigung ist die spezifische Wirkweise des Geistes Gottes in dieser Welt. Das verdeutlicht sich, wenn wir auf Jesus schauen. Seine Menschwerdung, in der sich zum Heil der schuldiggewordenen Welt die Selbsterniedrigung Gottes ereignet hat, geschah durch die Kraft des Heiligen Geistes. Wo immer der Geist Gottes wirksam wird, da geht es nicht um die Gewalt des Triebes, der nichts anderes als „Aug' um Aug' und Zahn um Zahn" kennt. Es geht vielmehr um die Kraft des Geistes, der nicht Böses mit Bösem vergilt, sondern bemüht ist, das Böse durch das Gute zu überwinden. Während nämlich das Böse durch selbstsüchtige Überheblichkeit den Mitmenschen zu erniedrigen sucht, ist es die Absicht des Guten, durch demütige Selbsterniedrigung den Mitmenschen zu erheben. Achten wir einmal darauf, ob es die Kraft des Geistes oder die Gewalt des Triebes ist, die wir in der kritischen Phase unserer Alltagsgeschichten zum Einsatz bringen. Denn immer sind wir füreinander Vermittler – sowohl zum Bösen als auch zum Guten. Wenn wir auch keinen unmittelbaren Einfluß auf den anderen zu nehmen vermögen, so können wir ihm doch durch unser Verhalten den Weg zu einem Wert eröffnen oder verschließen, indem wir diesen Wert für ihn zum Aufleuchten oder zur Verdunklung bringen[1]. Somit eröffnen oder verschließen wir in jeder Alltagsgeschichte einander den Weg, der aus der Dunkelheit mitmenschlicher Beziehungen in das Helle und Lichtvolle führt.

Die im Fleische sind, können Gott nicht gefallen. Ihr aber seid nicht im Fleisch, sondern im Geist, da ja der Geist Gottes in euch wohnt.

So sind wir also, Brüder, dem Fleisch nicht schuldig, daß wir fleischlich leben. Denn wenn ihr fleischlich lebt, werdet ihr sterben. Wenn ihr aber mit dem Geist die Werke des Fleisches tötet, werdet ihr leben. Alle, die sich vom Geist Gottes leiten lassen, die sind Söhne Gottes. Ihr habt doch nicht den Geist der Knechtschaft empfangen, daß ihr euch wieder fürchten müßtet, sondern ihr habt den Geist der Sohnschaft empfangen, in dem wir rufen: „Abba, Vater!" Der Geist selbst bezeugt mit unserem Geist, daß wir Kinder Gottes sind. Wenn aber Kinder, dann auch Erben, Erben Gottes, Miterben Christi, da wir mitleiden, um auch mitverherrlicht zu werden.

Römer 8, 8–9.12–17

38

Zum Frieden erziehen

M. L. Dieckmann: Wie man Frieden spielt

Phil 4,4–9

Der russische Schriftsteller Marschak beobachtete einmal sechs- bis siebenjährige Kinder beim Spiel. „Was spielt ihr?“ fragte er sie. „Wir spielen Krieg“, antworteten ihm die Kinder. Daraufhin erklärte ihnen der Schriftsteller: „Wie kann man nur Krieg spielen! Ihr wißt doch sicher, wie schlimm Krieg ist. Ihr solltet lieber Frieden spielen.“ „Das ist eine gute Idee“, sagten die Kinder. Dann Schweigen, Beratung, Tuscheln, wieder Schweigen. Da trat ein Kind vor und fragte: „Großväterchen, wie spielt man Frieden?“

Aus: Marie Luise Dieckmann, Wie man Frieden spielt, in: Christ in der Gegenwart 26 (1974) S. 254.

Daß diese Geschichte sich nicht nur auf den russischen Schriftsteller und die von ihm angesprochenen Kinder beschränkt, kann jeder Katechet erleben. Fragt er die Kinder, was das Wort „Krieg“ eigentlich bedeutet, so bekommt er sehr anschauliche Antworten, die förmlich zum Spiel drängen. Will er aber wissen, was das Wort „Frieden“ besagt, so verlieren die gegebenen Erklärungen die vorausgegangene Anschaulichkeit, weshalb sie auch von den Kindern nicht so spontan in ein Spiel umgesetzt werden können. Die Kinder wissen also mit dem Wort „Krieg“ mehr anzufangen als mit dem Wort „Frieden“. Woher kommt das?

Zunächst muß man wohl sagen, daß der Krieg – wie alles Böse – auf die kindliche Vorstellung eine andere Faszination auszuüben vermag als das Gute, das auf die Kinder eher langweilig als abenteuerlich wirkt. Außerdem kommt das Kriegspielen dem kindlichen Bewegungsdrang in einer ganz anderen Weise entgegen als das Friedenspielen. Darüber hinaus dürfte das Friedenspielen viel schwerer sein als das Kriegspielen, wie ja auch alles Aufbauen viel mühsamer ist als das Zerstören. Aus diesen Gründen muß der Mensch lernen, den Frieden zu bauen; er muß zum Frieden erzogen werden. Das beginnt bereits im Schoß der eigenen Familie, wobei der erfahrene Frieden zwischen Vater und Mutter von ausschlaggebender Bedeutung ist. Und dies aus einem doppelten Grund: einmal im Hinblick auf das Geborgenheitserlebnis des Kindes, dann hinsichtlich des kindlichen Nachahmungstriebes.

Im liebevollen Umfangensein, das Vater und Mutter gewähren, spürt das Kind sein Angenommensein und darin die Bejahung seiner Existenz. Es empfindet sich als einen Wert und weiß sich bedeutsam für andere. So beginnt das Leben in einem ursprünglichen Frieden, aus dem das Urvertrauen und die Urerfahrung erwachsen, daß das Leben einen Sinn hat: es hat einen Sinn für andere. Erlebt das Kind am Beispiel seiner betenden Eltern, wie sie sich der Hilfe und dem Schutz Gottes anvertrauen und ihm die Ehre geben, so lernt es seinerseits, auf Gott zu vertrauen, ihn zu verehren und in ihm jenen Frieden zu finden, den die Welt nicht geben kann. Ohne eine tiefe Gottesverehrung ist im letzten kein Frieden möglich. Daher verkündet der Engel des Herrn die Geburt des Friedensfürsten mit den Worten: „Ehre sei Gott in der Höhe *und* Friede auf Erden." Diese ursprünglichen Erfahrungen werden den Menschen zeitlebens nicht mehr verlassen und ihn befähigen weiterzugeben, was ihm selbst als Geschenk zuteil geworden ist. Wenn die Familienverhältnisse dagegen so sind, daß sich das Kind zu Hause nicht geborgen und anerkannt fühlt, dann wird es eines Tages ruhelos nach anderen Zufluchtsorten suchen. Es wird überall herumstreunen und doch nirgendwo Heimat und Frieden finden. Fast unweigerlich wird es sein Ausgesetztsein als eine letzte Verlorenheit ins Sinnlose deuten. Unter gewissen weiteren Voraussetzungen kann diese kindliche Ungeborgenheit „zu einer Mischung von chronischer Kriminalität und Verwahrlosung" (H. Kaufmann) führen. Tatsächlich läßt sich bei vielen Verbrechern nachweisen, daß es den Tätern in ihrer Kindheit an Geborgenheit gefehlt hat.

Für die Erziehung zum Frieden ist aber nicht nur das Geborgenheitserlebnis, sondern auch – wie schon angedeutet – das vorgelebte Beispiel von Vater und Mutter von großer Wichtigkeit. Wenn ein

Mensch geboren wird, ist er ja das hilfloseste Geschöpf, das es gibt. Weil es nicht wie das Tier über Instinkte verfügt, ist es darauf angewiesen, daß ihm seine Umwelt zeigt, wie man sich verhalten muß, das heißt, wie man sich einerseits durchsetzt und andererseits einordnet, um in dieser Welt bestehen zu können. Dieser Lernprozeß geschieht beim heranwachsenden Menschen vor allem durch unbewußte Nachahmung dessen, was ihm die Erwachsenen vorleben. Da aber das Verhalten der Erwachsenen nicht nur aus guten Eigenschaften besteht, übernimmt das Kind eine Mischung von Gutem und Bösem und erstellt daraus eine eigene Mischung. Wenn es auch den Erwachsenen nicht möglich ist, in jedem Fall ein fehlerfreies Leben vorzuleben, so können sie doch darum bemüht sein, die gröbsten Unzulänglichkeiten zu vermeiden. Worauf es ankommt, ist die Reinigung der Atmosphäre.

Das bedeutet nun nicht, daß es zu keinen Auseinandersetzungen kommen dürfte. Doch diese müssen auf eine menschenwürdige Art und Weise bewältigt werden. Die Partner müssen lernen, einander zu verstehen, zu achten und in ihrer Verschiedenheit einander anzuerkennen. Frieden beansprucht also keine allgemeine Gleichheit. Daher schreibt der Friedensnobelpreisträger Dominique Pire: „Der Friede besteht positiv in einer wohlwollenden Haltung dem andern gegenüber, dem, der verschieden von uns ist. Es ist eine Tatsache, daß die Menschen sich voneinander sehr unterscheiden. Indessen wage ich mit meinem Freund Bernard Hansoul zu glauben, ‚daß sich die Men-‚schen verstehen könnten, wenn sie sich nur gegenseitig ihre Widersprüche zugeständen‘. Definieren wir also den positiven Frieden folgendermaßen: er ist der Anfang des gegenseitigen Verständnisses, der Achtung und der Schätzung des anderen als verschiedenen. Die Definition des positiven Friedens, die ich eben brachte, gilt ebensosehr für den Frieden unter Gruppen, Nationen, Religionen, Blocks usw. wie für den Frieden unter Einzelwesen.“[1]

Das gegenseitige Verständnis, die Achtung und Schätzung des anderen als verschiedenen umfaßt wie selbstverständlich die Hilfe, wann, wo und wie immer der andere ihrer bedarf. Ja, man muß sagen: die engagierte Hilfeleistung ist der Prüfstein für den Ernst unseres Willens, den Frieden zu verwirklichen. Wer rechte Hilfe bringen will, muß einerseits verstehend und mitfühlend sein, andererseits aber auch sachlich und nüchtern. In der Heiligen Schrift findet sich ein Beispiel, durch das ein solches Verhalten vorbildhaft dargestellt wird. Es ist die Erzählung vom barmherzigen Samariter, der einem Notleidenden zu Hilfe kommt, obwohl dieser ihm aufgrund seiner unterschiedlichen

Religion feindlich gesinnt war. Das Tun des Samariters bemißt sich genau an der Situation des Erschlagenen. Dadurch erhält es seine Sachlichkeit. Der Fremdling tut alles, wonach der Zustand des Erschlagenen verlangt. Zunächst werden seine Wunden sachgerecht behandelt und verbunden. Da er weder stehen noch gehen kann, wird er auf das Reittier gehoben und in das nächste Gasthaus gebracht. Dort kümmert sich der Samariter persönlich um ihn. Weil er aber auch seinen persönlichen Verpflichtungen nachkommen muß, gibt er dem Wirt Geld und erklärt ihm: „Sorge für ihn, und wenn du mehr für ihn brauchst, werde ich es dir bezahlen, wenn ich zurückkomme." Mitfühlende Herzlichkeit und nüchterne Sachlichkeit verbinden sich hier in einer beglückenden Weise miteinander und lassen zwei Menschen, die aus sehr gegensätzlichen Lagern kommen, zu Freunden werden. Das Gleichnis Jesu, durchaus geeignet, um von Kindern gespielt zu werden, führt uns neben dem Samariter und dem Erschlagenen noch die Räuber und den achtlos vorbeigehenden Leviten und Priester vor Augen. Wer sich fragt, in welcher der hier vorgestellten Personen er sich selbst wiederfindet, wird Auskunft darüber erhalten, welchen Beitrag zum Aufbau des Friedens er leistet. Zugleich verdeutlicht das Gleichnis, wie das Engagement für eine brüderliche und friedliche Welt zum Wesen eines wirklich christlichen Lebens gehört. Sicherlich wird der Mensch solche Feindesliebe nicht aus eigener Kraft aufbringen können, wohl aber in der Nachfolge Christi. Nicht im „Vorübergehen", sondern im persönlichen Einsatz mit Christus und in Christus können wir Frieden stiften und uns als echte Kinder Gottes erweisen gemäß der Bergpredigt Jesu.

Freut euch im Herrn allezeit. Noch einmal will ich es sagen: Freut euch. Euer gütiges Wesen sollen alle Menschen erfahren. Der Herr ist nahe. Um nichts macht euch Sorgen, laßt vielmehr in jeder Lage eure Anliegen durch Bitten und Flehen mit Danksagung vor Gott kund werden. Dann wird der Friede Gottes, der alles Begreifen übersteigt, eure Herzen und eure Gedanken in Christus Jesus behüten. Im übrigen, Brüder, auf alles, was wahr ist, was würdig, was gerecht, was rein, was liebenswürdig, was dem guten Rufe dient, was immer es an Tugend und was immer es an Lob gibt, darauf richtet euer Sinnen. Und was ihr gelernt und empfangen, gehört und gesehen habt bei mir, das tut. Dann wird der Gott des Friedens mit euch sein.

Philipper 4,4–9

39

Not und Elend schreien uns ins Gesicht

K. Birkenhauer: Samuel Beckett

Jes 58,9–12

Auf einer Party in England wurde der Dichter und Dramatiker Samuel Beckett – wie er selbst erzählt – von einem sogenannten Intellektuellen gefragt, warum er eigentlich immer nur über Not und Elend schreibe. Weil der Fragesteller dahinter irgendeine Form von Perversität vermutete, versuchte er, einiges aus der Vergangenheit des Dichters in Erfahrung zu bringen. Er fragte ihn, ob er als Kind von seinem Vater häufig geschlagen worden sei oder ob seine Mutter von zu Hause weggelaufen war. Als ihm der Dichter erwiderte, daß er eine sehr glückliche Kindheit hatte, fand ihn der Intellektuelle noch perverser als zuvor.

Beckett verließ die Party so bald wie möglich und machte sich mit einem Taxi auf den Heimweg. Auf der Trennscheibe zwischen dem Fahrer und ihm klebten drei Schilder. Das eine bat um Hilfe für die Blinden, ein weiteres um Hilfe für Waisenkinder und das dritte um Unterstützung für die Kriegsflüchtlinge. Der Kommentar Becketts zu diesem Zwischenfall: „Nach Not und Elend braucht man nicht zu suchen. Sie schreien uns ins Gesicht, sogar in den Londoner Taxis."

Vgl. Klaus Birkenhauer, Samuel Beckett in Selbstzeugnissen und Bilddokumenten, rowohlts monographien Nr. 176, Reinbek bei Hamburg 1971, S. 7f.

Wie laut der Schrei von Not und Elend heute ist, lassen uns am besten nüchterne Informationen erahnen. Dabei geht es keineswegs nur um Hilfe für die Blinden, Waisenkinder und Kriegsflüchtlinge. Schauen wir nach Kalkutta. Hier schlafen 600000 von sieben Millionen auf den Straßen, 50000 haben Lepra. Die Hälfte der Stadt hat keine Kanalisation. Viele benutzen die Straßen und Fußwege als Toiletten. Tausende hungern und kramen in rattenverseuchten Müllhalden. Jeden morgen werden hundert Verhungerte auf die Leichenkarren geworfen. Zur gleichen Zeit beschäftigen wir uns mit Übergewicht und Diätproblemen. Tag für Tag werden in Asien, Afrika und Lateinamerika 460 Millionen Menschen nicht satt. In den nächsten zwanzig Jahren werden rund zwei Milliarden Menschen in den Entwicklungsländern an Unterernährung sterben. Dabei läßt sich der staatliche Entwicklungsexperte den Verzicht auf die Annehmlichkeiten seines gewohnten Lebens daheim teuer entgelten.

Die Ernährungswissenschaftler haben festgestellt, daß die Ursachen dieser katastrophalen Weltlage nicht allein im explosiven Bevölkerungswachstum liegen. Sie sind vielmehr auf die wachsenden Ansprüche der reichen Länder zurückzuführen, denen rund 80% der gesamten Wirtschaftsleistung in der Welt zugute kommen. Drei Viertel der Menschheit müssen sich hingegen mit dem restlichen Fünftel begnügen. „Wären die Menschen in den Industrieländern noch mit der Ernährung zufrieden, die vor 15 Jahren als normal galt, so würden die jährlich produzierten Nahrungsmittel auch die Menschen ausreichend sättigen, die heute darben" (Misereor '75). Sagen wir es anschaulicher: Würde man allein in der Bundesrepublik die Butterbrote sammeln, die in die Mülltonnen der Schulhöfe geworfen werden, so könnte man damit täglich eine Armee hungernder Kinder sättigen. Das schreiende Mißverhältnis zwischen dem reichen Norden und dem armen Süden verdeutlicht auch der folgende Vergleich. Während hierzulande die Menschen täglich 55 Gramm an tierischem Eiweiß zu sich nehmen, sind es in Indien nur sechs Gramm. Was aber wird getan? Im Jahre 1973 wurden aus den Staatskassen der reichen Länder *insgesamt* 25 Milliarden DM für die Dritte Welt zur Verfügung gestellt. Im gleichen Jahr haben jedoch die Bundesbürger allein für Alkohol 40 Milliarden DM ausgegeben.

Zum Grundübel der Unterernährung kommt das Problem der wachsenden Arbeitslosigkeit. 1970 waren in den unterentwickelten Ländern Asiens, Afrikas und Lateinamerikas 80 Millionen Menschen ohne Arbeit. Bis 1980 wird sich diese Zahl nach den Schätzungen der Entwicklungsexperten auf 300 Millionen vergrößern. Allein in Indien wächst das Heer der Arbeitslosen täglich um 7000 Menschen. Reden wir in diesem Zusammenhang von Faulheit, Desinteresse und Schmarotzertum, so übersehen wir, daß der Teufelskreis der Armut von vielen Faktoren in Bewegung gesetzt wird. Die Unterernährung bewirkt eine hohe Krankheitsanfälligkeit. Diese bringt eine geringe physische Belastbarkeit mit sich, was eine niedrige Arbeitsleistung zur Folge hat, so daß nur eine geringe Steigerung der Nahrungsmittelproduktion erzielt werden kann.

Ein drittes Grundproblem ist die schulische Ausbildung. Von den 1,3 Milliarden Kindern unter 15 Jahren, die es auf der Welt gibt, lebt eine runde Milliarde in den Entwicklungsländern. Aber nur die Hälfte von ihnen erhält eine bescheidene Ausbildung. Es fehlt an Schulen, Lehrern und Lehrmaterialien. Von hundert Kindern in den Ländern der Dritten Welt beenden nur dreißig die Elementarschule, und von diesen dreißig haben nur drei die Chance zu einer weiterführenden Berufsausbildung. 1970 wurden in der Welt 200 Milliarden DM für Bildung ausgegeben. Davon entfielen rund 90 Prozent auf die Industrieländer und nur 10 Prozent auf die Dritte Welt. Das bedeutet: die Kinder und Jugendlichen in den wohlhabenden Ländern der Welt (insgesamt nur 25 Prozent) bekommen zehnmal soviel Bildungsförderung wie jene drei Viertel in der übrigen Welt.

Nach Not und Elend braucht man tatsächlich nicht zu suchen. Sie schreien uns ins Gesicht, wo immer wir hinschauen. Das Wort von Boris Pasternak „Was wir heute tun, entscheidet, wie die Welt morgen aussehen wird“ wird mit jedem Tag bedrängender. Können und dürfen wir an diesen zum Himmel schreienden Mißverhältnissen, die sich in unserer Welt mit jedem Tag mehr ausweiten, bedenkenlos und nichtstuend vorübergehen? Wir könnten es nur, wenn uns die blinde Selbstsicherheit und die unbekümmerte Verantwortungslosigkeit jenes Intellektuellen zu eigen wären, der mit dem Dichter Samuel Beckett ins Gespräch zu kommen suchte. Angesichts seines Verhaltens müßte man fragen, in welchen Verhältnissen er groß geworden ist. Samuel Beckett leidet am Zustand unserer Welt. Wer auch nur einen kleinen Einblick in sein vorliegendes Werk hat, vernimmt in seinen sonderbaren Gestalten immer wieder den versteckten oder offenen Aufschrei, der aus dem Elend unserer perversen Welt geboren wird und nach Erlösung verlangt. Um so bedrängender wird hier die Frage, wie wir uns als Christen in einer solchen Welt zu verhalten haben. Darauf antwortet Bernhard Stoeckle mit einigen Grundsätzen, die uns sehr bedenkenswert erscheinen[1].

Um erst gar keine Mißverständnisse aufkommen zu lassen, wird von vornherein betont: „Wo immer wir Christen in der Welt von heute auf Vorgänge treffen, die Menschen entwürdigen, schänden, erniedrigen, vergewaltigen und in all dem um den Anspruch ihrer Gottebenbildlichkeit (Gottunmittelbarkeit) bringen, kann und darf uns so etwas auf keinen Fall gleichgültig lassen. Es fordert uns zu Wort und Tat des Beistandes, der wirkkräftigen Hilfe." Diese Grundsatzerklärung wird vor allem im Blick auf die Dritte Welt formuliert. Dennoch sieht sich B. Stoeckle genötigt, jene christliche Liebe kritisch zu überprüfen, die den vorhin beschriebenen Verhältnissen zu begegnen sucht. Angesichts des Elendsgürtels, der sich um die ganze Welt gelegt hat und sich immer mehr zusammenzieht, fühlen sich nicht wenige Christen bedrängt, etwas zu tun. Dieser moralische Druck kann aber zweierlei bewirken. Die Erfahrung, wie wenig man in der Lage ist, dieses weltweite Elend auch nur ein klein wenig einzugrenzen, kann entweder zur Resignation führen oder zum Ausweichen „auf die Ebene des rein Deklamatorischen", das sich in lautstarken Worten, bloßen Gefühlsausbrüchen oder augenblicklichen Protestaktionen erschöpft. B. Stoeckle zitiert in diesem Zusammenhang Gerhard Szczesny, welcher der Meinung ist, die Christen seien zu rasch bei der Sorge um den Nächsten. Daher erscheinen sie ihm „wie Leute, die angesichts eines sinkenden Schiffes ohne Zögern bereit sind, ins Wasser zu springen, um die Ertrinkenden ans rettende Ufer zu bringen, aber dann entdecken müssen, daß sie vergessen haben, rechtzeitig schwimmen zu lernen. Der Entschluß, zusammen mit den Schiffbrüchigen unterzugehen, ist gewiß auch eine Form von Liebe, aber nicht eigentlich Hilfe."[2] Um uns einerseits vor dem Erlebnis der Ohnmacht und andererseits vor der Flucht in eine abstrakte Menschenliebe, die im Grunde nur enthusiastische Gefühle und Phrasen hervorzubringen vermag, zu bewahren, skizziert B. Stoeckle einige Bedingungen, die zu beachten sind, damit christliche Liebe dauerhaft wirksam werden kann.

Der Christ, dem es ernsthaft um die Verwirklichung der Nächstenliebe geht, muß zunächst um seine Selbstverwirklichung bemüht sein. Wer darauf verzichtet, wird für die Nächstenliebe untauglich sein. Daher ist das Bemühen um einen gefestigten Selbstbesitz und ein hohes Maß an Ichstärke die beste Vorbereitung für das Tun der Nächstenliebe. Diese muß sich zuerst – das wäre die zweite Bedingung – an den im wörtlichen Sinn Nächsten richten. Hier ist die Ausgangs- und Anfangsbasis, von der her jene entscheidenden Erfahrungen und Maßstäbe gewonnen werden können, ohne die die Liebe zum Nächsten in der Ferne nicht gelingt. „Nur wer gelernt hat, sich am unmittelbar Nächsten zu bewähren, besitzt den Auftrag, die Nächstenliebe auf die Fernen und Fernsten auszuweiten." Darüber hinaus muß betont werden, daß ein Mensch nur im Ausmaß seiner Möglichkeiten zum Handeln verpflichtet ist. Jede Überforderung wäre nicht nur verantwortungslos; sie würde auch zur baldigen Erschlaffung der Kräfte führen. Schließlich bleibt zu erwähnen, daß alles echte Mitleiden seine Ausprägung im persönlichen Lebensstil finden muß. Daher schreibt Papst Paul VI. in seiner Enzyklika „Über den Fortschritt der Völker": „Wenn so viele Völker leiden, wenn so viele Familien in Elend sind, wenn so viele Menschen in Ungewißheit dahinleben, wenn so viele Schulen, Krankenhäuser, richtige Wohnungen zu bauen sind, dann ist jede öffentliche und private Vergeudung, jede aus nationalem oder persönlichem Ehrgeiz gemachte Ausgabe ... ein unerträgliches Ärgernis." Was diese Worte für das eigene Leben bedeuten, geht aus dem Text eines Mannes hervor, der um seine „gute Linie" besorgt war. Er fand sie, nachdem er seine innere Linie gefunden hatte: „Mein Leben war bis vor kurzem beinahe eine einzige Abmagerungskur. Jede Diät, die ich ausprobierte, half eine Weile, aber zum Schluß wurde ich doch wieder rückfällig. Jetzt habe ich in einem Spendenaufruf zugunsten hungernder Menschen einen *Anreiz* gefunden, wie ich ihn brauche. Solange es noch Menschen gibt, die nicht genug zu essen haben, habe ich kein Recht zu schlemmen. Ich beschloß, das Geld, das ich normalerweise für kulinarische Extravaganzen ausgegeben hätte, sagen wir fünfzehn Mark pro Woche, beiseite zu legen und es monatlich einer Organisation zu überweisen, die sich unterernährter Menschen annimmt. Ich nenne das meine humanitäre Schlankheitsdiät. Wenn ich einmal schwach zu werden drohe, halte ich mir vor Augen, daß jemand anders darunter zu leiden hätte. Bisher hat sich die Methode bewährt. Versuchen Sie es doch einmal. Sie helfen damit den Hungernden und tun obendrein etwas für Ihre schlanke Linie."[3]

So spricht Jahwe zu seinem Volk: Wenn du aus deiner Mitte Bedrükkung, Fingerrecken und Unheilsrede entfernst, wenn du Hungrigen dein Brot schenkst und den Gebeugten sättigst, dann wird im Dunkel dein Licht erstrahlen, und deine Finsternis wird zur Mittagshelle. Dann wird Jahwe dich allezeit leiten und deine Seele selbst im dürren Lande sättigen. Er wird deine Glieder mit Kraft erfüllen; du wirst wie ein wohlbewässerter Garten sein, wie eine Quelle, deren Wasser nie versiegt. Und du wirst uralte Trümmer wieder aufbauen, die Grundmauern vergangener Geschlechter wirst du wieder aufrichten. Dann wird man dich nennen: Der Breschen vermauert, und: Der Trümmer zum Wohnen wiederherstellt. *Jesaja 58,9–12*

40

Von der Anfälligkeit und Versuchbarkeit des Menschen

Fr. Dürrenmatt: Der Besuch der alten Dame

Jak 2,14.17

Die völlig verarmte und verschuldete Kleinstadt Güllen erwartet den Besuch der 63jährigen Claire Zachanassian, die in dieser Stadt aufgewachsen ist, sie dann in Schande verlassen mußte und zu einer Dirne herabsank. In einem Hamburger Bordell lernte sie einen Ölmilliardär kennen, der sie heiratete. Damit hatte ihr Aufstieg zur Macht begonnen. Von ihrem Besuch erhoffen sich die Güllener eine entscheidende Hilfe in der Not.

Zu ihrem Empfang wird alles aufgeboten. Schon in seiner Begrüßungsrede versucht der Bürgermeister, die superreiche Frau zu bewegen, einige Millionen auf den Tisch zu legen. Die alte Dame ist nicht kleinlich. Wider aller Erwartung sagt sie den Bürgern eine Milliarde zu: fünfhundert Millionen der Stadt und fünfhundert Millionen verteilt auf jede Familie. Ebenso überraschend ist jedoch, daß sie an diese Stiftung eine Bedingung knüpft. Sie verlangt, daß jenes Unrecht wiedergutgemacht wird, das ihr vor fünfundvierzig Jahren in dieser Stadt zugefügt worden war. Damals hatte der Kleinwarenhändler Alfred Ill die Vaterschaft ihres inzwischen verstorbenen Kindes geleugnet und zudem zwei Zeugen durch Bestechung zum Meineid angestiftet. Um die Gerechtigkeit wiederherzustellen, fordert sie seinen Tod. Dagegen protestieren die Güllener einmütig, indem sie sich auf die Moral und Humanität berufen. Aber die alte Dame hat Zeit. Sie erwidert ihnen nur: „Ich warte!“

Während sie so mit sicherer Ruhe auf die unfehlbare Erfüllung ihrer

Bedingung harrt, hofft insgeheim einer vom anderen, daß er Ill töten wird. Als könne der versprochene Lohn nicht ausbleiben, beginnen alle, Schulden zu machen und auf großem Fuß zu leben, was dem Krämer Alfred Ill nicht verborgen bleibt. Verzweifelt kämpft er gegen die Angst und besiegt sie schließlich. Er ist bereit, seine Schuld auf sich zu nehmen und sich dem Urteil der Güllener zu unterwerfen. Ehemals zerlumpt, erscheinen die Gemeindeväter im Frack zur Abstimmung. „Wer reinen Herzens die Gerechtigkeit verwirklichen will, erhebe die Hand", fordert der Bürgermeister sie auf. Alle, auch der Pfarrer, erheben die Hand. Damit ist die Stiftung der Claire Zachanassian angenommen, nicht – wie der Bürgermeister betont – des Geldes, sondern der Gerechtigkeit wegen und aus Gewissensnot.

Die Güllener bilden eine Gasse, die Ill zu durchschreiten hat und die sich hinter ihm lautlos schließt. Als sie sich wieder öffnet, liegt Ill tot am Boden. Man hat ihn erwürgt. „Herzschlag", sagt der Arzt. „Tod aus Freude", fügt der Bürgermeister hinzu. Nachdem die alte Dame den Leichnam Ills betrachtet hat, befiehlt sie, die Koffer zu pakken, und überreicht dem Bürgermeister den versprochenen Scheck.

Vgl. Fr. Dürrenmatt, Der Besuch der alten Dame, Verlags AG Die Arche, Zürich 1956.

Dieses Stück, das Friedrich Dürrenmatt Welterfolg und Weltruhm einbrachte, wurde im Urteil der Literaturkritik wiederholt als ein Meisterstück der dramatischen Gegenwartsliteratur bezeichnet. In ihm geht es um die Anfälligkeit und Versuchbarkeit des Menschen in der westlichen Welt. Deshalb kann die Kleinstadt Güllen in jedem Land diesseits des Eisernen Vorhangs liegen, und wir alle können ihre Bürger sein. Dürrenmatt nimmt sich selbst nicht aus. In der Anmerkung zu dieser tragischen Komödie schreibt er: „Der Besuch der alten Dame ist eine Geschichte, die sich irgendwo in Mitteleuropa in einer kleinen Stadt ereignet, geschrieben von einem, der sich von diesen Leuten durchaus nicht distanziert und der nicht so sicher ist, ob er anders handeln würde."

Auffallend ist, daß außer Alfred Ill keiner der Bürger von Güllen namentlich in Erscheinung tritt. „Der Bürgermeister", „Der Pfarrer", „Der Lehrer" oder „Der Erste" und „Der Zweite" bleiben namenlos. Der Grund wird im Entwicklungsgang des Schauspiels offenkundig. Die Bürger, die sich anfangs mit dem Krämer Alfred Ill solidarisch fühlen, verlieren unter dem Zuwarten der alten Dame mehr und mehr ihr Gesicht und werden langsam zu Mördern. Während Ill zur Einsicht seiner Schuld gelangt, schwindet diese Einsicht bei den Mitbürgern immer mehr. Das furchtbare Anwachsen einer Kollektivschuld ist die konsequente Folge. Für sie gibt es im Stück weder Ankläger noch Richter. „Denn in der großen Requisitenkiste der Schlagworte, die vom ‚Willen zur Gerechtigkeit' bis zum ‚Notwendigen Opfer für die Allgemeinheit' alles enthält, findet sich immer eine brauchbare Formel der Rechtfertigung" (S. Kienzle).

Dieser Selbstbetrug ist es, weshalb das Gerede von „Gerechtigkeit" und „Humanität" zugleich lächerlich und erschreckend wirkt. Jedermann empfindet, daß es hier nicht um die Wiederherstellung der Gerechtigkeit geht. Wird das Verhalten der alten Dame von Rache und Erpressung bestimmt, so kommt im Vorgehen der Bürger die ganze menschliche Armseligkeit zum Vorschein. Vor der Gier nach Geld und Wohlstand weichen Humanität und andere ethischen Werte zurück. Kein Wunder, daß der Kleinstadt von diesen Beweggründen her nur eine Scheinerlösung widerfährt. Claire Zachanassian, die während ihres Aufenthaltes in Güllen im „Goldenen Apostel" residiert und von den Bürgern als einzige Heilbringerin angesehen wird, erweist sich sehr bald als Apostel eines überaus zweifelhaften Heils. „Das Stück ist eine Satire auf das ‚glückliche Leben', das unter fragwürdigen Vorzeichen verheißen wird" (J. Müller).

Zumindest der Pfarrer hätte das Unrecht abwenden und das Heil bringen können und müssen, indem er auf die Frage des Bürgermeisters: „Hat jemand zur Stiftung der Frau Zachanassian eine Bemerkung zu machen?", unmittelbar vor der Abstimmung über Leben und Tod von Ill an ihn als den ersten gestellt, entschieden auf jene fragwürdigen Vorzeichen hingewiesen hätte. Aber er schwieg. Und mit ihm schwiegen alle andern, die vor dieselbe Frage gestellt wurden. Was hier vom Pfarrer gefordert war, wird heute in erster Linie von allen verantwortungsvollen Christen verlangt. Sie haben die Aufgabe, auf die fragwürdigen Vorzeichen eines verheißenen glücklichen Lebens mutig aufmerksam zu machen und für die Betroffenen gezielt einzutreten. Sagen sie: „Das mache ich nicht mit!", dann werden sich gewiß auch andere erheben und erklären: „Ich auch nicht!" Sie hätten bestimmt geschwiegen, wenn ihnen niemand vorangegangen wäre. Fragwürdige Vorzeichen und zu Unrecht Gejagte gibt es heute viele.

Was nutzt es, meine Brüder, wenn jemand behauptet, Glauben zu haben, ohne daß er Werke hat? Kann der Glaube ihn retten?

Wenn der Glaube keine Werke hat – für sich allein ist er tot.

Jakobus 2,14.17

41

Jeder Mensch ist Judas

J. Green: Jeder Mensch in seiner Nacht

Lk 22,54–62

Der im Jahre 1900 geborene französische Romancier Julien Green ist zeitlebens ein Sucher nach der Wahrheit gewesen. Protestantisch erzogen, konvertierte er mit fünfzehn Jahren zum katholischen Glauben. Dann wurde er Buddhist. Später bekannte er sich zum zweitenmal zum Katholizismus. Aufschlußreich für seine innere Entwicklung sind seine Tagebücher, Zeugnisse seines Ringens zwischen Gott und irdischer Lust. In seinen Romanen schildert Green den Menschen in seiner Versuchbarkeit und Verlorenheit, in seiner Lebensangst und seiner Sehnsucht nach einer höheren Wirklichkeit. Seine Personen sind meist einsam und verlassen, willensschwach und haltlos. Kennzeichnend für ihre Situation ist auch der Titel des 1960 erschienenen Werkes „Chaque homme dans sa nuit“ – „Jeder Mensch in seiner Nacht“.

Im Mittelpunkt dieses Romans steht Wilfred Ingram, der zwischen den Forderungen seines gläubigen Gewissens und einer hemmungslosen Geschlechtsgier hin- und hergerissen wird. Während seine Umwelt ihn für einen anständigen Menschen hält, ist Wilfred sich bewußt, daß er wie in erstickendem Schlamm in der Sünde steckt. Zwar trägt er in seiner Tasche einen Rosenkranz; aber sooft er sich in der Stadt auf Abwege begibt, läßt er ihn daheim in einem Schubfach, damit „der kleine Gekreuzigte“ nicht dabei sei. Zuweilen hat er sogar den Wunsch, den Glauben loszuwerden, weil er ihn am Genießen seiner ungeordneten Liebe hindert. Zugleich spürt er, wie durch das Begehren sein Glaube abgetötet wird. „Man könnte sehr wohl aus zwei verschiedenen Menschen bestehen", denkt er manchmal mit Bestürzung. Seine Situation spitzt sich zu, als er die junge Frau des ihm entfernt verwandten James Knight kennenlernt und aus der Bekanntschaft ein intimeres Verhältnis wird. James weiß um das Ansinnen Wilfreds; doch er vertraut seiner Frau. Eines Nachts kommt es zu einem Gespräch zwischen den beiden Männern.

„Ich will mit Ihnen nicht über Religiöses sprechen, sondern Ihnen vier Bibelverse vorlesen", sagt James zu Wilfred. „Es ist übrigens keine Stelle, die einem in die Augen springt." Daraufhin schlägt er die Bibel auf und liest die Namenliste der Apostel vor, an deren Schluß er seinen eigenen Namen für den Namen „Judas" einsetzt. Verwirrt fragt Wilfred: „Warum sagen Sie das?" Der Lesende läßt das Buch sinken und erwidert: „Wir können ja statt seiner einen andern Namen einfügen: – Und der zwölfte hieß Wilfred, und er verriet ihn. – Merken Sie sich, daß wir alle, wie wir sind, unsern Namen statt des Judas Namen einfügen könnten. Haben Sie sich darüber nie Gedanken gemacht?" Dann fährt er fort: „Jesus liebte Judas. Nun aber war der Verrat an Jesus eine große Sünde, und dennoch war sie verzeihlich. Judas' Irrtum bestand in dem Glauben, sie sei es nicht, deshalb erhängte er sich. Stellen Sie sich vor, es sei alles ganz anders verlaufen, Judas sei zu Jesus geeilt, als er unter dem Kreuz wankte und strauchelte... Was meinen Sie wohl, welcher Blick da auf ihn fällt? Ein Blick des Hasses? Ich glaube es nicht. Ein Blick voller Liebe, Wilfred, ein Blick voller Liebe. Es gab auf dem Leidensweg einen kurzen Augenblick, da einzig Judas hätte Jesum trösten können, indem er ihn um Vergebung bat. Das Ärgernis ist, daß jener Augenblick hinging, ohne daß Judas sich eingefunden hätte. So sehe ich die Dinge."

Wieder zu Hause angekommen, wird Wilfred vor allem durch seine letzte Begegnung mit der jungen Frau, die jener Unterredung unmittelbar vorausgegangen war, von heftigen Gewissensbissen heimgesucht. Er läßt kaltes Wasser ins Waschbecken laufen und taucht das Gesicht hinein, als wolle er sich ein neues erschaffen. Um jeden Preis will er die Erinnerung an diese widerwärtige Nacht aus seinem Gedächtnis und seinem ganzen Ich tilgen. Zu Bett zu gehen vermag er nicht. Das einzig Vernünftige, was er tun könne, so glaubt er, sei, in den Straßen herumzulaufen. Am übernächsten Tag sucht er eine ihm bekannte Kirche auf und erforscht sein Gewissen. „Mein Gott!" fleht er, „bleib bei mir!" Halblaut fährt er fort: „Bleib bei mir bis zum Ende." Nur wenige Stunden später wird er von einem Irren niedergeschossen. In den letzten Zügen liegend, verzeiht er seinem Mörder.

James Knight findet sich an seinem Sterbebett ein. Seinen letzten Eindruck von Wilfred faßt er in folgende Worte: „Ich gehöre nicht zu den allzuschnell von Rührung überwältigten Leuten. Ich mißtraue der Rührung ... Ich habe viele, lange Jahre durchlebt. Aber nie zuvor habe ich auf dem Antlitz eines Menschenwesens einen Ausdruck des Glücks gesehn, der vergleichbar mit dem Wilfreds Züge verklärenden gewesen wäre. Auf ihn angewandt, verlor das Wort ‚Tod' jeden Sinn. Er lebte, er lebte! Eine Minute lang habe ich wie betäubt dagestanden; dann habe ich mich den Priester fragen hören: ‚Ist es aus?' Er hat geantwortet: ‚Ja, wenn Sie darunter verstehn, daß das Herz nicht mehr schlägt.'"

Julien Green, Jeder Mensch in seiner Nacht, Verlag Jakob Hegner, Köln & Olten 1960, vor allem S. 300f. und 358f.

Das alltägliche Leben von Wilfred Ingram wurde von einem starken Liebeshunger bestimmt, der dem Trieb erwuchs und nichts als Triebbefriedigung suchte. Um solches Verhalten besser verstehen zu können, wollen wir uns einige Informationen aus der Psychologie geben lassen [1]. Diese sagt uns, daß das bloß triebhafte Liebesverlangen nicht auf die Person, sondern höchstens auf den Typ schaut. Das Geheimnis des andern wird nicht erkannt, denn der Trieb ist von Hause aus blind und der Partner bloß triebhafter Beziehungen durchaus auswechselbar. Daher wundert es uns nicht, wenn wir im Roman lesen: „Es hatte in Wilfreds Leben bereits eine ganze Anzahl Mädchen gegeben." Im Gegensatz zu solch triebhaftem Verhalten macht wirkliche Liebe sehend. Sie entdeckt die Einzigartigkeit des geliebten Du. Erwächst solche Liebe aus einem gläubigen Herzen, dann sieht sie den anderen so, wie Gott ihn gemeint hat, und ist bemüht, ihn so werden zu lassen. Daher hütet sich solche Liebe davor, den geliebten Menschen als „Mittel zum Zweck" zu gebrauchen.

Damit soll keineswegs behauptet werden, echte Liebe und Triebhaftigkeit hätten nichts miteinander zu tun. Viktor E. Frankl schreibt in diesem Zusammenhang: wahre Liebe bedürfe des Geschlechtstriebes als ihres Ausdrucksmittels: „Menschliches Geschlechtsleben beginnt dort erst menschlich, will heißen menschen*würdig,* zu sein, wo es auch schon mehr ist als bloßes Geschlechtsleben, wo es eben Liebesleben ist." Andererseits bedarf die menschliche Triebhaftigkeit der Liebe, da erst die Liebe ein normales Triebleben ermöglicht und eine Triebreifung bewirkt, indem sie den Trieb auf die Person des geliebten Partners hinordnet. Wo das geschieht, läßt sich der Trieb auch der eigenen Person ein- und unterordnen. „Nur ein Ich, das ein Du intendiert, kann das Es integrieren", sagt Frankl. Von hier aus ergibt sich auch eine endgültige und ausschließliche Partnerwahl. Wo der erwähnte Integrationsprozeß nicht gelingt, können nach Frankl zwei verschiedenartige Gründe die Ursache sein: Entmutigung, wenn eine glückliche Liebesbeziehung für unmöglich erachtet wird, und Enttäuschung, wenn der Aufbau einer glücklichen Beziehung durch den Partner abgebrochen wird. Sowohl im einen wie im andern Fall stürzen die Betroffenen nicht selten in eine bloße Triebbefriedigung. In ihr wird nicht der Trieb, sondern die Liebe verdrängt, was zur Folge hat, daß die Qualität durch die Quantität ersetzt wird: „Je weniger ein Mensch noch an die *Möglichkeit* glaubt, zu einer Erfüllung seiner Liebessehnsucht zu gelangen, um so mehr wird er sich vor die *Notwendigkeit* gestellt sehen, bloß möglichst viel Triebbefriedigung einzuheimsen."

Wilfred Ingram gehörte offensichtlich zu den Entmutigten, die sich den Aufbau eines glücklichen Liebesverhältnisses nicht als möglich vorstellen können. Hinzu kommt nun, daß sein Verhaftetsein an den Trieb nicht ohne Rückwirkungen auf sein Glaubensleben blieb. Weil der Glaube dazu anhält, nicht dem Fleisch, sondern dem Geist nach zu leben, nicht sich selbst, sondern den andern zu suchen, um sich in ihm zu finden, deshalb befand sich Wilfred in einem fortwährenden Konflikt. Deutlich empfand er den Glauben als Hindernis eines hemmungslosen Lebens. Wollte er einerseits aus Angst vor der Verdammnis seinen Glauben nicht verlieren, so dachte er andererseits nicht daran, auf die Lustgewinnung zu verzichten. Aus diesem Grunde führte er ein Doppelleben. Immer wieder schlug er das Kreuzzeichen über sich und ging zur Messe. Daneben versuchte er, die Forderungen seines Triebverlangens zu erfüllen. Dieses Sowohl-Als-auch brachte ihn zur bestürzenden Erkenntnis, daß man sehr wohl aus zwei verschiedenen Menschen bestehen könnte. Mit der Zeit wurde ihm jedoch bewußt, daß der Glaube auf die Dauer diesen Widerspruch nicht verkraftet. Man könnte das Dilemma, in dem Wilfred stand, auf eine kurze Formel bringen und sagen: er bewegte sich andauernd zwischen Verrat und Treue. Weil dies eine Situation ist, in der jeder Mensch steht, griff James Knight in der Unterredung mit ihm auf Judas zurück: „Merken Sie sich, daß wir alle, wie wir sind, unseren Namen statt des Judas Namen einfügen könnten."

Judas war ein Gefolgsmann Jesu. Aus diesem Gefolgsmann wurde sein Verräter. Beachtenswert ist nun, daß James nicht im Verrat die größte Schuld im Leben von Judas sah. Obwohl er eine große Sünde war, war er verzeihlich, weil Jesus Judas liebte. Seine größte Sünde bestand vielmehr darin, daß er den Glauben an die Liebe seines Herrn und Meisters verloren hatte. Hätte Judas an die Liebe Jesu geglaubt, hätte er in seiner Schuld den Weg zu ihm gefunden, so wäre ihm die letzte Tragik seines Lebens erspart geblieben. Nicht nur daß ihm verziehen worden wäre, er wäre zu einem Zeichen der Hoffnung für all jene geworden, die in der Ausweglosigkeit ihrer Schuld nicht wissen, daß Gottes Liebe größer ist als unser Herz, das uns verklagt. „Das Ärgernis ist, daß dieser Augenblick hinging, ohne daß Judas sich eingefunden hätte." Man erinnere sich an dieser Stelle an die „Schriften zum Chassidismus" von Martin Buber, in denen wir unter der Überschrift „Die große Schuld" lesen: Rabbi Bunam sprach zu seinen Chassidim: „Die große Schuld des Menschen sind nicht die Sünden, die er begeht – die Versuchung ist mächtig und seine Kraft gering! Die große Schuld des Menschen ist, daß er in jedem Augenblick die Umkehr tun kann und nicht tut."[2]

Die tiefe Erfahrung, daß wir alle, wie wir sind, unseren Namen statt des Judas Namen einfügen könnten, bewahrte James Knight vor jeder Selbstgerechtigkeit und Überheblichkeit. Sie vermittelte ihm jenes mitfühlende Verständnis, das die Voraussetzung für ein Gespräch mit dem anderen war, der an ihm schuldig wurde. James Knight war ein Christ, der diesen Namen wirklich verdiente. Er war sich der Versuchbarkeit bewußt, der jedes menschliche Herz ausgeliefert ist. Darüber hinaus wußte er, daß es im menschlichen Leben keine Schuld geben kann, die unverzeihlich wäre, wenn sich der schuldig gewordene Mensch mit seiner Schuld auf den Weg macht, um Vergebung zu erbitten. Zu solcher Vergebung war er bereit, wie auch Jesus dazu bereit gewesen ist. Wilfred machte sich auf den Weg. Wenn er auch nicht zu James kam, er fand den Weg zu Gott. Da es ihm angesichts seines gelebten Lebens immer unheimlicher zumute wurde, betete er: „Mein Gott, bleib bei mir! Bleib bei mir bis zum Ende." Allem Anschein nach hatte Gott diesen Ruf nicht überhört, denn obwohl sein Herz aufgehört hatte zu schlagen, gewann James die Überzeugung: Er lebte, er lebte!

Sie nahmen ihn fest, führten ihn ab und brachten ihn in das Haus des Hohenpriesters. Petrus folgte von weitem. Als sie mitten im Hof ein Feuer angezündet und sich zusammengesetzt hatten, saß Petrus mitten unter ihnen. Da sah ihn eine Magd im Feuerschein sitzen, blickte ihn genau an und sagte: „Der war auch bei ihm." Er aber leugnete und sagte: „Frau, ich kenne ihn nicht." Und kurz darauf sah ihn ein anderer und sagte: „Auch du bist einer von ihnen." Petrus aber sagte: „Mensch, ich bin es nicht." Und ungefähr nach einer Stunde behauptete ein anderer nachdrücklich: „Wahrhaftig, auch dieser war bei ihm; er ist doch auch ein Galiläer." Petrus aber sagte: „Mensch, ich weiß nicht, was du meinst!" Und sogleich, während er noch redete, krähte der Hahn. Da wandte sich der Herr um und blickte Petrus an; da erinnerte sich Petrus an das Wort des Herrn, wie er zu ihm gesagt hatte: „Ehe heute der Hahn kräht, wirst du mich dreimal verleugnen." Und er ging hinaus und weinte bitterlich Lukas 22,54–62

42

Wir kommen, wohin wir schauen

Eine italienische Überlieferung

Kol 3,1–4

An der Abschlußwand des Klosterrefektoriums von Santa Maria delle Grazie zu Mailand befindet sich das weltberühmt gewordene Abendmahlsbild von Leonardo da Vinci (1452–1519). Als der Künstler, so wird erzählt, die ersten Porträtstudien zu diesem Fresko machte, fand er zuerst einen jungen Mann, der ihm für das Antlitz Christi Modell stand. Danach skizzierte er ein Jahr lang die Apostelfiguren. Schließlich fehlte ihm nur noch der Entwurf zum Judas. Lange suchte er nach einem Gesicht, aus dem unverkennbar innerer Verrat und Zerfall sprachen. Nach mehreren Monaten fand er in einer üblen Mailänder Taverne das Modell, das er suchte. Im Verlauf der Malerarbeiten offenbarte sich der Mann mit dem Judas-Gesicht: Er war jener, der zuvor dem Künstler zum Antlitz Christi Modell gestanden hatte.

Vgl. Josef Reding, Papierschiffe gegen den Strom, Paulus Verlag, Recklinghausen 1963, S. 83.

Diese Erzählung, die in Italien in verschiedenen Versionen von einer Generation zur anderen weitergegeben wird, verdeutlicht, wie schnell ein Mensch in dieser Welt sein Gesicht verlieren kann. Die Verwüstung eines Gesichts durch innere Verrottung hat es zu allen Zeiten gegeben. Und doch gibt es zwischen damals und heute einen wesentlichen Unterschied. Aufgrund einer weitverzweigten Kosmetikindustrie kann der Mensch unserer Tage sein wahres Gesicht wie nie zuvor hinter einem Make-up, hinter einer Maske verbergen. „Die Flucht hinter die

Larve hat begonnen. Der Auftakt zum permanenten Karneval ist gegeben" (J. Reding).

Hier erhebt sich die Frage: Was hatte das ehemals offene und strahlende Gesicht jenes jungen Mannes in der Zwischenzeit so verfinstern und entstellen können, daß es selbst der Künstler nicht wiedererkannte? Es war die Tatsache, daß sein Auge inzwischen eine andere Blickrichtung verfolgte und sein Herz seine Erfüllung auf anderen Wegen suchte; denn immer schreibt sich in das Angesicht, was ein Mensch mit seinen Augen sucht und in seinem Herzen schaut. „Was wir im Auge haben, das prägt uns, dahinein werden wir verwandelt. Und wir kommen, wohin wir schauen. Wer aufschaut, nach oben; wer herabschaut, nach unten."[1] Die Schrift gibt uns deutlich zu verstehen, daß der Aufblick die Blickrichtung Jesu gewesen ist. In den Stunden des Gebetes, der Versuchung, der Freude wie auch der Angst erhob er die Augen nach oben und durfte erfahren, wie sich ihm der Himmel öffnete und die Kraft Gottes ihn stärkte. Ähnliches wird von Stephanus erzählt, den man gefangengenommen und wegen seines Glaubens vor Gericht gestellt hatte. Wörtlich heißt es von ihm: „Er aber, voll heiligen Geistes, blickte zum Himmel empor ... und rief: Ich sehe den Himmel offen und den Menschensohn zur Rechten Gottes stehn" (Apg 7,55f.).

Was Jesus und Stephanus widerfuhr, widerfährt jedem Menschen, der den Blick nach oben zu seiner Wesenshaltung gemacht hat. Auch über ihm wird sich der Himmel öffnen. Wahrscheinlich haben wir alle schon solche Augenblicke erleben dürfen: in jener Situation, da wir uns nicht von der alltäglichen Betriebsamkeit und der vermeintlichen Zeitnot verschlucken ließen, sondern trotz aller Beschäftigung und Arbeit Minuten fanden, uns still und bescheiden niederzuknien, um die Hände zu falten und zu Gott aufzublicken; als wir ja sagten zu etwas, das uns schwer fiel; als wir nicht zurückschlugen, obwohl man uns Unrecht tat; als wir – gleich Stephanus – mutig für unseren Glauben eintraten, ohne dabei die Liebe zu verletzen; als wir uns nicht von einer dunklen Leidenschaft niederreißen ließen, sondern Gott und uns selbst treu blieben; als wir unsere Schuld offen und ehrlich bekannten, ohne dabei irgend etwas beschönigt zu haben; als wir einen Menschen annahmen, obwohl er uns nicht sympathisch war. Haben wir in solchen oder ähnlichen Momenten, da wir nach oben schauten und dem Höheren dienten, nicht auch erfahren dürfen, wie sich über uns der Himmel öffnete und Gott selbst in unser Herz hinabstieg, um es in seine Höhen zu erheben und es rein, weit und lichtvoll zu machen.

Die Verwandlung in das, wohin wir schauen, ist ein Prozeß, dessen

Steuerung in unsere Hand gelegt ist. Er verläuft in der Zeit unseres irdischen Daseins und vollendet sich in der Stunde unseres Todes. So lange bleibt das menschliche Herz voller Unruhe. Fortwährend hat es zu wählen. Dabei kann es Höheres gegen Niedrigeres, das stärker lockt, eintauschen. Wo das geschieht, befindet sich der Mensch auf dem Heimweg vom „Hans im Glück". Für seinen siebenjährigen Dienst hatte er von seinem Herrn einen Klumpen Gold erhalten. Weil ihm auf dem Heimweg die schwere Last zu hinderlich war, tauschte er sie bald für ein Pferd ein. Das Pferd gab er dann für eine Kuh; die Kuh für ein Schwein, das Schwein für eine Gans und die Gans für einen Schleifstein, der ihm beim Trinken in den Brunnen fiel, wodurch jedoch nicht mehr viel verlorenging. Frei von aller Last und im Gefühl völliger Freiheit rief er aus: „So glücklich wie ich gibt es keinen Menschen unter der Sonne." Es wird gewiß nicht lange gedauert haben, bis er aus seinem Traum erwachte und feststellen mußte, wie arm und unglücklich er durch seinen leichtsinnigen Handel geworden war. Diesem armen „Hans im Glück" gleichen jene Menschen, die das Kapital ihrer Gesundheit, ihrer körperlichen Kräfte, ihrer geistigen Fähigkeiten oder ihres Geldes so verwenden, daß sie selbst immer weniger werden. Anders jene, die ohne Unterlaß nach Wertvollerem und Edlerem streben. Sie geben Geringeres für Höheres und gleichen dem Mann, der in einem Acker einen Schatz entdeckte. In seiner Freude verkaufte er alles, was er besaß, und kaufte den Acker (Mt 13, 44).

Auf dem Weg nach unten veräußert sich der Mensch; auf dem Weg nach oben verinnerlicht er sich. So wächst ihm der Himmel mehr und mehr ins Herz hinein und verewigt sein Leben in das ewige Morgen seines Gottes, den er immer vor Augen hatte. Der französische Dichter Victor Hugo (1802–1885) spricht in einem seiner Werke von einer alten Frau, die über die Straße geht. Sie hat Kinder erzogen und Undank geerntet, gearbeitet und lebt im Elend, geliebt und ist allein geblieben. Aber sie ist frei von allem Haß und hilft, wo sie kann. Jemand sieht sie ihren Weg gehen und sagt: „Ça doit avoir un lendemain – Das muß ein Morgen haben!"[2]

Wenn ihr also mit Christus auferweckt seid, so sucht, was droben ist, wo Christus ist, sitzend zur Rechten Gottes. Trachtet nach dem, was droben ist, nicht nach dem, was auf Erden. Ihr seid ja gestorben, und euer Leben ist mit Christus verborgen in Gott. Wenn Christus, unser Leben, erscheint, dann werdet auch ihr mit ihm erscheinen in Herrlichkeit. *Kolosser 3,1–4*

43

Wenn das Leben schwer wird

A. Solschenizyn: Krebsstation

Röm 8,18–25

Jelisaweta Anatoljewna ist noch keine fünfzig Jahre alt. Doch auf der Straße würde man sie für eine alte Frau halten. Um Augen und Mund haben sich inzwischen etliche Falten strahlenförmig eingegraben. Sie zeugen vor allem von ihren erlittenen Qualen. Seit etlichen Jahren muß sie und ihre Familie in der Verbannung leben. Weshalb, weiß keiner von ihnen. Ihren Mann hat man in ein Lager abtransportiert. Ihre Tochter ist in der Verbannung gestorben. Sie selbst lebt mit ihrem achtjährigen Sohn in einer armseligen Behausung. Sie ist verurteilt, als Putzfrau und Pflegerin auf der „Krebsstation" einer Klinik irgendwo in Asien ihr Leben zu beschließen. Hier kriecht sie unter die Betten, um den Boden aufzuwischen. Das Wasser hat ihre kleinen aufgesprungenen Hände inzwischen ausgelaugt. Mit einem Lappen reibt sie die Wände ab. Sie leert die Spucknäpfe und putzt sie blitzend sauber. Sie bringt den hoffnungslos Kranken die Gläser mit den Etiketten. All das, was einer Schwester zu schwer, zu unhandlich oder zu unsauber ist, bringt sie herbei und trägt es wieder fort. Und je selbstverständlicher sie ihre Arbeit verrichtet, desto weniger wird sie auf der Station beachtet. Schon zweitausend Jahre lang Augen haben bedeutet noch nicht, sehen zu können.

Vgl. Alexander Solschenizyn, Krebsstation II, Luchterhand Verlag, Neuwied und Berlin ^{6}1969, S. 249ff.

Keiner kann sagen, wieviel in dieser Welt gelitten wird. Wir können es nicht sagen, weil alles Leid, das mit innerer Größe getragen wird, sich nicht von Haus zu Haus begibt, sich nicht an die Öffentlichkeit drängt. Daher sollten wir bei all unseren Kümmernissen, Sorgen und Ängsten nicht vergessen: wir sind nicht allein. Unzählige durchleiden in diesem Augenblick etwas Ähnliches; ihnen ergeht es genau wie uns. Jelisaweta Anatoljewna ist der Name für die vielen Namenlosen, die still und unauffällig die Last ihres Schicksals tragen, ohne ihre Würde zu verlieren. Lebenslängliche Verbannung, Trennung von der Familie, menschliche Erniedrigung und der Tod ihrer Tochter haben Jelisaweta Anatoljewna zu einer alten Frau gemacht. Das Qualvollste aber ist, daß keiner weiß, weshalb. Trotzdem zeigt sie keine Spur von Auflehnung oder Verbitterung. Warum nicht? Das Nächstliegende wäre doch, sich in sich selbst zurückzuziehen und sich mit der eigenen Person, mit dem ungerechten Schicksal zu beschäftigen. Wer aber im Leid auf sich selber schaut, verliert zunehmend seine Substanz und wird mehr und mehr zu einem Nichts. Jelisaweta Anatoljewna tut es nicht. Gewissenhaft verrichtet sie ihre Arbeit. Mehr als alle anderen ist sie für die hoffnungslos Kranken da. So wird für sie ihr unabänderliches Schicksal ein klein wenig erträglicher. Je mehr man an das Leid und die Not der anderen denkt und sich ihnen zuwendet, desto erträglicher wird der eigene Schmerz. Hier liegt die heldenhafte Größe dieser Frau. Durch ihre innere Haltung und ihre äußeren Handlungen wächst sie über sich selbst hinaus. Sie ist stärker als ihr Schicksal. Ein solches Leben hat trotz all seiner Härten und Widerwärtigkeiten noch immer einen Sinn. „Der Sinn liegt dann darin, in welcher Haltung wir ihm begegnen; der Sinn liegt darin, wie wir dieses Schicksal auf uns nehmen, wie wir uns *einstellen* zu solchem Leiden, wie wir es tragen, wie wir es schultern als je unser Kreuz: genau darin, in diesem Wie, ist eine Möglichkeit gegeben, Werte zu verwirklichen." Das sagt Professor Viktor E. Frankl, der seinerseits die Hölle eines nationalsozialistischen Konzentrationslagers durchlitten hat[1].

Es findet sich in einem anderen Werk von Frankl eine bedeutsame Stelle, an der dieses „Wie" ausführlich behandelt wird[2]. Dort spricht Frankl von drei verschiedenartigen Wertkategorien, mit deren Verwirklichung sich der Sinn des Daseins erschließt, gleichgültig von welcher Situation es in Anspruch genommen wird. Zunächst ist von den „schöpferischen Werten" die Rede. Sie ergeben sich aus der Art und Weise, wie wir unsere alltäglichen Arbeiten und Aufgaben ausführen. Dabei ist es nebensächlich, was wir tun, wo wir es tun und welchen Aktionsradius unser Tun hat. Wichtig ist, daß es gewissenhaft geschieht. Wer wird bezweifeln, daß das Leben einer einfachen Frau, die das ihr Aufgetragene mit Sorgfalt erfüllt, viel wertvoller und damit auch sinnvoller ist als das Leben eines Mannes, der an bedeutender Stelle steht, es aber an der entsprechenden Verantwortung fehlen läßt? Ein „kleines Leben" kann also sehr groß sein und ein „großes Leben" sehr klein. Von Jelisaweta Anatoljewna heißt es: Sie kriecht unter die Betten und wischt den Boden auf; mit einem Lappen reibt sie die Wände ab; sie leert die Spucknäpfe und putzt sie blitzend sauber; sie bringt den Kranken die Gläser mit den Etiketten; all das, was einer Schwester zu schwer, zu unhandlich oder zu unsauber ist, bringt sie herbei und trägt es wieder fort. Diese wenigen Notizen genügen, um zu verstehen, wie der Mensch durch die Verwirklichung „schöpferischer Werte" auch sein schmerzvolles Schicksal noch sinnvoll gestalten und dadurch bejahen und annehmen kann.

Die zweite Wertkategorie wird im Erleben verwirklicht, im Entdecken der Vielfalt des Lebens, in der Hingabe an die Schönheit von Natur, Kunst oder Literatur. Von Jelisaweta Anatoljewna erfahren wir, daß sie gern die alten französischen Romane las. Außerdem pflegte sie Gespräche, die ihr neuen Atem gaben. Hier geht es also um die Verwirklichung der „Erlebniswerte". Frankl schreibt: *„Schon an der Größe eines Augenblicks läßt sich die Größe eines Lebens messen:* die Höhe einer Bergkette wird ja auch nicht nach der Höhe irgendeiner Talsohle angegeben, sondern ausschließlich nach der Höhe des höchsten Berggipfels. *So entscheiden aber auch im Leben über dessen Sinnhaftigkeit die Gipfelpunkte,* und ein einziger Augenblick kann rückwirkend dem ganzen Leben Sinn geben." Genauso wichtig ist es, solche Erlebnisse im Gedächtnis zu behalten und sich immer wieder daran zu erinnern. Darauf weist der in leitender Stellung beim amerikanischen Fernsehen tätige Journalist Max Wylie hin. Er war glücklich verheiratet und hatte zwei erwachsene Töchter. Im Jahre 1963 wurde seine einundzwanzigjährige Tochter mit einem anderen Mädchen in der gemeinsamen New Yorker Wohnung von einem Eindringling brutal ermordet. 1968 erlag seine Frau einem langwierigen Krebsleiden, und wenige Monate später starb seine ältere Tochter im Alter von dreißig Jahren an Lungenentzündung. Dieser schwer geprüfte Mann sagt hinsichtlich der Erlebniswerte: „In wenigen Familien ist wohl so viel gelacht worden wie bei uns. Denen, die das Glück haben, im Kreise ihrer Angehörigen zu leben, möchte ich die Frage stellen: Was für Erinnerungen schafft ihr euch jetzt und hier mit dem, was ihr sagt und tut? Gerade die einfachen, alltäglichen Wechselbeziehungen sind das Schönste am Leben. Jetzt und hier in deinem Alltag füllst du selbst den Brunnen, aus dem du schöpfen mußt, wenn du einmal allein bist."[3]

Die dritte Wertkategorie, auf die uns Frankl aufmerksam macht, umfaßt die „Einstellungswerte". Ihre Verwirklichung liegt darin, wie wir uns auf eine Einschränkung unseres Lebens einstellen. In der inneren Haltung angesichts einer unabänderlichen Einengung kann sich ein neues Reich von Werten erschließen, die Frankl zu den höchsten zählt. Sie können einem noch so verarmten Dasein einen tiefen Sinn geben. Hier geht es darum, wie wir unser Kreuz tragen. „Es geht um Haltungen wie Tapferkeit im Leiden, Würde auch noch im Untergang und im Scheitern." Solche Haltungen sind entscheidend davon abhängig, ob jemand in seinem Leben einen festen Halt besitzt. Was damit gemeint ist, verdeutlicht eine Begebenheit, von der der bekannte Kanzelredner und Theologe Helmut Thielicke erzählt. Öfters besuchte er eine Mutter und traf sie immer wieder am Bett ihres qualvoll sterbenden Sohnes. Dabei beobachtete er, „wie sie ihn mit stiller Gelassenheit pflegte, ihn bei seiner letzten Not in ihre Mütterlichkeit förmlich einhüllte. Sie ließ sich keine Spur davon anmerken, wie sie selber von Schmerz und Angst zerfressen war. Unter diesem Eindruck sagte ich ihr einmal spontan: ‚Ich bewundere Ihre Haltung.' ‚Nun ja, Haltung vielleicht, aber schauen Sie bloß nicht dahinter. Ich habe überhaupt keinen Halt.'" Dies war das Wort einer ungläubigen Mutter, die seit Jahrzehnten mit der Kirche gebrochen hatte. Thielicke fährt fort: „Dieses ungläubige und verzweifelte, aber doch sehr tapfere Wort ist mir lange nachgegangen. Mir wurde dabei überhaupt erst klar, was Glaube heißt. Glaube heißt nämlich einen Halt haben und damit in jenem Fundament gründen, das Gott gelegt hat und das er letztlich selber ist."[4] Der dem Menschen von Gott gegebene Halt ist eine göttliche Person. Sie heißt: Jesus Christus. Wer sich an ihm festhält, wird in guten und in bösen Tagen, in Freud und Leid seine Haltung bewahren können.

Warum ist Jesus Christus der Halt unseres Lebens? Darauf antwortet das Glaubensbekenntnis ganz kurz: „Gelitten unter Pontius Pilatus." Das heißt: Der Gottessohn ist uns Halt im Leid, weil er selbst gelitten hat. Er hat gelitten, obwohl er nichts Unrechtes getan hatte. In ihm stieg Gott selbst in die dunklen Abgründe von Angst, Einsamkeit, Leid und Sünde hinab, um den Menschen ins Licht zu holen. Doch in diesen Abgründen brachte man ihn um. Deshalb geht er an unserer Seite, wo immer wir in solche Abgründe geraten. Seine Augen sehen uns nicht nur am Tag der Freude, sondern auch in der Nacht der Trauer und Verlassenheit. Er nimmt Anteil nicht nur an unseren Hoffnungen, sondern auch an unseren Schwächen und Prüfungen. Er ist, wo man uns bedrängt, denn er weiß, wie es ist, hier keinen Halt zu haben. Das Wichtigste aber ist die Blickrichtung, die er uns zeigt, um tapfer und mutig das Leben zu Ende zu leben. Jesus schaute nach oben. Im Aufblick bekam er die Kraft, nicht um das Leid herumzugehen, sondern durch das Leid hindurch. Er ging seinen Weg in der Hoffnung auf die zukünftige Herrlichkeit. Der in ihm lebende Mensch sieht nicht nur diese Welt, sondern hinter ihr die Welt Gottes. Er schaut nicht auf den Tod, sondern auf das Leben. Der Grundton seines Lebens ist nicht Verzweiflung, sondern Hoffnung. Er empfängt sie, indem er aufblickt. Der Aufblick öffnet das menschliche Herz. Er bringt es in die Richtung, aus welcher der Geist Gottes, der uns aus aller Not errettet, uns entgegenkommt.

Ich schätze, daß die Leiden der gegenwärtigen Zeit in keinem Verhältnis stehen zu der künftigen Herrlichkeit, die sich an uns offenbaren wird. Denn die ungeduldige Sehnsucht der Schöpfung harrt auf das Offenbarwerden der Söhne Gottes. Wurde doch die Schöpfung der Nichtigkeit nicht mit freiem Willen unterworfen, sondern durch den, der sie unterwarf, mit der Hoffnung, daß auch sie, die Schöpfung, von der Knechtschaft der Vergänglichkeit befreit werde zur Freiheit der Herrlichkeit der Kinder Gottes. Wir wissen ja, daß die gesamte Schöpfung bis zur Stunde seufzt und in Wehen liegt. Und nicht nur das, auch wir, die wir die Erstlingsgabe des Geistes besitzen, auch wir seufzen in uns selbst in der Erwartung der Erlösung unseres Leibes. Denn auf Hoffnung sind wir gerettet. Eine Hoffnung aber, die man schon erfüllt sieht, ist keine Hoffnung. Was man schon erfüllt sieht, braucht man darauf noch zu hoffen? Hoffen wir aber auf das, was wir nicht sehen, so erwarten wir es in Geduld. *Römer 8,18–25*

44

Leid in Liebe empfangen

M. Buber: Das Leiden

Mt 16,21–23

Zum Maggid von Mesritsch kamen einst zwei Glaubensbrüder und brachten dies vor: „Unsere Weisen haben ein Wort gesprochen, das uns keine Ruhe läßt, weil wir es nicht fassen können. Es ist das Wort, der Mensch solle Gott für das Übel genauso danken wie für das Gute und es in gleicher Freude empfangen. Rate uns, Rabbi, wie wir es fassen." Der Maggid antwortete: „Geht in das Lehrhaus, da werdet ihr Sussja finden, wie er seine Pfeife raucht. Er wird euch die Deutung geben." Die beiden gingen zu Sussja und legten ihm ihre Frage vor. Als er sie angehört hatte, legte er seine Pfeife auf die Seite, lachte und erklärte ihnen: „Da habt ihr euch den Rechten ausgesucht! Ihr müßt euch schon an einen andern wenden, und nicht an einen wie mich, dem zeitlebens kein Übel widerfuhr." Sie aber wußten, daß das Leben von Rabbi Sussja vom Tag seiner Geburt an bis zu diesem Tag aus nichts anderem als Not und Leid gewoben war. Da verstanden sie, was es heißt, Leid in Liebe empfangen.

Vgl. Martin Buber, Das Leiden, in: Werke III, Schriften zum Chassidismus, Kösel Verlag – Verlag Lambert Schneider, München – Heidelberg 1963, S. 357f.

Nicht wenige Menschen nehmen die guten Tage ihres Lebens als Selbstverständlichkeit hin und denken nicht daran, daß es auch anders sein könnte. Erst wenn sich ihre Gesundheit in Krankheit verkehrt, wenn an die Stelle von Glück und Freude Schmerz und Leid treten, erinnern sie sich an Gott und klagen ihn an. Solches Verhalten macht uns auf etwas Wichtiges aufmerksam. Nur wer versteht, daß die glücklichen Tage seines Lebens ein Geschenk sind, auf das wir keinen Anspruch haben, wird sich nicht gegen Gott erheben, wenn sich die Zeiten ändern. Solange es ihm gut geht, wird er nicht überheblich, und er verzagt nicht, wenn das Leben seine Schatten auf ihn wirft. Denn auch die Schatten haben ihren Sinn.

Von Adalbert Stifter stammt das Wort: „Durch Schmerzen sind die Menschen größer geworden als durch alle Freuden dieser Welt." Seine eigentliche Größe gewinnt der Mensch demnach nicht im Erleben der Freude, sondern durch seine Bewährung im Leid. Denn einerseits vermag das Leid im Menschen jene Kräfte wachzurufen, durch die er sich stärker weiß als alle zerstörerischen Mächte dieser Welt und zur Freiheit des Geistes gelangt; andererseits kann es ihm seine totale Geschöpflichkeit zu Bewußtsein bringen. „Nackt kam ich hervor aus dem Schoß meiner Mutter, und nackt kehre ich dorthin zurück. Der Herr hat gegeben, der Herr hat genommen, der Name des Herrn sei gepriesen", sagte Hiob, als ihm seine bisherige Welt unterging. Nicht allein das Leid hatte diesen Mann zur Erde geworfen, sondern auch die Anbetung. Sören Kierkegaard kommentiert dieses Bekenntnis mit folgenden Worten: „In dem Augenblick, wo der Herr alles nahm, sagte er nicht zuerst: Der Herr hat's genommen, sondern er sagt zuerst: Der Herr hat's gegeben. Das Wort ist kurz, aber es bezeichnet in seiner Kürze vollständig, was es bezeichnen soll, daß Hiobs Seele nicht zermalmt wurde in der stummen Unterwerfung des Leides, sondern daß Verlust des Ganzen zuerst ihn dankbar macht gegen den Herrn, daß er ihm all den Segen gegeben hatte, den er nun von ihm nahm ... Nun erinnerte er sich an alles, was der Herr gegeben hatte, an einzelnes vielleicht sogar mit größerer Dankbarkeit, als da er es empfing."[1] Weil das Leid das menschliche Herz weiten und erheben kann, deshalb sagen die Weisen, der Mensch solle Gott für das Übel genauso danken wie für das Gute und es in gleicher Freude empfangen.

Es gibt nun Augenblicke, in denen eine bloße Lehraussage nicht vollends überzeugen kann. Hier wird von einem Lehrer mehr verlangt als nur die Mitteilung einer Wahrheit. Daher nennen wir vor allem den einen Lehrer der Menschheit, der nicht nur eine Lehre vermittelt, sondern diese Lehre durch sein eigenes Leben anschaubar macht und damit für jeden Menschen zum Vorbild und Wegweiser wird. Lehrer und Wegweiser in diesem Sinn sind Hiob und Sussja gewesen. Ihre Bedeutung liegt keineswegs in dem, was sie sagten, sondern in dem, was sie getan haben. Hier haben wir den Grund, weshalb der Maggid den beiden Ratsuchenden nicht selbst die Antwort gab, sondern ihnen sagte: „Geht in das Lehrhaus, da werdet ihr Sussja finden, wie er seine Pfeife raucht. Er wird euch die Deutung geben." Da die beiden wußten, daß das Leben dieses Mannes seit vielen Jahren aus Not und Leid bestand, mußte seine abweisende Erklärung in ihnen eine große Verwunderung hervorrufen. „Da habt ihr euch den Rechten ausgesucht! Ihr müßt euch schon an einen andern wenden, und nicht an einen wie mich, dem zeitlebens kein Übel widerfuhr." Warum befremdet dieser Hinweis? Weil er allen natürlichen Erwartungen widerspricht. Rabbi Sussja empfand die Not und das Leid seines Lebens keineswegs als ein Übel, sondern als eine Quelle der Freude. Wie ist so etwas möglich? Solange man das Leid rein objektiv betrachtet, werden wir ihm keine Bedeutung abgewinnen können, da eine rein objektive Betrachtung dem Leid nicht gerecht werden kann. Wie der Tod, so gehört auch das Leid zu jenen Gegebenheiten menschlichen Daseins, die sich in ihrem Wert erst erschließen, wenn wir darum wissen, daß sie zutiefst mit dem Menschsein verknüpft sind und uns zuinnerst subjektiv angehen. Erst dadurch, daß wir zu ihnen ein inneres, also subjektives Verhältnis gewinnen, werden sie sich uns in ihrem Licht erschließen. Als gläubiger Mensch vermochte Sussja seine Not und sein Leid in ein höheres Sinngefüge einzuordnen. Deshalb stand er ihnen nicht feindlich, sondern freundschaftlich gegenüber. Er lebte mit ihnen in Frieden.

Von da an begann Jesus seinen Jüngern zu zeigen, er müsse nach Jerusalem gehen und von den Ältesten und Hohenpriestern und Schriftgelehrten vieles leiden und getötet werden und am dritten Tage auferweckt werden. Da nahm ihn Petrus auf die Seite und fing an, ihm Vorhaltungen zu machen, und sagte: „Das verhüte Gott, Herr! Niemals darf dir das widerfahren!" Er aber wandte sich um und sprach zu Petrus: „Hinweg von mir, Satan! Ein Ärgernis bist du für mich. Denn du denkst nicht die Gedanken Gottes, sondern der Menschen."

Mattäus 16,21–23

45

Ein Übel kann auch ein Geschenk sein

A. Gide: Krankheiten sind Schlüssel

Ps 23

In einem seiner Tagebücher schreibt der französische Dichter André Gide (1869–1951) unter dem 25. Juli 1930 hinsichtlich der Bedeutung von Krankheiten:

„Ich glaube, daß die Krankheiten Schlüssel sind, die uns gewisse Tore öffnen können. Ich glaube, es gibt gewisse Tore, die einzig die Krankheit öffnen kann. Es gibt jedenfalls einen Gesundheitszustand, der es uns nicht erlaubt, alles zu verstehen. Vielleicht verschließt uns die Krankheit einige Wahrheiten; ebenso aber verschließt uns die Gesundheit andere oder führt uns doch davon weg, so daß wir uns nicht mehr darum kümmern.

Ich habe unter denen, die sich einer unerschütterlichen Gesundheit erfreuen, noch keinen getroffen, der nicht nach irgendeiner Seite hin ein bißchen beschränkt gewesen wäre; wie solche, die nie gereist sind; und ich erinnere mich, daß Charles-Louis Philippe die Krankheiten sehr schön ‚die Reisen der Armen' nannte.

Die noch nie krank waren, sind des Mitgefühls für eine ganze Anzahl Elendszustände nicht fähig."

Aus André Gide, Aus den Tagebüchern 1889–1939, Deutsche Verlagsanstalt, Stuttgart 1961, S. 312f.

Die Chinesen sagen, ein Bild wiege tausend Worte auf. Man muß dem zustimmen, wenn man die Sätze von André Gide auf sich wirken läßt. Darin finden sich zwei Bilder, die uns nicht nur veranschaulichen, daß sich auch in der Krankheit ein Geheimnis birgt; sie lassen uns darüber hinaus die Tiefen dieses Geheimnisses erahnen. Das erste Bild vergleicht die Krankheiten mit einem Schlüssel, der uns gewisse Tore öffnen kann und uns so Zugänge zu Bereichen unseres Daseins erschließt, in denen wir mehr als anderswo zur Selbsterkenntnis und Selbstfindung gelangen. Je mehr der Mensch mit Hilfe eines solchen Schlüssels diese Bereiche betritt, wird er ein anderer. Er wird reifer und menschlicher; ja, er wird überhaupt erst Mensch. Daher sagt André Gide: „Ich habe unter denen, die sich einer unerschütterlichen Gesundheit erfreuen, noch keinen getroffen, der nicht nach irgendeiner Seite hin ein bißchen beschränkt gewesen wäre.“ Was heißt „beschränkt“? Beschränkt ist, wer vor einer Schranke steht. Er kommt nicht weiter. Er muß stehenbleiben, wo er ist. Der Weg zum Eigentlichen ist ihm versperrt. Es wird berichtet, daß Sir Edward Elgar (1857–1934), der zu den bedeutendsten Komponisten der neueren Zeit gehört, einmal ein junges Mädchen singen hörte. Das Mädchen hatte eine schöne Stimme und verfügte über eine nahezu fehlerlose Technik. Aber irgend etwas fehlte. „Sie wird einmal eine große Sängerin werden“, sagte Elgar, „wenn irgend etwas geschieht, das ihr das Herz bricht.“ Das Mädchen lebte offensichtlich in einem Gesundheitszustand, der es ihr nicht erlaubte, *alles* zu verstehen. Es gibt eben Dinge, zu denen wir nur gelangen, wenn wir gewisse Tore durchschreiten, die uns einzig das Leid oder die Krankheit öffnen können.

Krankheiten sind Reisen. Das ist das zweite Bild. Wer noch nie krank war, ist wie einer, der noch nie gereist ist. Er kennt nur einen kleinen Ausschnitt des Lebens und der Welt. Viele Menschen mit anderen Lebensgewohnheiten und Daseinserfahrungen bleiben ihm fremd. Ähnlich wird der Kranke demjenigen fremd bleiben, der selbst noch nie gelitten hat. Erst wenn er mit ihm sein Leben und sein Schicksal teilt, wird er ihn mit seinen Eigenheiten verstehen können. So ist es ja auch hinsichtlich der Einwohner fremder Länder. Erst wenn ihr Leben mit all seinen Härten unser Leben wird, kommen wir ihnen näher und lernen sie kennen. Was jedoch die Krankheiten als „die Reisen der Armen“ anbelangt, so dürften sich inzwischen die Zeiten geändert haben. Kranksein ist heute in vielen Fällen sehr kostspielig. Daran ändert auch die Zugehörigkeit zu einer Krankenkasse nichts.

Wenn wir uns nun für die „Reiseerlebnisse“ des kranken Menschen interessieren, tun wir gut daran, unsere Aufmerksamkeit dem bekannten Facharzt für Psychiatrie und Neurologie Dr. Leo Dembicki zu schenken. In einem Aufsatz zum Thema „Psychologie der Krankheit“ durchwandert er die vielfältige Landschaft, die sich dem Kranken erschließt[1]. Beschränken wir uns auf das Wesentliche, was dort zu lesen ist. Auch Dr. Dembicki ist der Überzeugung, daß die Krankheit die geeignetste und wirksamste Konfrontation des Menschen mit seiner personalen Wirklichkeit ist. Solange es die Krankheit gibt, und darin liegt gerade ihr Segen für die heutige Zeit, wird der Mensch zur Rückbesinnung auf sein eigentliches Menschentum gerufen. Deshalb muß man sie „nahezu ein Geschenk des Schicksals an den Menschen“ nennen. Aus seinem bisherigen Gefüge hinausgeworfen, erlebt der Kranke seine Krankheit als ein „Elementarereignis“, das ihn tiefer und intensiver als alles andere zuvor angeht. Die Zeit steht für ihn still. Obwohl um ihn herum alles in Bewegung ist, ist er davon ausgenommen. Während sich der Gesunde im naiven Gefühl der Unversehrtheit wiegt, weiß der Kranke um seine Verwundbarkeit. Seine Schmerzen vermitteln ihm die heilsame Erfahrung, wie verletztlich und wie wenig großartig er ist. Der Gesunde verfügt mit Selbstverständlichkeit über seinen Körper; der Kranke hingegen kann nicht mehr, wie er gerne möchte. Er kommt zur Einsicht, daß der Körper keineswegs sein Eigentum ist, über das er willkürlich verfügen kann. Dem alltäglichen Leben entzogen, hat sein Denken und Empfinden aufgehört, alltäglich zu sein. Er erfährt, daß er anders ist als die übrigen. Weil er sich selbst nicht versteht, fühlt er sich in seinem Alleinsein und in seiner Einsamkeit den Mächten des Daseins überantwortet. Es überfällt ihn die Angst. Das befreit ihn von allen Schablonen, in denen sich der Gesunde häufig bewegt. So steht der Kranke ungeübt einer neuen, ihm völlig fremden Welt gegenüber. Viele Fragen tauchen vor ihm auf. Die Dinge verlieren ihre Selbstverständlichkeit. Sie offenbaren plötzlich Tiefe und zwingen zur Kenntnisnahme. Aufgrund seiner mangelnden Bewegungsfreiheit ist der Kranke auf die Hilfe seiner Mitmenschen angewiesen. Daraus erwächst ihm die Erkenntnis, daß er vielfältiger, als er zuvor glaubte, von seinen Mitmenschen abhängig ist. Die Erfahrung der eigenen Individualität einerseits und das Erleben seines Angewiesenseins auf die Gemeinschaft andererseits können seine Persönlichkeit nachhaltig bereichern. Die sich aus der Bewegungsunfreiheit ergebende Ruhe läßt ihn für manche Dinge hellsichtiger werden. Er merkt, daß vieles, woran er seine Kraft verschwendete, nicht hält, was er sich davon versprochen hatte, und daß er Wichtiges und Bedeutsames unterschätzte und vernachlässigte. Er wird sich bewußt, daß ihm der Erfolg oft wichtiger erschien als die Verwirklichung von Werten. So sieht er sich und seine Mitmenschen in einem neuen Licht. Er ist entschlossen, anderen gegenüber nachsichtiger und gütiger zu sein. Außerdem vermittelt ihm die Ruhe einen neuen Eindruck von der Welt. War er vordem ständig in Aktion, so wird er jetzt zum Empfangenden. Er bekommt ein Auge für die mannigfaltige Schönheit, an welcher der Gesunde häufig verständnislos vorbeiläuft. Ja, er empfindet ein tiefes Verlangen, mit allem Schönen im Einklang zu sein. Er glaubt, jetzt endlich dort zu sein, wohin er eigentlich immer kommen wollte. Auch zum Tod gewinnt er einen neuen Standort. Während der Gesunde den Gedanken an den Tod mit einem ungeheuren Kraftaufwand abzuweisen sucht, gelangt der Kranke auch hier zu einer neuen Einsicht. All dies zeigt, daß die Krankheit, wenn sie auch an und für sich ein Übel ist, ein Geschenk von unschätzbarem Wert darstellt. Durch sie wird der Mensch zu den Quellen geführt, die in ihm selber liegen. Aus ihnen erhält er die Kraft, sich nach innen und außen neu zu orientieren.

Ein Übel kann also auch ein Geschenk sein. Das ist die christliche Lehre vom Kreuz. Damit der Mensch sein Kreuz als ein wirkliches Geschenk Gottes erfahren kann, muß er es im Vertrauen auf die Botschaft Jesu annehmen; er muß ja dazu sagen. Solches Vertrauen ist immer ein Wagnis, das einen doppelten Verzicht von uns fordert. Wir müssen zunächst lernen, in Freiheit auf manche Annehmlichkeit des Lebens zu verzichten. Wer immer etwas wagt, muß diesen Verzicht leisten. Der Kranke weiß, was damit gemeint ist. Die Arbeitsunfähigkeit, die Bewegungsunfreiheit, die Erfahrung des Alleinseins, das Angewiesensein auf andere, die Schmerzen und die Angst und anderes mehr verlangen ihm einen vielfältigen Verzicht ab, damit er als gläubiger Mensch gerade *in* dem, was ihm lästig erscheint, zu einem ganz neuen Leben kommt. Sagen wir es deutlicher: damit er *in* all dem Gott selbst entdeckt. Die Krankheit ist gleichsam jener Acker, in dem der teure Schatz verborgen liegt. Damit klingt der zweite Verzicht an, der uns sagt: Entthrone dich selbst, und räume Gott den Thron in deinem Leben ein, denn du selbst bist nicht das beherrschende Prinzip in deinem Leben. Räumt der Mensch Gott den ersten Platz in seinem Leben ein, dann erfährt er unmißverständlich, wie Gottes Liebe ihn umfängt. J. H. Kardinal Newman hat dieses Erlebnis mit folgenden Worten umschrieben: „Gott schaut dich, wer immer du seist, so wie du bist, persönlich. Er ‚ruft dich bei deinem Namen'. Er sieht dich und versteht dich, wie Er dich schuf. Er weiß, was in dir ist, all dein eigenes besonderes Fühlen und Denken, deine Anlagen und Wünsche, deine Stärke und deine Schwäche. Er sieht dich an deinem Tag der

Freude und an deinem Tag der Trauer. Er fühlt mit in deinen Hoffnungen und Prüfungen. Er nimmt Anteil an all deinen Ängsten und Erinnerungen, an allem Aufstieg und Abfall deines Geistes. Er hat wahrhaft gezählt die Haare deines Hauptes und die Maße deiner Gestalt. Er umfängt dich rings und trägt dich in seinen Armen. Er hebt dich auf und setzt dich nieder. Er liest in deinen Zügen, ob sie lächeln oder Tränen tragen, ob sie blühen in Gesundheit oder welken in Krankheit. Er schaut zärtlich auf deine Hände und Füße. Er horcht deiner Stimme, dem Klopfen deines Herzens, selbst deinem Atem. Du liebst dich nicht mehr, als Er dich liebt. Du kannst nicht mehr zurückschrecken vor Leid, als ihm leid ist, daß du es trägst; und wenn Er es dir auflegt, so ist es, als legtest du selbst es dir auf – wenn du weise bist –, zu größerem Heil."[2] Wer eine ähnliche Gotteserfahrung in seinem Leben machen darf, der weiß, daß es ein anderes Leben gibt, wofür man gern auf sein bisheriges Leben verzichtet. Er wird fortan nicht mehr seine eigenen Wege gehen, sondern dem Weg seines Herrn folgen, wohin diese auch führen mögen.

Jahwe ist mein Hirte, ich leide nicht Not;
auf grünender Weide läßt er mich lagern.
Er führet mich an Wasser der Ruhe,
Erquickung spendet er meiner Seele.
Er leitet mich auf dem rechten Pfad, getreu seinem Namen.
Und muß ich auch wandern im finsteren Tale,
ich fürchte kein Unheil, denn du bist bei mir.
Dein Stock und dein Hirtenstab, die geben mir Zuversicht.
Du hast einen Tisch mir bereitet vor den Augen der Feinde.
Du salbest mein Haupt mit Öl,
mein Becher ist gefüllt bis zum Rande.
Es geleiten mich deine Gnade und Huld
durch alle Tage des Lebens.
Und wohnen darf ich im Hause Jahwes für immerwährende Zeiten.

Psalm 23

46

Bewährung in der Krankheit

A. Solschenizyn: Krebsstation

Röm 5,1–5

In seinem Arzt- und Krankenhausroman „Krebsstation" schildert Alexander Solschenizyn das Schicksal von Menschen, denen plötzlich bewußt wird, daß sie von einer tödlichen Krankheit gezeichnet sind. Die Atmosphäre des Krankensaales ist seltsam. Hier teilen alle denselben Lebensraum, alle erfahren die gleiche Behandlung, alle bekommen das gleiche Essen, alle tragen die gleichen abgetragenen Schlafanzüge der Klinik. Sie alle brauchten sich nur umzuziehen, das Krankenzimmer zu betreten, sich von den Verwandten zu verabschieden, und schon ist das ganze frühere Leben abgeschnitten und alle früheren Unterschiede sind wie weggewischt. Hier sind sie alle nur noch Menschen, kranke Menschen, die eine begrenzte Zukunft haben. Dieses Zurückgeworfenwerden auf die nackte menschliche Existenz ruft jedoch im Krankensaal sehr unterschiedliche Reaktionen hervor. Das sei an vier Personen des Romans verdeutlicht.

Wadim Zadyrko, ein 26jähriger Geologiestudent, hat die Krebsstation mit Fachbüchern unter beiden Armen bezogen. Selbst hier gönnt er sich keine Ruhe und geizt mit der Zeit. Kaum hat er drei von den Büchern, deren Ränder er mit vielen Frage- und Ausrufezeichen versieht, durchgearbeitet, läßt seine Konzentrationskraft nach. Manchmal möchte er alle Beherrschung verlieren und wie ein Tier, das in ein Tellereisen geraten ist, aufheulen. Jetzt liegt er oft nur da und überlegt, ob er nicht, statt zu kämpfen, einfach nachgeben und nichts mehr tun soll. Als er die Nachricht bekommt, daß seine Mutter ein Heilmittel hat auftreiben können, lebt in ihm die Hoffnung wieder auf. Doch angesichts seines Krankheitsbefundes versuchen die Ärzte, ausdruckslose Gesichter zu machen.

Zu dem ehemaligen Gesetzeshüter und Parteifunktionär Pawel Nikolajewitsch Rusanow kommt die tödliche Krankheit völlig ungesetzmäßig. Auch gibt es keine Vorschrift, keine Anweisung, die ihn davor hat schützen können. Er hält es nicht aus, kein notwendiges Bindeglied im großen Staatsapparat zu sein. Deshalb will er so schnell wie möglich dorthin zurückkehren. Natürlich weiß auch er, daß alle Menschen sterblich sind und daß auch er irgendwann einmal seine Akten schließen muß. „Irgendwann zu sterben ist nicht schlimm", sagt er, „aber jetzt!..." Auf den Tod hin angesprochen erwidert er: „Lassen Sie den Tod aus der Debatte. Wir wollen nicht einmal daran denken." Rusanow kann schließlich entlassen werden. Beim Abschied empfiehlt ihm die Ärztin Donzowa eindringlich: „Sie werden einmal im Monat zur Untersuchung kommen." Doch der gutgelaunte Rusanow ist der Überzeugung, daß diese obligatorischen Untersuchungen nur um der Statistik willen vorgeschrieben sind.

Jefrem Poddujew, der bärenstarke Kraftmensch und Frauenheld, ist Bauarbeiter. Niemals ist er krank gewesen. Jetzt auf einmal leidet er. Ausgerechnet an Krebs. Dieser Umschwung übersteigt seine Kräfte. Im Krankensaal treibt es ihn täglich vom Fenster zur Tür und von der Tür zum Fenster. An einem besonders bedrückenden Abend gibt ihm ein Leidensgenosse ein Buch von Leo Tolstoi. Vor allem die Erzählung „Wovon die Menschen leben" läßt ihn nicht mehr los. Er liegt und schweigt und läuft nicht mehr auf und ab. An der Schwelle des Todes erkennt er zum erstenmal in seinem Leben, „daß die Menschen nicht aus der Sorge um sich selbst, sondern von der Liebe zu anderen leben" (I, 161). Es geht ihm auf, was er, der stets nur dem eigenen Ich gelebt hat, verfehlt hat. Da erwacht in ihm die Sehnsucht, trotz allem wenigstens etwas Eigenes hinüberzuretten und nicht alles verscharren zu lassen.

Oleg Kostoglotow, ein 34jähriger Mann, der aus politischen Gründen längere Zeit in überfüllten Gefängniszellen zugebracht hat, um dann „auf ewig" in die Verbannung geschickt zu werden, benutzt die schlaflosen Nächte auf der Krebsstation, um über manches nachzudenken. Das einzige, was ihn quält, ist die Tatsache, daß er nicht weiß, wie lange er noch hier bleiben muß. Seine Freundschaft mit der Ärztin Wera Korniljewna Hangart macht ihm das Leben interessant. Seinen Entlassungstag erlebt er als einen zweiten Schöpfungsmorgen:

„Die Welt war von neuem erschaffen, um Oleg wieder geschenkt zu werden: Beginne ein neues Leben!" Er kehrt heim, nicht völlig beruhigt um die weitere Entwicklung seiner Krankheit, aber mit Hoffnung im Herzen.

Alexander Solschenizyn, Krebsstation, I, II, Luchterhand Verlag, Neuwied und Berlin [6]1968.

Mit seinem Roman „Krebsstation" reiht sich Alexander Solschenizyn in den großen Strom der christlichen Denker und Dichter ein. Daher wollen wir fragen, was er zum Thema „Bewährung in der Krankheit" sagt.

Solschenizyn ist der tiefen Überzeugung, daß es in jedem Menschen bei aller Krankheit, bei aller Not und bei allem Elend dennoch etwas Unzerstörbares und Ewiges, ein Stück göttlichen Seins gibt. So sagt der krebskranke Schulubin vor seiner Operation: „Manchmal fühle ich es ganz deutlich, daß in mir mehr ist als mein bloßes Ich. Etwas Unzerstörbares, Erhabenes!"[1] Wenn dieses Stück göttlichen Seins auch vielen unbewußt bleibt, so ist es doch da. Ja, es gibt eine Möglichkeit, es spürbar in Erfahrung zu bringen. Das Ewige und Unzerstörbare wird in uns in dem Ausmaß lebendig, wie wir auf die Tolstoi-Frage, wovon der Mensch eigentlich lebe, eine Antwort finden, die über das Irdisch-Greifbare hinauslangt, hinein in das Überirdisch-Unbegreifbare, das wir als Menschen nicht mehr verstehen, von dem wir uns aber als gläubige Menschen in allen Tagen unseres Lebens umgriffen wissen. So ist es der lebendige Glaube, der das Letzte und Ewige in uns weckt und seinem göttlichen Ursprung entgegenträgt.

Weil es in uns dieses durch den Glauben geweckte Ewige und Unzerstörbare gibt, deshalb gibt es auch eine unzerstörbare Hoffnung, die Hoffnung nämlich, daß alles, was ist, auch das Negative, wie Krankheit, Leiden, Sterben und Tod, sich als etwas Positives erweisen wird. Diese Hoffnung verharmlost und verschleiert die qualvollen Schmerzen nicht. Aber der hoffnungsvolle Mensch hat ein Licht, das ihm entgegenleuchtet. Das Sehen dieses Lichtes bringt ihm neues Leben. Weil es ohne Licht kein Leben gibt, ist das Leben des Hoffnungslosen, dem alle Lichter erloschen sind, zu Ende. Von Oleg Kostoglotow heißt es: „Die Welt war von neuem erschaffen, um Oleg wieder geschenkt zu werden: Beginne ein neues Leben!" Er kehrte nach Hause zurück, besorgt um die weitere Entwicklung seiner Krankheit, aber mit Hoffnung im Herzen[2]. Wir leben, solange wir Hoffnung haben. Das gilt in erhöhtem Maß hinsichtlich der vom Glauben getragenen Hoffnung, die selbst der Tod nicht zerstören kann. Auch der gläubig Sterbende kehrt heim, vielleicht nicht völlig beruhigt, aber mit Hoffnung im Herzen.

Die gläubige Hoffnung bewirkt im Menschen eine neue Einstellung zu den Dingen. Sie läßt uns alles in einem wahren Optimismus sehen. „Sich an dem freuen, was ist. Der ist weise, der mit wenigem zufrieden ist. Wer ist ein Optimist? Einer, der sagt: Überall ist es schlechter, wir haben es noch gut, haben Glück gehabt. Einer, der sich an dem freut, was vorhanden ist, und nicht hadert. Wer ist ein Pessimist? Einer, der sagt: Überall ist es herrlich, überall ist es besser, nur wir haben Pech gehabt. Und der ständig unter seinem Schicksal leidet."[3] Dieser Optimismus verwandelt den kranken Menschen zu einem liebenswürdigen Patienten, der die Dienste der ihn Pflegenden nicht als eine Selbstverständlichkeit, sondern in dankbarer Aufmerksamkeit hinnimmt. Solches Verhalten leuchtet an Scharaf Sibgatow auf. Von ihm sagt Solschenizyn: „Trotz dreier Jahre ununterbrochenen Leidens war dieser junge Tartar der sanfteste und freundlichste Mensch in der ganzen Klinik. Er lächelte oft, als wolle er sich für die Unannehmlichkeiten entschuldigen, die man seinetwegen hatte."[4]

Wie bewähren wir uns in der Krankheit? Bewährung in der Krankheit erfordert von uns einen lebendigen Glauben an das Ewige und Unzerstörbare in uns selbst, eine unerschütterliche Hoffnung, daß sich alles Negative als etwas Positives erweisen wird, und einen Optimismus, der uns zu liebenswürdigen Menschen macht.

Da wir nun auf Grund des Glaubens gerechtfertigt sind, haben wir Frieden mit Gott durch unseren Herrn Jesus Christus. Durch ihn haben wir ja im Glauben Zutritt zu dieser Gnade, in der wir stehen, erlangt, und wir wollen uns der Hoffnung auf die Gottesherrlichkeit rühmen. Aber nicht nur dies, sondern wir wollen uns auch der Drangsale rühmen, da wir wissen, daß die Drangsal Geduld bewirkt, die Geduld Bewährung, die Bewährung Hoffnung. Die Hoffnung aber läßt nicht zuschanden werden, weil die Liebe Gottes in unseren Herzen ausgegossen ist durch den Heiligen Geist, der uns geschenkt wurde.

Römer 5,1–5

47

Der Mensch in Gottes Hand

M. P. Engelmeier: Hat Krankheit einen Sinn?

1 Kor 7,29–32

Ein Medizinprofessor berichtet von einer eindrucksvollen Begegnung mit einem 25jährigen Mann, der an einem rasch fortschreitenden Muskelschwund litt: „Als er bei uns aufgenommen wurde, war er bereits ganz von der Hilfe seiner Umgebung abhängig. Er konnte weder Arme noch Beine regen, wohl aber, wenn auch mit Mühe und gestützt, sitzen. Es war nun für uns alle – Mitpatienten, Schwestern und Ärzte – erstaunlich, wie sich die Atmosphäre des Krankenzimmers veränderte, sobald dieser bis zum Skelett abgemagerte Gelähmte es bezogen hatte. Der Umgangston der Kranken wurde ruhiger, ihr Verhalten zueinander rücksichtsvoller, ihre Stimmung zufriedener. Von dem neuen Zimmergenossen strahlte eine Gelassenheit aus, eine allen geöffnete Güte, eine dankbare Freude auch über die geringste Freundlichkeit, – der sich niemand entziehen konnte. Über die Unaufhaltsamkeit und die Unheilbarkeit seines Leidens war er sich völlig im klaren. Er verzeichnete das immer weitere Fortschreiten der Lähmung mit distanzierter Nüchternheit. Und doch litt er in so zuversichtlicher Geduld, daß wir alle immer wieder betroffen waren. Ich fragte ihn einmal bei einer Abendvisite: ‚Wie machen Sie das nur, bei Ihrer Krankheit so zuversichtlich zu sein?‘ Die Antwort werde ich nie vergessen: ‚Was wollen Sie, Herr Doktor? Soll ich weinen? Den Muskelschwund werden Sie auch mit Ihrer neuen Medizin nicht aufhalten. Was macht das? – Mir geht es von Tag zu Tag besser!‘“

Max P. Engelmeier, Hat Krankheit einen Sinn?, in: Theologie und Glaube 56 (1966) S. 468.

Die Freude in einem Menschenleben währt so lange wie der Grund, dem sie entstammt. Freut sich beispielsweise einer in der Hauptsache deshalb, weil er hat, was das Leben angenehm und heiter macht, so wird sich sein Gesichtsausdruck mit dem Augenblick merklich ändern, da sich ihm das Leben von einer weniger erfreulichen Seite zeigt. Die Freude jenes jungen Mannes muß also einen Grund gehabt haben, der jenseits all dessen liegt, wonach man in diesem Leben noch die Hände ausstrecken kann: seine Arme waren gelähmt. Obwohl ihm mit jedem Tag mehr die Kraft entschwand, durch die er sich selbst hätte tragen können, sagte er: „Mir geht es von Tag zu Tag besser!" Diese Worte, die ihre Glaubwürdigkeit durch das überzeugende Verhalten des jungen Patienten erhielten, zeigen in einer erstaunlichen Weise, wie in körperlicher Ohnmacht geistig-seelische Vollmacht gegenwärtig sein kann. Offensichtlich ging sie nicht aus dem Kranken selbst hervor; sie erwuchs aus jenem Grund, von dem sein Leben seinen Ausgang genommen hatte, von dem es sich zeitlebens getragen, gelenkt und geleitet wußte, in den zurückzukehren es mit zunehmender Freude bereit war und den wir als gläubige Menschen „Gott" zu nennen wagen.

Das vorbildhafte Verhalten des jungen Mannes öffnet uns die Augen dafür, wie sich Gottes Kraft im Leben eines Menschen entfaltet, wenn der Mensch dieser Kraft nicht seine eigene entgegensetzt, sondern sich ihr restlos überläßt. Jeder, der eine Ahnung von der Stärke des menschlichen Selbsterhaltungstriebes hat, wird ermessen können, welche Selbstüberwindung und welch gläubiges Vertrauen notwendig sind, um zu solcher Gelassenheit zu kommen. „Von dem neuen Zimmergenossen strahlte eine Gelassenheit aus ..., der sich niemand entziehen konnte", erklärte der Arzt. Welche Bedeutung hat dieses so gewichtige Wort „Gelassenheit"? Diese Haltung, die in das innerste Wesen des Menschseins hinabreicht, kann ohne das typisch Christliche nicht verstanden werden. Meister Eckehart sagt: Gelassen ist, wer die Welt gelassen – und sich selbst Gott überlassen hat. Das hat nun nichts mit einer etwaigen Weltverachtung zu tun. Der junge Mann verachtete die Welt nicht. Doch wußte er um die Zweischichtigkeit des menschlichen Daseins. Weil er in seiner tieferen Seelenschicht im göttlichen Geheimnis verwurzelt war, konnte er „mit distanzierter Nüchternheit" die Dinge in seiner äußeren Seelenschicht an sich herankommen lassen. Den letzten Grund seines inneren Seins berührten sie jedoch nicht, weil er um ihre Vorläufigkeit wußte. Mitten im Auf und Ab des Lebens stehend, ließ er sich dennoch nicht vom Wechsel der Zeiten bestimmen. Seine gläubige Gelassenheit schenkte ihm eine innere Freiheit und Unabhängigkeit gegenüber allen irdischen Realitäten. Sie befähigte ihn dazu, „eine allen geöffnete Güte, eine dankbare Freude auch über die geringste Freundlichkeit, – der sich niemand entziehen konnte", auszustrahlen.

Weil dieser junge Mann angesichts seiner tödlichen Krankheit niemanden verklagte, sondern sich in seiner zerbrechlichen Geschöpflichkeit annahm und sich Gott restlos überließ, deshalb war er ein „Gerechter". Hinsichtlich des Gerechten aber sagt bereits Sokrates: „Er mag in Armut, Krankheit oder andere Not geraten, die ein Übel scheint, so wird ihm dennoch alles zum Guten ausschlagen, im Leben oder nach dem Tode. Denn nimmer vergessen die Götter den, der sich redlich bemüht, gerecht zu werden und in der Tugendübung gottähnlich, soweit es einem Menschen möglich ist. – Es ist ja offenbar, daß ein solcher Mensch von einem Wesen, das ihm ähnlich ist, nicht vernachlässigt werden kann."

Das aber sage ich euch, Brüder: Die Zeit ist knapp bemessen. Künftighin sollen deshalb auch die, welche Frauen haben, so leben, als hätten sie keine; die Weinenden so, als weinten sie nicht; die sich freuen, so, als freuten sie sich nicht; die etwas erwerben, so, als behielten sie es nicht zu eigen; die sich der Welt bedienen, so, als nutzten sie sie nicht aus; denn die Gestalt dieser Welt vergeht. Ich möchte aber, daß ihr ohne Sorgen seid. 1 *Korinther* 7,29–32

48

Wie werden wir mit dem Alter fertig?

P. Bichsel: Ein Tisch ist ein Tisch

Lk 2,25–32

Ein alter Mann bewohnte ein Zimmer in der obersten Etage eines Eckhauses. Kaum unterschied er sich von anderen seinesgleichen. Zum Inventar seines Zimmers gehörten zwei Stühle, ein Teppich, ein Bett, ein Schrank und ein Tisch, auf dem ein Wecker stand sowie alte Zeitungen und ein Fotoalbum lagen. An der Wand hingen ein Spiegel und ein Bild. Morgens und nachmittags machte der alte Mann einen Spaziergang und sprach ein paar Worte mit seinem Nachbarn. Abends saß er an seinem Tisch, wo er fortwährend den Wecker ticken hörte.

In dieser farblosen Eintönigkeit gab es dann einmal einen Tag, der nicht so war wie alle andern. Die Sonne schien, die Vögel zwitscherten, und die Leute waren freundlich. Das alles gefiel dem alten Mann. Er lächelte und freute sich. „Jetzt wird alles anders", dachte er. Als er aber in sein Zimmer zurückkehrte und sich wieder an seinen Tisch setzte, hörte er erneut den Wecker ticken. Im Nu war seine Freude verschwunden. Da überfiel ihn die Wut. „Es muß sich ändern", schrie er wiederholt vor sich hin. „Immer dasselbe, dieselben Stühle, das Bett, der Tisch ...!"

Völlig verkrampft stand der alte Mann im Zimmer. Er war entschlossen, alles zu ändern. Er nannte das Bett „Bild", den Stuhl „Wecker", den Tisch „Teppich", die Zeitung „Bett", den Spiegel „Stuhl", den Wecker „Fotoalbum", den Schrank „Zeitung", den Teppich „Schrank", das Bild „Tisch", und zum Fotoalbum sagte er „Spiegel". So blieb er des Morgens im Bild liegen, bis um neun das

Fotoalbum läutete. Dann erhob er sich und stellte sich auf den Schrank und nahm seine Kleider aus der Zeitung. Er schaute in den Stuhl an der Wand, setzte sich dann auf den Wecker an den Teppich und schaute den Wandspiegel durch, bis er den Tisch seiner Mutter fand.

Der alte Mann fand dieses Verfahren lustig. Deshalb gab er auch den übrigen Dingen des Lebens eine neue Bezeichnung und vergaß dabei mehr und mehr die richtige. Mit der Zeit übte er sich darin so sehr, daß er eine neue Sprache hatte, die ihm ganz allein gehörte. Wenn er die Leute reden hörte, mußte er lachen, weil er all das, was sie sagten, nicht mehr verstand. Aber diese Geschichte, die einen traurigen Anfang hatte, fand auch ein trauriges Ende. Daß er die Leute nicht mehr verstehen konnte, war nicht so schlimm. Das viel größere Übel war, daß er von niemandem verstanden wurde. Daher schwieg er und sprach nur noch mit sich selbst.

Vgl. Peter Bichsel, Ein Tisch ist ein Tisch, aus: Kindergeschichten, Hermann Luchterhand Verlag, Neuwied und Berlin 1970, S. 21–31.

Es ist unverkennbar, daß die soziale Entwicklung den alten Menschen unserer Tage in seinem Selbstwertgefühl tief erschüttert hat. War er früher als „Oberhaupt“ seiner Familie anerkannt und wegen seiner Weisheit, Lebenserfahrung und Abgeklärtheit geachtet, so ist er heute an den Rand der Gesellschaft gedrückt. Die hierarchisch gestufte Großfamilie gibt es nicht mehr, und immer neue Erkenntnisse lassen bisherige Erfahrungen sehr schnell veralten. Zu diesen Schwierigkeiten, die sich durch die moderne Entwicklung ergeben haben, kommen jene, die zwangsläufig mit dem Prozeß des Alterns verbunden sind. So treten beispielsweise die emotionalen und charakterologischen Eigenheiten deutlicher hervor. Aus diesem Grund nimmt im allgemeinen die Anpassungsfähigkeit ab, was zu einer Verringerung der mitmenschlichen Kontakte führt und das Innere des alten Menschen mit einem tiefen Einsamkeitsgefühl erfüllt. Durch das subjektive Erleben, nicht mehr gebraucht zu sein, wird seine Motivation stark herabgesetzt, so daß er zu keiner größeren Arbeitsleistung Lust verspürt.

Wenden wir uns von hier aus jener sonderbaren Geschichte zu. Ihren Rahmen bilden die Worte: „Sie hat einen traurigen Anfang und hört traurig auf.“ Der traurige Anfang liegt zunächst darin, daß es für den alten Mann keinen Menschen gab, der sich um ihn persönlich gekümmert hätte. Obwohl er zweimal täglich unter die Leute ging und mit seinen Nachbarn ein paar Worte wechselte, fühlte er sich einsam und allein. Aber vielleicht waren diese Einsamkeit und das Alleinsein nicht die größte Not seiner alten Tage. Was ihm offensichtlich am meisten zusetzte, waren die tödliche Langeweile und die farblose Eintönigkeit, die ihn überfielen, sobald er in seinem Zimmer saß. Warum ging ihm dann das Ticken seines Weckers so schrecklich auf die Nerven? Der alte Mann wußte mit sich selbst nichts anzufangen. Durch das tatenlose Herumsitzen an seinem Tisch, auf dem es außer einigen alten Zeitungen, einem Fotoalbum und dem Wecker nichts gab, war er äußerst empfindsam und reizbar geworden. Daher verwundert es nicht, daß seine innere Unzufriedenheit immer größer wurde. An jenem Tag, der nicht so war wie alle anderen, schwor er sich, diesen trostlosen Zustand zu ändern. Was ihm an der strahlenden Sonne, den zwitschernden Vögeln und den freundlichen Menschen gefiel, wollte er seinerseits schöpferisch hervorbringen. Doch es gelang ihm nicht. Das brachte ihn zur Verzweiflung. Seine Verkrampfung zeigt, wie deutlich er sich bewußt war, daß seine Lage nur durch eine schöpferische Tat verändert werden konnte. Weil er darin aber nicht geübt war, wurden die letzten Dinge ärger als die ersten. Die neue Sprache, die er schuf, mußte jede weitere Kommunikation unterbinden und ihn selbst in die totale Isolation treiben. Das Ergebnis: „Der alte Mann im grauen Mantel konnte die Leute nicht mehr verstehn, das war nicht so schlimm. Viel schlimmer war, sie konnten ihn nicht mehr verstehn. Und deshalb sagte er nichts mehr.“

Die Geschichte von Bichsel gibt uns zu verstehen, wie wichtig es ist, sich beizeiten auf das Alter vorzubereiten. Nicht wenige sagen sogar, daß damit bereits in der Kindheit begonnen werden muß. Obwohl in diesem Zusammenhang vieles zu sagen ist, wollen wir uns hier auf drei wesentliche Hinweise beschränken.

Zunächst sollten wir uns bewußt machen, wie bedeutsam es für das Gelingen der Altersphase ist, unsere schöpferischen Kräfte und Fähigkeiten zu entfalten. Wenn wir bedenken, daß heutzutage für viele jüngere Menschen die arbeitsfreie Zeit eine drückende Last bedeutet und die ersten Urlaubstage nicht wenige in eine ernste Krise führen, wenn wir hinzunehmen, daß achtzig bis neunzig Prozent der Bevölkerung ohnehin nur das tun, was *man* tut, dann erahnen wir, wie wenig unsere schöpferischen Kräfte entwickelt sind und wie schwer es uns eines Tages werden kann, die freie Zeit im Alter sinnvoll zu gestalten. Bemerkenswert ist auch, was Professor Hans Franke von der Universität Würzburg feststellt. Nachdem er zweihundertachtzig Hundertjährige untersucht hat, kommt er zu dem Ergebnis, daß diejenigen sich am wohlsten fühlten, die es in ihren jüngeren Jahren verstanden hatten, sich neben ihrer Berufsarbeit dem Persönlichen zuzuwenden, ein Interesse für geistige Dinge zu entwickeln und so ihre Freizeit sinnvoll zu gestalten.

Darüber hinaus sollten wir nicht übersehen, daß jeder Mensch – ob jung oder alt – im letzten und tiefsten alleine ist. In gewisser Weise ist jedes Geschöpf allein. Man denke beispielsweise an die Sterne, die in Einsamkeit ihre Bahn ziehen; man denke an den Baum, der sich nach seinen eigenen Gesetzen entwickelt; an das Tier, das sein eigenes Schicksal hat. So ist auch der Mensch letztlich allein. Er ist es mehr als alle anderen Geschöpfe, denn er weiß, daß er alleine ist. Wissen wir es wirklich? Oft erst dann, wenn Menschen, die uns unser Alleinsein vergessen ließen, von uns gehen. Wer die Oberfläche des Alltags durchbricht und sich sein Alleinsein nicht nur zu Bewußtsein bringt, sondern auch bereit ist, diese Tatsache zu bejahen und anzunehmen, der erfährt, daß das Alleinsein neben seinen negativen Seiten auch positive hat. Denn hier begegnen wir dem Ewigen, erkennen wir uns selbst und finden wir den Weg zum anderen. Woher haben wir denn, was wir in die Gemeinschaft einzubringen haben? Daher hüte sich vor der Gemeinschaft, wer nicht allein sein kann. Somit stellt sich uns die Frage: Wie wollen wir im Alter mit dem Alleinsein fertig werden, wenn wir vor ihm in jüngeren Jahren geflüchtet sind?

Deuten wir hier noch ein Drittes an. Wir meinen die Meditation. Während der betriebsame Mensch nach außen gerichtet ist und in Äußerlichkeiten seinen Halt sucht, schaut der meditierende Mensch nach innen. Alles, was äußerlich ist, läßt er los. So schenkt ihm die Meditation eine tiefe Gelassenheit. Man überdenke hier einige Sätze, die Hermann Hesse als 75jähriger geschrieben hat: „Die mir teuerste dieser Gaben ist der Schatz an Bildern, die man nach einem langen Leben im Gedächtnis trägt und denen man sich mit dem Schwinden der Aktivität mit ganz anderer Teilnahme zuwendet als zuvor ... Das Schauen, das Betrachten, die Kontemplation wird immer mehr zu einer Gewohnheit und Übung, und unmerklich durchdringt die Stimmung und Haltung des Betrachtenden unser ganzes Verhalten. Wir werden gelassener, nachsichtiger, und je geringer unser Verlangen nach Eingriff und Tat wird, desto größer wird unsere Fähigkeit, dem Leben der Natur und dem Leben der Mitmenschen zuzuschauen und zuzuhören, es ohne Kritik und mit immer neuem Erstaunen über seine Mannigfaltigkeit an uns vorüberziehen zu lassen, manchmal mit Teilnahme und stillem Bedauern, manchmal mit Lachen, mit heller Freude, mit Humor."[1] Wo solches Meditieren von einem gläubigen Herzen ausgeht, da verwandelt es den Menschen im Verlauf der Zeit in jenen göttlichen Ursprung hinein, aus dem wir alle kommen und zu dem wir alle unaufhaltsam zurückkehren. Aus solcher Verwandlung stammt die Gewißheit, die der Psalmist mit den Worten beschreibt: Der Herr ist mein Hirt. Mir kann nichts fehlen. Und müßte ich gehen durch dunkle Schluchten, ich fürchte kein Unheil, denn du bist bei mir. Solche Glaubensgewißheit gewährt dem alten Menschen einen hoffnungsvollen Ausblick. Sie gibt ihm jenen Frieden ins Herz, der dem greisen Simeon zu eigen war. Weil seine gläubigen Augen in Jesus das uns entgegengekommene Licht Gottes schauten, starb er in Frieden.

Und siehe, es war in Jerusalem ein Mann namens Simeon; er war gerecht und gottesfürchtig und wartete auf den Trost Israels, und heiliger Geist war über ihm. Ihm war vom Heiligen Geist geoffenbart worden, er werde den Tod nicht sehen, bevor er den Messias des Herrn gesehen habe. Er kam im Geiste in den Tempel, und als die Eltern das Kind Jesus hereinbrachten, um nach dem Brauch des Gesetzes an ihm zu tun, nahm er es in seine Arme, lobte Gott und sprach:
„Nun entlässest du deinen Diener, Herr, nach deinem Worte in Frieden;
denn meine Augen haben dein Heil geschaut,
das du bereitet hast im Angesicht aller Völker,
ein Licht zur Offenbarung für die Heiden
und zur Verherrlichung deines Volkes Israel." *Lukas 2,25–32*

49

Die Angst vor dem Vergessenwerden

P. Ernst: Der Tod des Dschinghiskhan

Lk 6,20–26

In den letzten Wochen vor seinem Tod ließ sich der alte Dschinghiskhan oft in seine Schatzkammern hinuntertragen. Während der vielen Stunden, die er hier verbrachte, griff er immer wieder in die Berge von Edelsteinen, Perlen und Goldmünzen und ließ sie durch seine Hände gleiten. Dabei entdeckte er eine Münze, die auf der einen Seite die kunstvolle Prägung eines Königs zeigte und auf der anderen mit einer Schrift versehen war, die er nicht lesen konnte. Deshalb ließ er einen Gelehrten kommen. Obwohl auch dieser die Zeichen nicht zu deuten vermochte, war er sich sicher, daß das Goldstück über zweitausend Jahre alt war und jener König über ein sehr großes Land geherrscht hatte.

Als der alte Dschinghiskhan das hörte, wurde er nachdenklich und sagte: „Was hat es mit dem Ruhm eines Menschen auf sich, wenn selbst der Name eines so mächtigen Königs vollkommen aus dem Gedächtnis verschwinden konnte. Vielleicht hat auch er geglaubt, daß sein Andenken nie untergehen wird. Und siehe, nichts als dieses Stückchen Gold ist von all dem übriggeblieben." Der Gelehrte entgegnete ihm: „Wie jede Blume und jedes Tier, so unterliegt auch der Mensch dem Zwang, daß auf seine Blüte der Tod folgt. Während sich jedoch alle andern Wesen diesem Zwang unterwerfen, wehrt sich der Mensch gegen den Tod. Und mehr noch: Jeder Mensch will etwas Besonderes sein. Alle sollen ihn lieben und rühmen. Auf diese Weise macht er sich selbst unglücklich, denn er läuft hinter etwas her, das ihm von der

Natur nicht beschieden ist. So bekümmert auch dich das Schicksal des verschollenen Königs, weil du daran denkst, daß man auch dich vergessen wird."

Vgl. Paul Ernst, Der Tod des Dschinghiskhan, in: Anbruch der Gegenwart, hrsg. von Marcel Reich-Ranicki, R. Piper & Co. Verlag, München 1971, S. 75ff.

Warum ließ sich der alte Dschinghiskhan in den letzten Wochen vor seinem Tod oft in seine Schatzkammern hinuntertragen, um immer wieder in die Berge seiner Reichtümer zu greifen? Angesichts seines herannahenden Endes erfaßte ihn eine tiefe Sehnsucht nach Unsterblichkeit. Auch über seinen Tod hinaus wollte er im Gedächtnis der Nachwelt weiterleben. In seinen Reichtümern sah er so etwas wie eine „Gedächtnisstütze", die die vergeßlichen Menschen immer wieder an seinen Namen erinnern sollte. Durch die Entdeckung jener Münze kam ihm jedoch die ganze Fragwürdigkeit seiner Unsterblichkeitshoffnung zu Bewußtsein. Selbst jener König, der über ein sehr großes Land geherrscht hatte, war inzwischen den Unbekannten und Namenlosen zugerechnet worden und sein Andenken erloschen. Nichts als ein Stückchen Gold war von ihm übriggeblieben.

Der herbeigerufene Gelehrte konnte die seelische Not des alten Dschinghiskhan sehr gut nachempfinden. Er versuchte, ihn zur Einsicht in die Notwendigkeit des Sterbenmüssens zu bringen, indem er ihm die Pflanzen und die Tiere vor Augen hielt, die sich im Gegensatz zum Menschen lautlos dem Zwang ihrer Vergänglichkeit fügen. Anstatt sich gegen seinen Untergang zu wehren, würde er besser daran tun, dem Beispiel der Pflanzen- und Tierwelt zu folgen. Doch in der Auflehnung gegen den Tod liegt nach Meinung des Gelehrten nicht der einzige Grund, der den Menschen unglücklich macht. Hinzu kommt, daß jeder Mensch etwas Besonderes sein will und auf Liebe und Ruhm bedacht ist. So laufe er hinter etwas her, das ihm von der Natur nicht beschieden ist.

So interessant diese beiden Hinweise des Gelehrten auch sind, so problematisch ist, was darin behauptet und dem Menschen abverlangt wird. Denn bei aller Ähnlichkeit mit Pflanze und Tier besitzt der Mensch eine ihn kennzeichnende Eigenart. Im Unterschied zu ihnen weiß der Mensch um sich selbst. Das Wissen, daß ich heute bin und morgen nicht mehr dasein soll, ist für ihn ein unerträglicher Gedanke. Entweder hält er sich diesen Gedanken fern, oder er erklärt sich zwangsläufig mit dem Sterbenmüssen einverstanden, ohne darin einen Sinn zu sehen, oder aber er bemüht sich, angesichts seines Ausgeschiedenwerdens durch den Tod einen Ausweg zu schaffen, indem er in irgendeiner Weise in der Erinnerung der Nachwelt weiterzuleben sucht. Doch können alle Versuche dieser Art dem tiefen Willen nach Unsterblichkeit nicht entsprechen.

Hier stellt sich die Frage, wo der Ursprung dieses unzerstörbaren Willens liegt. Vielleicht gibt uns darauf einzig der Glaube die entscheidende Antwort. Er sagt: Jeder Mensch ist von Ewigkeit her von Gott erkannt, gewollt und geliebt und als sein Geschöpf auf ihn hin geschaffen worden. Aus diesem Grund ist unser Herz – wie Augustinus sagt – unruhig, bis es seine Ruhe gefunden hat in Gott. So gibt es inmitten der sterblichen Natur eines jeden Menschen ein Stück göttlichen Seins, das den Tod zu überdauern trachtet. Von hier aus fällt auch ein Licht auf unsere Sehnsucht, Ruhm und Anerkennung zu erlangen. Da jeder Mensch in der Tat etwas Besonderes ist, findet er erst dann seine innere Ruhe, wenn ihm hinsichtlich seiner Person eine Wertschätzung über den Tod hinaus zuteil wird. Der alte Dschinghiskhan mußte erfahren, daß solche Wertschätzung von der Nachwelt nicht zu erwarten ist. Sie kann nur von dem geschenkt werden, der Unsterblichkeit gewährt.

Was nun die Wertschätzung unserer Person durch Gott betrifft, so dürfen wir nicht außer acht lassen, daß die Wertskala Gottes eine andere als die der Menschen ist. Wenn wir uns einmal die Reden vergegenwärtigen, die ohnehin fast nur an den Gräbern der renommierten Leute gehalten werden, dann fällt es nicht schwer, sich vorzustellen, daß in den Augen Gottes sehr groß sein kann, was die Menschen geringschätzen, und daß das, wovor die Menschen mit Hochachtung stehen, von Gott verachtet werden kann. Diese Umkehr der Werte hat Gott durch die Menschwerdung seines Sohnes deutlich gemacht. Von ihm lesen wir beim Apostel Paulus: „Er war wie Gott, hielt aber nicht daran fest, Gott gleich zu sein, sondern entäußerte sich, wurde wie ein Sklave und den Menschen gleich. Sein Leben war das eines Menschen; er erniedrigte sich und war gehorsam bis zum Tod, bis zum Tod am Kreuz. Darum hat ihn Gott über alle erhöht und ihm den Namen verliehen, der jeden Namen übertrifft" (Phil 2,6–9). Diese Worte sagen unmißverständlich: Das Sich-Erniedrigende wird von Gott erhoben. Daher hält uns der Apostel an, wir sollen so gesinnt sein wie Jesus Christus.

In seiner „Bergpredigt", die alle menschlichen Wertungen vom Himmel her erschüttert, hat Jesus diese Gesinnung erläutert. Aus menschlicher Sicht nimmt man doch an, daß Reichtum, weltliche

Freuden, Genuß, Macht, Glanz und Ruhm glücklich machen. Über alle, die danach ihre Hände ausstrecken, spricht Christus ein „Wehe!“ Selig preist er dagegen die Armen und die Hungernden, die Weinenden und die Verachteten, denn ihr Lohn wird groß sein im Himmel. Zu welcher Gruppe von Menschen gehören wir selbst?

Er erhob zu seinen Jüngern seine Augen und sprach:
„Selig ihr Armen, denn euer ist das Reich Gottes.
Selig, die ihr jetzt hungert, denn ihr werdet gesättigt werden.
Selig, die ihr jetzt weint, denn ihr werdet lachen.
Selig seid ihr, wenn euch die Menschen hassen,
wenn sie euch ausstoßen, schmähen und euren Namen
als schlecht wegwerfen um des Menschensohnes willen.
Freut euch an jenem Tage und frohlocket,
denn siehe, euer Lohn ist groß im Himmel.
Denn gerade so haben ihre Väter den Propheten getan.
Doch wehe euch, ihr Reichen, denn ihr habt euren Trost empfangen.
Wehe euch, ihr Satten, denn ihr werdet hungern.
Wehe euch, die ihr jetzt lacht, denn ihr werdet klagen und weinen.
Wehe, wenn euch alle Leute schmeicheln,
denn ebenso haben es ihre Väter den falschen Propheten getan.“

Lukas 6,20–26

50

Das Letzte ist Licht

W. Fehse: Martineau

Apg 9,1–9

D. war ein Schauspieler, der die Gabe hatte, das Publikum mitzureißen. Mit letzter Leidenschaft arbeitete er an seinen Rollen. Dennoch spürte er sein Unvermögen, das Letzte und Tiefste zu erfassen und zum Ausdruck zu bringen. Manchmal rief er seiner Frau zu: „Ich sehe es nicht... Das Letzte... das, was dahinter ist... die Helligkeit..." Trotzdem gelang es ihm immer wieder, das Schicksal in sein Wort und seine Gebärde zu zwingen. Was immer er auf der Bühne sagte oder zur Darstellung brachte, alles erschien in jener gelösten und lächelnden Natürlichkeit, die sich nicht mehr aus sich selbst erklärt.

Seinen Höhepunkt erreichte D. in der Darstellung von Martineau. Martineau war ein Soldat, der im Krieg sein Augenlicht verloren hatte. Es ging nun um den Augenblick, da er zum erstenmal auf seine Frau und seine Freunde als Blinder mit tastendem Schritt und vorgestreckten Händen zuzugehen versuchte. Dabei leuchtete sein Gesicht von innen heraus, wie es nur denen möglich ist, die ihr Unglück überwunden haben. Er ging in der Rolle des Blinden so auf, daß er sich schwer tat, den Weg zu sich selbst zurückzufinden. Nach jedem Auftritt fühlte er sich krank, und dieses Gefühl verschlimmerte sich mit jeder Vorstellung.

Bei einer der letzten Aufführungen des Dramas brach D. zusammen. Man brachte ihn in die Klinik. Hier wurde aus dem dramatischen Spiel ernste Wirklichkeit: der Schauspieler war über Nacht erblindet. Doch mit dieser Wandlung lief eine andere einher: war D. zu früheren Zeiten immer ein sehr ungeduldiger Patient, so fand er sich jetzt in sein dunkles Schicksal, obwohl dieses ihn von Tag zu Tag mehr gefangen nahm. Kurz bevor sein Ende nahte, richtete er sich nochmals auf und suchte mit seinen Händen in der Ferne, was sich ihm ein Leben lang entzog. Dann auf einmal rief er mit einer Stimme voller Freude: „Jetzt ... jetzt sehe ich es ... die Helligkeit ... Dahinter ...“ Doch bevor er dieses Licht näherhin beschreiben oder deuten konnte, fiel er in die Kissen zurück. Während ihm die Augen aufgingen, schloß er sie für immer.

Vgl. Willi Fehse, Martineau, in: Deutsche Erzähler der Gegenwart, Philipp Reclam jun., Stuttgart 1970, S. 104–106.

Nicht wenige Menschen sind der Überzeugung, daß außer der sichtbaren Welt nichts anderes existiert. Sie halten sich an das Augenfällige, das Greifbare und Machbare. Diese Anschauungsweise legt sich vor allem in einer Welt nahe, in der man nahezu alles machen kann. Die Folgen zeichnen sich bereits ab. Ein tiefes Sinnlosigkeitsgefühl breitet sich allerorts aus. Der Schauspieler, von dem in der vorausgehenden Erzählung die Rede ist, dachte anders. Er erahnte, daß etwas „dahinter“ ist; er glaubte an ein Letztes und Tiefstes. Obwohl er dieses nicht unmittelbar sehen und greifen konnte, versuchte er, sich ihm zu nähern, gleich einem Perlentaucher, der bis auf den Grund hinabsteigt. Er setzte seine ganze Kraft ein, es zu erfassen und dem Publikum anschaubar zu machen. Doch immer wieder spürte er sein Unvermögen. Das Letzte und Tiefste, „das, was dahinter ist“, entzog sich seinem Zugriff. Wie kommen wir zur Erfahrung dieser hintergründigen Wirklichkeit?

Das Hintergründige offenbart sich immer nur als etwas Durchleuchtendes. Es zeigt sich in dem, was sichtbar vor unseren Augen steht oder hörbar an unsere Ohren kommt. So erkennen wir beispielsweise in den gütigen Augen eines Gesichts die selbstlose Liebe; im Klang des verstehenden Wortes begegnen wir dem Wohlwollen; im Druck der Hand spüren wir die Verbundenheit; in der helfenden Gabe erfahren wir die Brüderlichkeit. Was von all dem unmittelbar untersucht und nachgeprüft werden kann, ist das Auge, der Klang, der Druck, die Gabe. Liebe, Wohlwollen, Verbundenheit und Brüderlichkeit müssen hingegen wahrgenommen werden. In dieser Weise offenbart sich auch das Letzte und Tiefste, das wir „Gott“ zu nennen pflegen. Er leuchtet durch anderes hindurch. Wir können ihn nicht unmittelbar greifen. Aber wir können sein Geheimnis erahnen. Zum Beispiel im

Verhalten eines selbstlos liebenden Menschen. Je deutlicher diese hintergründige Wirklichkeit in den Verhaltensweisen eines Menschen zum Vorschein kommt, desto überzeugender wirkt er für die andern. Aus diesem Grund vermochte der Schauspieler die Zuschauer mitzureißen. In seinem Wort und seiner Gebärde leuchtete jene gelöste und lächelnde Natürlichkeit auf, die nicht mehr von dieser Welt ist. Sein von innen heraus leuchtendes Gesicht zeigte, was es heißt, ein schweres Unglück überwunden zu haben.

Die Erzählung sagt aber nicht nur etwas über die Existenz eines Letzten. Sie gibt uns auch einen Eindruck davon, als was es sich zeigt. Das Letzte ist Helligkeit, ist Licht, das uns innerlich öffnet und uns mit „seligem Lächeln“ sehen läßt, was uns bisher verborgen blieb. Um dieses Licht in seiner ganzen Fülle wahrnehmen zu können, müssen alle irdischen Lichter erlöschen. Daher wurden dem Schauspieler die Augen geöffnet, als er sie für immer schloß. Trotzdem ist es uns während unseres irdischen Daseins möglich, in gnadenhaften Augenblicken Vorboten dieses „ewigen Lichtes“ zu erkennen. Das ist der Fall, wenn uns – wie wir sagen – „ein Licht aufgegangen“ ist und wir in der Trübsal unseres Lebens wieder deutlicher sehen; wenn uns in der Verfahrenheit unseres Daseins eine „Sinnerhellung“ zuteil wird oder wenn wir uns in einer Entscheidungssituation bewähren, indem wir uns für einen Wert entscheiden und so das Licht in unser Leben hineinlassen.

Es versteht sich von selbst, daß wir dieses Licht nicht herbeizwingen können. Es kommt über uns als ein unverfügbares Geschenk. Doch können wir uns für die Ankunft des Lichtes öffnen. Der Schauspieler ging ihm mit letzter Kraft entgegen. Sich in die schmerzvolle Dunkelheit seiner Blindheit fügend, „streckte er seine Arme der Ferne entgegen, in der alles verborgen war, was er ein Leben lang gesucht hatte“. Unter welchen Umständen auch immer das Licht Gottes in uns aufbricht, die Wirkung ist stets die gleiche: es verwandelt unser Leben. Es läßt uns die Dinge nicht mehr mit menschlichen Augen, sondern mit den Augen Gottes sehen. So war es im Leben des Schauspielers; so war es im Leben des Saulus, aus dem dann der heilige Paulus wurde; so wird es auch in meinem Leben sein.

Saulus, der noch immer mit Drohung und Mord gegen die Jünger des Herrn wütete, ging zum Hohenpriester und erbat von ihm Briefe an die Synagogen von Damaskus, um alle Anhänger des „Weges“, die er dort fände, Männer wie Frauen, gebunden nach Jerusalem zu führen. Schon war er auf seiner Reise bis in die Nähe von Damaskus gelangt, da umstrahlte ihn plötzlich ein Licht vom Himmel. Er fiel zu Boden und hörte eine Stimme, die ihm zurief: „Saul, Saul, warum verfolgst du mich?" Er fragte: „Wer bist du, Herr?" Dieser antwortete: „Ich bin Jesus, den du verfolgst. Doch steh auf und geh in die Stadt; dort wird man dir sagen, was du tun sollst." Seine Reisegefährten standen sprachlos da. Sie hörten die Stimme, sahen aber niemand. Saulus erhob sich vom Boden. Obwohl er aber die Augen aufschlug, sah er nichts. Da nahmen sie ihn bei der Hand und führten ihn nach Damaskus. Er blieb drei Tage blind und aß und trank nicht.

Apostelgeschichte 9,1–9

Anmerkungen

Seite

13: [1] Sören Kierkegaard, Die Lilie und der Vogel, in: Erbauliche Reden, Göttingen 1929, S. 484ff.

19: [1] Vgl. hierzu: Diego Arenhoevel, Urgeschichte – Genesis 1–11, Verlag Kath. Bibelwerk, Stuttgart 1970, S. 30ff.

20: [2] Alexander Solschenizyn, Matrjonas Hof, in: Im Interesse der Sache, Hermann Luchterhand Verlag, Neuwied und Berlin 1970, S. 38.

22: [1] Der erste Kreis der Hölle, S. Fischer Verlag, Frankfurt a. M. 1968, S. 68.

25: [1] Paul Tillich, In der Tiefe ist Wahrheit, Evangelisches Verlagswerk, Stuttgart 1952, S. 166.

26: [2] Wolfgang Kühne, Unverlorene Zeit. Briefe in der Haft, Verlag Josef Habbel, Regensburg 1971.

30: [1] Helga Donath, Das einfache Betrachten, Christliche Anregungen zu einem Leben in der Meditation, in: Christ in der Gegenwart 24 (1972) S. 253.

30: [2] Paul Tillich, Systematische Theologie Bd. I, Evangelisches Verlagswerk, Stuttgart [3]1956, S. 118.

33: [1] Vgl. Paul Tillich, Was uns unbedingt angeht, in: Das Neue Sein, Evangelisches Verlagswerk, Stuttgart 1959, S. 144–150.

37: [1] Julien Green, Aufbruch vor Tag, Jakob Hegner Verlag, Köln & Olten 1964, S. 39; zitiert nach Walter Nigg, Der verborgene Glanz, Walter-Verlag, Olten – Freiburg i.Br. 1971, S. 11f.

37: [2] Walter Nigg, a.a.O., S. 11.

38: [3] Walter Nigg, a.a.O., S. 13 u. 16.

41: [1] William Barclay, Er wird euch einen Beistand geben. Das biblische Zeugnis vom Heiligen Geist, J.G. Oncken Verlag, Kassel 1968, S. 10f.

41: [2] Vgl. hierzu: William Barclay, Freut euch und frohlocket. Eine Anleitung zum Verständnis der Seligpreisungen, J. G. Oncken Verlag, Kassel 1968, S. 70; Wilhelm Heinen, Das Gewissen, sein Werden und Wirken zur Freiheit, Echter Verlag, Würzburg 1971, S. 119f.

42: [3] A.a.O., S. 119f.

45: [1] Helmut Thielicke, Zwischen Gott und Satan, List-Bücher Nr. 162, Paul List Verlag, München 1960, S. 48f.

45: [2] Martin Buber, a.a.O., S. 716.

45: [3] Vgl. Martin Buber, a.a.O., S. 718.

51: [1] Vgl. hierzu: Romano Guardini, Die Annahme seiner Selbst, Im Werkbund-Verlag, Würzburg 1965, S. 7ff.

53: [2] Dag Hammarskjöld, Zeichen am Weg, Droemer Knaur, München – Zürich 1965, S. 34.

56: [1] H. M. Enomiya-Lassalle, Zen-Meditation für Christen, Otto Wilhelm Barth Verlag, Weilheim/Oberbayern 1971.

61: [1] Karl Rahner, Schriften zur Theologie, Bd. VII, Benziger Verlag, Einsiedeln – Zürich – Köln 1966, S. 205–208.

61: [2] Vgl. zum folgenden: Karl Neumann, Die Krankheit der Sinnlosigkeit. Ein Akademiebericht, Christ in der Gegenwart 26 (1974) S. 20.

Seite

63: [3] Vgl. hierzu: Carlo Carretto, Wo der Dornbusch brennt, Verlag Herder, Freiburg – Basel – Wien [10]1975, S. 52f.
64: [4] Zitiert nach: Francis Trochu, Der heilige Pfarrer von Ars, Otto Scholz Verlag, Stuttgart-Degerloch 1952, S. 157.
67: [1] Pierre Teilhard de Chardin, Der göttliche Bereich, Walter-Verlag, Olten – Freiburg i. Br. 1963, S. 72.
68: [2] Vgl. Hans Endres, Ich lerne Umgang mit Menschen, Fackelverlag, Olten – Stuttgart – Salzburg 1954, S. 61–69.
69: [3] Vgl. hierzu: Lorenz Wachinger, Erinnern und Erzählen, Reden von Gott aus Erfahrung, Verlag J. Pfeiffer, München 1974, S. 19.
69: [4] Sören Kierkegaard, Gebete, hrsg. v. Walter Rest, Verlag Jakob Hegner, Köln – Olten [2]1957, S. 7.
70: [5] Klemens Tilmann, Übungsbuch zur Meditation, Benziger Verlag, Einsiedeln – Zürich – Köln 1973, S. 26.
77: [1] Albert Einstein, Mein Weltbild, hrsg. v. Carl Seelig, Ullstein Verlag, Frankfurt a. M. – Berlin 1965, Ullstein-Buch Nr. 65, S. 9f.
78: [2] A.a.O., S. 8.
78: [3] Zitiert nach: Johannes Wickert, Einstein, rowohlts monographien Nr. 162, Reinbek b. Hamburg 1972, S. 7.
78: [4] Albert Einstein, Mein Weltbild, a.a.O., S. 10.
78: [5] A.a.O., S. 18.
82: [1] Vgl. hierzu: Walter Heitler, Gott und die Naturwissenschaft, in: Gott in dieser Zeit, Beck'sche Schwarze Reihe Bd. 84, München 1972, S. 89–105.
84: [2] Theo Löbsack, Die Biologie und der liebe Gott, dtv-report Nr. 564, München 1968, S. 119.
84: [3] Carlo Carretto, Wo der Dornbusch brennt, Verlag Herder, Freiburg – Basel – Wien [10]1975, S. 65f.
88: [1] Antoine de Saint-Exupéry, Der kleine Prinz, Karl Rauch Verlag, Düsseldorf o.J., S. 52.
88: [2] Blaise Pascal, Gedanken, Carl Schünemann Verlag, Bremen o.J., Nr. 89 (277) und Nr. 90 (280).
90: [3] Lorenz Wachinger, Erinnern und Erzählen, Reden von Gott aus Erfahrung, Verlag J. Pfeiffer, München 1974, S. 18.
92: [1] Vgl. hierzu: Franz Kafka, Brief an den Vater, Fischer Taschenbuch Verlag Nr. 1629, Frankfurt a.M. 1975; sowie Max Brod, Über Franz Kafka, Fischer Taschenbuch Verlag Nr. 1496, Frankfurt a.M. 1974.
93: [2] Max Brod, a.a.O., S. 148.
93: [3] Max Brod, a.a.O., S. 190.
94: [4] Max Brod, a.a.O., S. 154.
94: [5] Max Brod, a.a.O., S. 277.
100: [1] Heinrich Spaemann, in: Christ in der Gegenwart 26 (1974), S. 289.
100: [2] Heinrich Spaemann, a.a.O., S. 290.
103: [1] Sören Kierkegaard, Einübung im Christentum, Eugen Diederichs Verlag, Düsseldorf – Köln o.J., S. 241.
106: [1] Franzi Maierhöfer, Samuel Beckett, Warten auf Godot, R. Oldenbourg Verlag, München 1973, S. 69.
113: [1] Heinz Beckmann, in: Rheinischer Merkur 43 (1973), S. 26.
115: [2] William Barclay, Er wird euch einen Beistand geben. Das biblische Zeugnis vom Heiligen Geist, J. G. Oncken Verlag, Kassel 1968, S. 24.

Seite

116: [3] Dietrich Bonhoeffer, Nachfolge, Chr. Kaiser Verlag, München 1971, S. 74.
116: [4] Dietrich Bonhoeffer, a.a.O., S. 78.
120: [1] Dietrich Bonhoeffer, Nachfolge, Chr. Kaiser Verlag, München 1971, S. 128.
120: [1] Klemens Tilmann, Wie spricht man heute in der Familie von Gott?, Verlag Ludwig Auer, Donauwörth 1973, S. 29.
125: [2] Zitiert nach August Berz, Als Christ in den Tag I, Benziger Verlag, Zürich – Einsiedeln – Köln 1974, S. 195.
126: [3] Joseph Ratzinger, Dogma und Verkündigung, Erich Wewel Verlag, München 1973, S. 125.
129: [1] A.a.O., S. 70.
130: [2] A.a.O., S. 35f.
131: [3] A.a.O., S. 118.
138: [1] Harvey Cox, Das Fest der Narren, Kreuz Verlag, Stuttgart – Berlin [4]1972, S. 81, 85.
138: [2] Hermann Helmers, Sprache und Humor des Kindes, Ernst Klett Verlag, Stuttgart [2]1971, S. 150.
142: [1] Ernst zur Nieden, Sprechstunden mit deinem Ich, Siebenstern-Taschenbuch Nr. 95, München und Hamburg 1967, S. 114f.
143: [2] Aus: Gen-Rosso-Messe, Neue Stadt Verlag, München – Wien – Zürich.
147: [1] Frank Irving Fletcher in einem seiner Inserate für Oppenheimer, Collins & Co., zitiert nach: Dale Carnegie, Wie man Freunde gewinnt, Scherz Verlag, Bern – München – Wien o. J., S. 96f.
154: [1] Hermann Hesse, Lektüre für Minuten, Gedanken aus seinen Büchern und Briefen, suhrkamp taschenbücher Nr. 7, Frankfurt a. M. 1971, S. 198.
159: [1] Vgl. hierzu Wenzel Lohff, Wie unser Leben gelingen kann, Agentur des Rauhen Hauses, Hamburg 1970, S. 41ff.
159: [2] Dietrich Bonhoeffer, Nachfolge, Chr. Kaiser Verlag, München 1971, S. 66.
162: [1] Vgl. hierzu: Walter Müller, Der gemeinsame Lernprozeß; Feedback – geistlich betrachtet. In: Christ in der Gegenwart 25 (1973) S. 217. Otto Hürter, in: Triebsteuerung, hrsg. v. Johannes Gründel, Kösel-Verlag, München 1972, S. 38f.
163: [2] Walter Müller a.a.O. S. 217.
166: [1] Vgl. Piet Schoonenberg, Theologie der Sünde, Benziger Verlag, Einsiedeln – Zürich – Köln 1966, S. 219.
169: [1] Dominique Pire, Baut den Frieden, Herderbücherei Bd. 296, Verlag Herder, Freiburg i. Br. 1967
173: [1] Vgl. Bernhard Stoeckle, Der Nächste in der Ferne, in: Christ in der Gegenwart 26 (1974) S. 14.
174: [2] Gerhard Szczesny, Worauf ist Verlaß?, in: Herder-Korrespondenz 27 (1973) 402.
175: [3] Zitiert in: Das Beste aus Reader's Digest, März 1974, S. 197.
181: [1] Vgl. hierzu Viktor E. Frankl, Um die Liebe, in: Psychotherapie für den Laien, Herderbücherei Nr. 387, Verlag Herder, Freiburg – Basel – Wien 1971, S. 81–86.
183: [2] Martin Buber, Werke III, Schriften zum Chassidismus, Kösel-Lambert Schneider, München – Heidelberg 1963, S. 641.
186: [1] Heinrich Spaemann, Orientierung am Kind, Patmos-Verlag, Düsseldorf [2]1970, S. 26, 29.
187: [2] Dieser Hinweis findet sich bei Max Horkheimer, Zur Kritik der instrumen-

8467

Seite

tellen Vernunft, Fischer-Athenäum-Taschenbuch-Verlag 4031, Frankfurt a. M. 1974, S. 212.

189: [1] Viktor E. Frankl, Psychotherapie für den Laien, Herderbücherei Nr. 387, Verlag Herder, Freiburg – Basel – Wien [4]1973, S. 153.

189: [2] Vgl. Ärztliche Seelsorge, Verlag Franz Deuticke, Wien 1971, S. 59 ff.

191: [3] Max Wylie, In Zeiten des Leids, in: Das Beste aus Reader's Digest, Mai 1971, S. 103 f.

191: [4] Helmut Thielicke, Ich glaube, Das Bekenntnis der Christen, Quell-Verlag, Stuttgart 1965, S. 26.

194: [1] Sören Kierkegaard, Der Einzelne und sein Gott, Herderbücherei Bd. 105, Verlag Herder, Freiburg – Basel – Wien 1961, S. 62 f.

198: [1] Vgl. Leo Dembicki in: Psychologie im Alltag, Herderbücherei Bd. 467, Verlag Herder, Freiburg – Basel – Wien 1973, S. 117–130.

200: [2] Christentum, 5. Bd., Verlag Herder, Freiburg i. Br. 1922, 13 f.

203: [1] A. a. O., Bd. II, S. 260.

203: [2] A. a. O., Bd. II, S. 262.

204: [3] A. a. O., Bd. I, S. 392.

204: [4] A. a. O., Bd. I, S. 48.

212: [1] Hermann Hesse, Über das Alter, in: Glück, Suhrkamp Verlag, Frankfurt a. M. 1962, S. 108 f.

Liebe Nicole!

Herzlichen Glückwunsch
zu Deiner erfolgreichen
Pilgertour auf dem spanischen
Jakobsweg im April 2014!

Deine Familie!

Katja von Glan

Die Pilgermuschel